알짜배기 예제로 배우는 iOS 프로그래밍

앱 기획부터 출시까지 with 스위프트

알짜배기 예제로 배우는
iOS 프로그래밍

유용호 지음

BJPUBLIC

아이폰이라는 제품이 세상에 나온지 10년이 되었습니다. 아이폰으로 대표되는 스마트폰을 이용한 우리의 생활 방식은 이미 완전히 자리를 잡았으며, 스마트폰은 이제 실생활에서 없어서는 안 되는 하나의 필수 요소가 되었습니다. 그러므로 프로그램 관련 도서라면 의례적으로 있어야 할 말, '우리가 왜 이 기술을 익혀야 하는가'에 대한 내용은 생략하겠습니다. 이미 우리의 생활에서 스마트폰과 그 관련 기술을 배제하는 것은 불가능에 가까워졌기 때문입니다. 개발 관련 언어와 환경, 도구들의 개선으로 예전에는 소수의 사람들만 한다고 생각됐던 앱 개발은 이제 초등학생을 포함한 누구에게라도 권장될 만큼 가까이 다가왔습니다. 또한 애플, 구글 등이 주도하고 있는 앱 생태계는 소규모 팀이 아이디어만 가지고도 제품화할 수 있는 환경을 제공하고 있습니다.

이 책은 iOS 앱 제작을 시작하고자 하는 극소규모의 사람들을 위해 만들어졌습니다. 그에 따라 오로지 시작을 위한 내용으로 구성했습니다. 처음 앱을 출시하자는 결심이 서게 되면, 우선은 마음의 준비를 하게 됩니다. 그리고는 각종 커뮤니티와 강좌, 블로그들을 돌아다니며 정보를 수집합니다. 무엇을 학습하고, 무엇을 준비해야 하는지에 대한 정보를 얻기 위해서입니다. 그러나 인터넷의 방대한 정보는 그리 친절하지 않습니다. 처음 시작하는 사람들이 어떠한 순서로 어디까지만 배워도 되는지 알려주는 곳은 별로 없습니다. 앱 출시를 위해서는 특정 프로그래밍 언어의 달인이 되어야 할 것 같고, 모든 디자인 패턴을 마스터해야 첫 글자를 타이핑할 수 있을 것 같은 생각이 듭니다. 하지만 모든 것을 다 알고 시작할 필요는 없습니다. 한 단계, 한 단계 알아가며 진행해도 됩니다. 이 책은 최소의 것을 하나씩 알아가면서 진행하도록 되어 있습니다. 앱 출시에 영향을 미치지 않는 선에서 군더더기 정보는 최대한 빼려고 노력했습니다.

이 책은 혼자 또는 규모가 아주 작은 팀이 iOS 앱 출시 과정을 경험하는 것을 돕기 위해 탄생했습니다. 앱 제작은 단순히 디자인과 개발 작업만이 아닌 다양한 활동의 집합입니다. 당연하게도 직접 모든 것을 할 수는 없습니다. 그에 따라 최대한 외부 자원을 활용하는 방식으로 진행됩니다. 불필요한 작업을 최소로 줄이고, 도움 받을 수 있는 서비스들도 함께 안내합니다. 여건상 모든 분야에 대한 내용을 상세히 기술하지는 못했습니다. 다만 앱의 기획부터 개발, 심사 과정까지 흐름 순으로 작성, 누구나 앱 출시 과정을 경험하도록 노력했습니다. 이 책 한 권으로 iOS 앱 개발의 달인이 되진 않겠으나, 어떠한 분야의 공부를 추가로 해야 할지 인식하고 앞으로 나아가야 할 방향에 대한 감을 잡을 수 있으리라 생각합니다. 이 책이 새로운 배움을 시작하려는 분들에게 조금이나마 도움이 될 수 있기를 바랍니다.

마지막으로 책을 집필할 수 있게 도와주신 비제이퍼블릭과 교정과 편집을 맡은 모든 분께 감사 인사를 드립니다. 무엇보다 내 꿈이 자신의 꿈인 듯 무조건적으로 지원해주는 가족에게 깊이 고개를 숙입니다.

저자 소개

유 용 호

10년 전, 취직해서 일을 시작했다. 단순히 일을 잘하고 싶은 마음에 이런저런 기술들을 배우기 시작했다. 처음엔 엑셀에 함수를 만들어 사용하는 것을 시작으로, 차차 프로그램 개발을 제대로 익히게 됐다. 결국 IT 관련 직종으로 옮기며, 웹, iOS 관련 기획과 개발로 다수의 프로젝트를 진행했고 지금도 진행 중이다.

사람들이 오래 일하는게 싫어서 쉽게 일할 수 있도록 도와주는 프로그램들을 제작한다. 그러다보니 본인이 더 오래 일하게 되는 이상한 상황에 빠지기도 한다. 현재보다 나아질 방법은 언제나 있다는 마음으로 늘 더 나은 방식을 고민한다. 이런 고민이 즐거워서 하루하루 열심히 일하고 있다.

차례

PART 1

시작하기

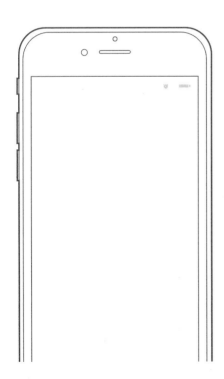

1. 시작하기

1.1 앱의 제작 과정

일반적인 앱 제작에서는 기획, 디자인과 프로그래밍이라는 과정 등을 거쳐야 합니다. 이 외에도 앱스토어에 심사 제출, 프로젝트 진행에 따른 태스크 관리, 품질 관리 등 고려해야 할 과정이 많습니다. 하나씩 살펴보겠습니다.

1.2 앱의 단계별 제작 과정 소개

팀의 특성마다 앱이 만들어지는 순서는 모두 다릅니다. 디자인 전에 개발이 완료되기도 하고, 동시에 진행되기도 합니다. 특별한 경우에는 대략적인 기획을 기반으로 디자인, 개발이 함께 진행되는 경우도 있습니다. 앱의 일반적인 제작 과정은 아래와 같습니다.

기획 ▶ 디자인 ▶ 개발 ▶ 테스트 ▶ 출시 ▶ 유지 보수

기획

기획 분야는 굉장히 방대합니다. 일정 규모 이상의 조직에서는 기획 부분에서 어떤 기술을 사용할지, 어떤 사용자들에게 앱을 사용하게 할지, 홍보는 어떻게 할지, 가격은 얼마로 할지, 디자인은 어떤 패턴으로 할지 모든 것이 결정됩니다. 크게 말하면 기획의 대부분은 어떠한 제품을 어떻게 만들지 생각합니다. 이 단계에서 제품의 구체적인 그림이 그려집니다. 기획 부분에서 스케치도 하고 앱의 움직임도 생각합니다. 화면이 서로 어떻게 연결될지 결정합니다. 기능이 이렇게 작동한다는 구상도 합니다. 최소한의 기획이라 해도 이런 앱을 만들어야겠다 정도의 구상이 나옵니다.

디자인

디자인의 범위 또한 굉장히 넓습니다. 일반적으로 디자인이라면 색상, 또는 그림의 선택을 생각할 수 있지만 깊게는 각 기능 버튼이 어디에 위치할지, 어떤 모양으로 눌러질지까지 구체적인 안부터 앱을 통해 느끼는 경험과 아이콘 등이 모두 포함됩니

다. 기획 부분에서 결정됐던 앱의 기획 의도에 따라 색상을 정하고, 아이콘을 만듭니다. 색상 패턴은 하나가 아닌 여러 개일 수도 있습니다. 앱에 사용될 그림이나 아이콘 등은 직접 제작할 수도 있고, 외부 서비스를 통해 구매하거나 무료로 받을 수도 있습니다. 만약 팀의 역량이 된다면 직접 제작 방식이 가장 좋습니다. 누구보다 앱의 방향을 잘 알기 때문입니다. 하지만 자원이 한정돼 있는 소규모 그룹일 경우 외부 자원을 활용하는 경우도 많습니다.

개발

앱 출시에 커다란 영향을 주는 부분입니다. 이 책은 개발 과정을 자세히 다루고 있습니다. 일반적으로 일컫는 프로그래밍, 코딩 작업이 이루어집니다. 기획된 내용과 디자인을 바탕으로 실제로 코드를 작성해서 앱을 구현하는 과정입니다. 혼자 하는 앱의 출시 과정이라면 디자인은 외부 자원을 활용하더라도, 기획과 개발을 직접 하는 경우가 많습니다. 프로그래밍 관련 지식이 필요합니다.

테스트

자신이 만든 앱이 자신이 의도한대로 동작하는지 확인하는 과정입니다. 이 과정에서 많은 문제점들이 발견되며 그것을 고치고 개선합니다. 개발자들은 코드상의 혹은 구현상의 문제들을 버그(bug)라고 합니다. 버그 수정은 의외로 많은 시간을 필요로 합니다. 무엇이 문제인지 발견하고 발견된 문제를 해결해야 합니다. 때때로 아주 작은 문제를 해결하기 위해 오랜 시간을 투입해야 할 때도 있습니다. 테스트 단계에서 발견된 버그는 오히려 다행입니다. 배포가 이루어진 후에 발견된 버그는 고객의 사용 경험에 부정적인 영향을 끼치기 때문입니다. 테스트 단계에서의 일정도 주요 관리 대상입니다. 치명적인 버그일 경우 이를 먼저 수정하기 위해 다른 일정들이 얽히기도 하기 때문입니다. 프로젝트 구상 시 테스트 및 대응 단계의 자원도 적절한 배분이 필요합니다.

출시

iOS 앱은 애플의 앱스토어를 통해 배포됩니다. 앱 제작 후 애플에 이를 제출하면 애플은 심사 후 승인 여부를 결정합니다. 애플은 심사를 위해 여러 가지의 기준을 가지고 있습니다. 제출된 앱이 해당 기준들을 충족할 경우 배포가 승인됩니다. 승인이 되지 않을 경우 리젝트(reject) 즉 거부됩니다. 리젝트됐을 경우 사유에 따라 앱을 수정하고 다시 제출해야 합니다. 앱 제출 방법은 다소 낯선 환경 탓에 복잡해보일 수 있으나, 한두 번 반복해보면 인터넷에서 하는 회원 가입과 비슷한 과정입니다. 애플의 웹사이트에 접속해서 빈칸을 채우고 보내기 버튼을 클릭하는 과정일 뿐입니다.

유지 보수

대부분의 앱은 출시 후 지속적인 업데이트를 하게 됩니다. 출시 후에 버그가 발견되기도 하고 기능 개선을 해야 할 때도 있기 때문입니다. 사용자가 지속적으로 앱을 사용할 수 있게 관리하는 과정은 반드시 필요합니다. 처음부터 완벽한 앱을 만드는 것은 불가능합니다. 출시 후 꾸준한 관리로 사용자의 의견을 반영하고, 버그를 수정하는 과정은 프로젝트에 있어 굉장히 중요한 요소입니다.

1.3 작업 방식

팀 작업 순서 vs 혼자 하는 작업 순서

일반적인 팀의 경우 기획이 거의 마무리된 후 디자인과 개발 단계에 들어가게 됩니다. 진행 중에도 수정 사항이 있을 수 있으므로 팀원들 간 소통 공간이 필요하게 됩니다. 반면 혼자 작업하는 경우 기획이 완전히 마무리된 후 다음 단계로 들어가기보다는 개발과 디자인 단계를 거치며 기획을 진행하며, 진행 중에도 수시로 변경되기도 합니다.

팀 공유 방법 vs 혼자 하는 공유 방법

팀의 작업일 경우 팀원 간의 의사소통 도구는 누가 언제 했는지에 대한 기록이 중요합니다. 그에 따라 변경 기록을 손쉽게 확인 가능한 도구들을 사용하길 추천합니다. 혼자 하는 공유는 생각 정리의 과정입니다. 누가 언제 했냐보다는 기존에 자신이 정했던 기준을 확인하기 위함입니다. 최근엔 아이디어 정리를 위한 다양한 서비스들이 제공됩니다. 많은 서비스가 무료로 제공되고 있으며, 큰 부담 없이 사용 가능합니다. 혼자 진행하는 프로젝트일 경우에도 특정 공간에 아이디어를 정리하길 추천해드립니다.

알아두기

☞ **1인 기업을 위한 사업자 등록**

최근 혼자서 앱을 만들며 기업을 운영하는 1인 기업이 늘고 있습니다. 앱을 만들고 배포할 경우 수익 활동을 하게 되는 것이므로 당연히 사업자 등록을 해야 합니다.

사업자 등록 전 준비할 사항이 있습니다. 약간의 절차적 서류와 의사 결정입니다.

결정 및 준비 사항으로는 업체명, 임대차계약서 사본(자가 주택일 경우 불필요), 사업자 구분의 결정 등입니다.

그 외 추가적인 사항으로 사업자 등록 신청 시 업태와 업종을 선택하도록 되어 있는데 '소프트웨어 개발 및 공급'으로 하면 됩니다. 또한 사업자는 과세 구분이 일반과세자와 간이과세자가 있습니다. 하지만 앱 개발 사업자일 경우는 고민할 필요 없이 일반과세자만 가능합니다.

사업자 등록은 법인사업자와 개인사업자로 구분됩니다. 사업자의 구분은 앱스토어상 배포자의 이름이 표시되는 기준이 됩니다. 배포자 이름을 업체명으로 하고자 하는 경우 법인사업자 등록 후 DUNS(Data Universal Numbering System) 번호를 할당받는 등 별도의 절차가 필요합니다. DUNS는 미국에서 사용하는 기업 식별코드입니다. 법인 설립 후 DUNS 번호가 있어야 앱스토어 등록이 가능합니다. 개인사업자는 사업자라 하더라도 개인 영문명으로 앱스토어에 표시됩니다. 어떤 사업자를 신청할지는 신고 및 서류 절차, 세금 관련 사항 등을 종합적으로 고려해 확인 후 진행해야 합니다. 그 중 간단하게 개인사업자 등록에 대해서 설명드리겠습니다.

사업자 등록 방법은 인터넷을 이용하는 방법과 세무서를 직접 방문하는 방법이 있습니다.

인터넷을 이용하는 방법은 국세청 홈택스(www.hometax.go.kr)에서 신청합니다. 홈페이지 접속 후 증명 등록 메뉴의 사업자 등록 관련 신청, 신고 메뉴를 클릭합니다. 사업자 등록 신청(개인) 메뉴를 클릭합니다. 각종 안내 사항이 나오며 내용 확인 후 다음 버튼을 클릭하면 입력란이 나옵니다. 하나하나 내용을 입력하면 됩니다. 인터넷을 이용할 경우 구비 서류를 미리 파일화해서 컴퓨터에 저장하고 있어야 합니다. 앱 개발을 위한 사업자 등록은 게임 개발이 아니라면 특별한 인허가가 필요하지 않습니다. 사무실이 임대일 경우 임대차계약서 사본을 PDF 등으로 파일화해서 첨부해야 합니다.

각 관할 세무서 방문 시 절차입니다. 본인 신분증과 사무실이 임대일 경우 임대차계약서 사본을 준비합니다. 세무서 방문 시 대기 시간을 제외하면 접수 후 전체 등록 시간은 30분 내외입니다. 세무서 방문의 이점은 세무서 직원과 내용을 함께 작성하게 되는 것입니다. 그에 따라 궁금한 점을 물어볼 수 있어 좋습니다. 방문하실 경우 궁금했던 사항을 메모했다가 직원에게 문의하시길 추천합니다.

사업자 등록을 하게 되면 소득에 대한 납세의 의무가 생깁니다. 대표적으로 부가세 및 종합소득세를 납부해야 합니다. 또한 각종 필수로 가입해야 하는 보험의 부담 등도 생깁니다. 사업자 등록 시기는 정답이 존재하지 않습니다. 비용 처리를 위해 초창기 개발 시작부터 등록하는 경우도 있고, 주력 제품이 완성된 후에 등록하는 경우도 있습니다. 사업자 등록 시기의 판단은 유동적이나 사업체를 운영하실 경우 필수 사항이므로 염두에 두시기 바랍니다.

2. 기획하기

2.1 환경 정하기

기획하기는 대부분 '결정하기'로 이루어져 있습니다. 앱의 이름, 출시 시기, 홍보 대상까지 굉장히 많은 분야를 포함합니다. 여기서는 환경적인 관련 사항만 우선 소개하겠습니다. 개발 도구, 아이디어 공유 방법, 그래픽 작업 도구, 각종 유용한 도구들이 존재합니다. 많은 다양한 서비스 중 본인에게 맞는 환경을 고르는 것은 매우 중요합니다. 그 중 몇 가지를 소개하겠습니다. 이미 환경이 정해졌거나 익히 알고 있는 서비스라면 해당 부분은 건너뛰어도 좋습니다.

개발 도구

iOS 앱 개발을 위한 툴은 애플에서 지원하는 Xcode를 이용합니다.

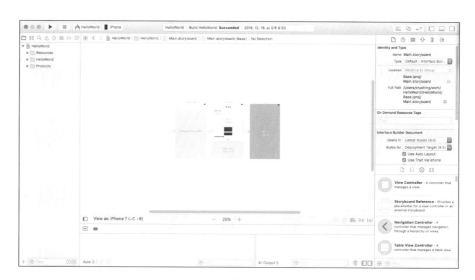

[그림 1] Xcode

가능하면 최신 버전을 사용하는 것을 추천합니다. 이 책은 버전이 다르더라도 사용 가능한 구성으로 작성됐으며, 책 내용을 그대로 진행하는 데는 불편함이 없을 것입니다. 실제 제품을 제작할 경우 Xcode 버전 간 변경 사항을 반영하기 위해서라도 최신 버전을 사용할 것을 추천드립니다.

할 일 관리 도구

아이디어의 정리와 일정 관리를 위해 할 일 관리 도구를 사용할 것을 추천합니다. 할 일 관리 서비스를 소개합니다.

≫ 트렐로(https://trello.com/)

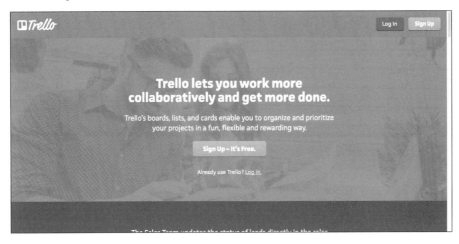

[그림 2] 트렐로 홈페이지

직관적인 화면으로 전 세계적으로 많은 사용자를 확보하고 있는 트렐로입니다. 포스트잇에 내용을 정리하기 좋아하는 사용자라면 트렐로가 적합합니다. 유료 서비스도 있으나 무료 서비스만 이용하더라도 개인이 간단한 프로젝트를 관리하는 데 충분합니다.

[그림 3] 트렐로 예시

일반적인 형태는 해야 할 일, 하고 있는 일, 완료된 일, 참고 사항 등 작업 단계별로 목록을 분류하는 것입니다. 각 목록에 카드를 드래그 앤 드롭으로 옮기는 것만으로 정리할 수 있습니다. 앞으로 해야 할 일을 해야 할 일 목록에 작성해둡니다. 카드를 작업 시 하고 있는 일 목록으로 드래그 앤 드롭으로 옮긴 후 작업이 완료될 경우 완료된 일 목록으로 이동시킵니다. 진행 중인 사항에 대해서 라벨을 부착할 수도 있고, 마감 일정을 정해놓을 수도 있습니다. 위의 사항은 예시이며, 자신에게 맞는 방식으로 정리하면 됩니다. 할 일, 하고 있는 일 방식의 구분보다 디자인, 개발, 테스트 등의 형태로 목록을 작성해도 됩니다. 목록과 카드는 자신에게 맞는 형태로 구성해서 사용하면 됩니다.

트렐로의 장점은 단순히 목록과 카드를 정리하는 것만이 아닌 외부 자료의 연동이나 캘린더 기능 등 굉장히 많습니다. 자신에게 맞는 방식으로 목록을 작성하고 진행하시기 바랍니다.

» 분더리스트(https://www.wunderlist.com/)

[그림 4] 분더리스트 홈페이지

To-Do List 개념으로 본다면 굉장히 효율적인 형태를 가지고 있는 서비스입니다. 무료 서비스만 이용하더라도 많은 기능을 포함하고 있습니다. 분더리스트는 사용자가 접할 수 있는 거의 모든 기기에서 실시간 동기화를 지원합니다. 사용자 간의 공유, 폴더화, 마감일, 내용 재확인 등 다양한 기능을 지원합니다.

분더리스트 활용법에 대해 간단히 알아봅니다.

[그림 5] 분더리스트 예시

가장 일반적인 형태의 정리법입니다. 목록 등을 함께 묶어 폴더별로 관리가 가능하며, 각 항목을 체크함으로써 완료 여부를 설정합니다. 작업 예정 목록을 작성 후에 완료 시 목록 앞의 체크박스에 체크를 하면 완료 처리됩니다. 완료 처리된 목록은 완료된 할 일 표시 버튼 클릭 시 화면에 표시됩니다.

정리

할 일 관리 서비스는 굉장히 다양합니다. 그 중 대표적인 트렐로와 분더리스트만 살펴봤습니다. 두 서비스 모두 홈페이지뿐만 아니라, 스마트폰 앱에서도 사용 가능합니다. 한 기기에서 내용을 수정할 경우 해당 내용이 모든 기기에 실시간으로 반영되는 장점이 있습니다. 반드시 둘 중 하나를 사용해야 할 필요는 없습니다. 그러나 관리를 위해 꼭 정리를 위한 도구를 이용하시길 추천해드립니다. 추후에 프로젝트가 진행될수록 동시에 생각해야 할 일이 많아지며, 그럴 경우 이러한 정리 도구는 반드시 필요하기 때문입니다. 프로젝트의 인원이 많아 제대로 된 프로젝트 관리가 필요하다면 Jira(https://www.atlassian.com/software/jira), Redmine(http://www.redmine.org/) 등의 서비스도 고려해보면 좋습니다. 이러한 도구가 없다면 일이 어디까지 진행되었는지, 얼마나 남았는지 한눈에 파악하기 쉽지 않습니다. 특히 일의 진척 사항을 시각적으로 확인하기 위해 이러한 관리 서비스를 적극 활용하길 바랍니다.

2.2 프로토타입 작성하기

제품이 가져야 할 이름과 기능, 주요 테마를 확정하는 단계입니다. 가장 핵심이 되는 기능을 정하며, 그 기능을 어떻게 사용자에게 제공할지 정합니다. 제품 기획 시 되도록이면 앱이 완성됐을 때의 모습을 가시적으로 확인할 수 있다면 더없이 좋습니다. 물론 시간적 자원이 열악한 소규모 팀의 경우 이미 의사소통이 끝난 제품의 시안을 만드느라 오랜 시간을 사용할 순 없습니다. 이럴 경우 화이트보드나 노트 등을 이용해 팀원 간의 생각이 같은지만 확인해도 충분합니다. 다만 이러한 공유 방식은 시간이 지날수록 작업자 간 생각의 간격이 커지게 되므로 추후에는 정규화된 방식으로 정리하시길 추천해드립니다. 프로토타입 작성을 위한 몇 가지 서비스를 소개합니다.

» 플루이드 UI(https://www.fluidui.com/)

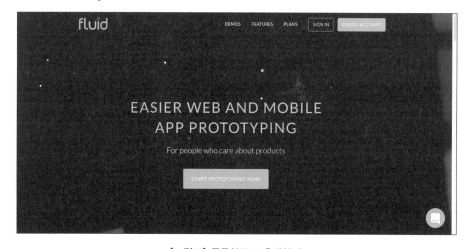

[그림 5] 플루이드 UI 홈페이지

플루이드 UI는 앱의 프로토타입을 손쉽게 만들어줍니다. 개발이나 디자인을 모르더라도 상관없습니다. 준비돼 있는 다양한 라이브러리를 이용해 그림을 조합하듯 조작해서 작성합니다. 머릿속에만 있는 틀을 눈에 보이는 형태로 만들어주며, 다른 팀원과의 의견 교환이나 자신의 생각을 구체화할 때 유용합니다. 무료 버전은 프로젝트수의 제한이 있지만, 자신의 머릿속에만 있는 이미지를 실제로 시각화해보는 것에는 충분합니다.

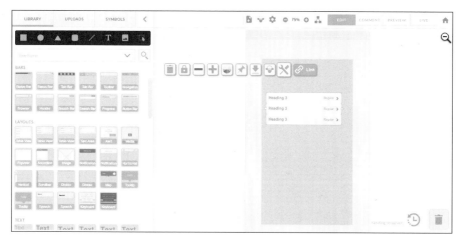

[그림 6] 플루이드 UI 예시

화면 단위에서 다양한 클립보드 등을 드래그 앤 드롭으로 추가 가능합니다.

다양한 화면 간의 관계를 표시할 수도 있습니다.

» 오븐(https://ovenapp.io/)

[그림 7] 오븐 홈페이지

카카오에서 제공하는 오븐입니다. 플루이드 UI와 비슷한 기능으로 웹상에서 UI를 생성해볼 수 있습니다. 무료이며, 프로젝트의 개수 제한이 없다는 것도 특징입니다. 현재 베타버전 서비스 중이나, 향후 정식 버전 출시 후 요금 정책이 어떻게 변경될지는 알 수 없습니다. 그러나 현재 상태에서도 다양한 프로토타입을 만들어볼 수 있으므로 매우 유용합니다.

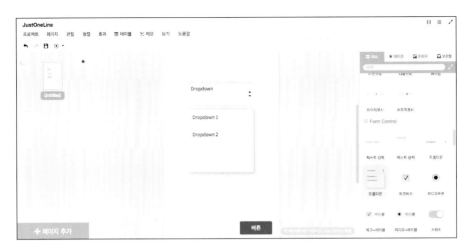

[그림 8] 오븐 예시

간단하게 드래그 앤 드롭으로 아이템을 추가하고 이동할 수 있습니다. 사용법이 직관적이고 한두 번의 클릭만으로 원하는 아이템을 배치시킬 수 있습니다.

정리

앱의 흐름 및 기획 의도를 시각적으로 표현하기 위한 도구는 상당히 많습니다. 파워포인트도 대안이 될 수 있습니다. 여러 서비스를 비교해서 알아보고 자신 또는 팀의 상황에 맞는 제품을 선택하시기 바랍니다. 소규모의 적은 인원으로 진행하는 프로젝트일 경우 극단적으로는 연습장의 그림 몇 개만으로도 진행이 가능합니다. 물론 소수 인원이어도 추후에 투입되는 사람과의 협업을 고려해서라도, 팀 내 표준화한 도구를 이용한 시각화 작업은 하시길 추천합니다. 머릿속에서 구상만 하던 화면을 실제로 표현하다 보면 생각과는 다른 부분이나, 미처 고려하지 못했던 부분들이 반드시 있습니다. 그럴 경우 개발 단계 이전에 미리 대안을 생각할 수 있기 때문에 가시화 작업은 매우 의미 있습니다. 특히 자신이 모두 개발하지 않고 다른 인원과 생각을 공유해야 한다면, 이러한 가시화 작업은 반드시 큰 도움이 될 것입니다. 많은 서비스들은 스토리보드 기능도 포함하고 있습니다. 다양한 서비스들이 주는 장단점을 잘 비교하고 자신에게 맞는 서비스를 선택하길 바랍니다. 만일 자신에게 맞는 도구가 연습장이며, 노트에 한 줄 한 줄 적는 것이 맞는다면 그렇게 하면 됩니다. 다만 다양한 비교를 통해 자신에게 맞는 도구를 찾아본 후 작업을 진행하시길 바랍니다.

3. 디자인하기

3.1 앱에 필요한 디자인

[그림 1] 애플 디자인 가이드

개발자를 위한 애플 디자인 가이드(https://developer.apple.com/design)에 가면 애플의 디자인 가이드라인을 확인할 수 있습니다. 디자인이라고 하면 단순히 멋진 사진 또는 버튼 색상 등 이미지만을 떠올릴 수도 있습니다. 그러나 디자인은 아이콘부터 색상 패턴, 깊게는 사용자 경험까지 고려됩니다. 앱의 출시에서 필요한 디자인들은 적지 않습니다. 앱에 필요한 디자인 종류를 소개합니다.

앱 아이콘: 앱스토어 및 스마트폰 홈 화면에 표시될 아이콘 모양입니다. 앱스토어에서는 1024×1024 크기의 PNG 파일을 사용합니다. 대부분은 앱스토어의 이미지와 디바이스 홈 화면에서의 아이콘을 같게 만들지만, 다르게 만드는 경우도 있습니다.

스크린샷: 앱스토어에서 앱 소개를 위한 이미지를 말합니다. 과거에는 단순히 앱의 사용 화면을 캡처해서 올려두는 정도였으나, 최근에는 다양한 텍스트와 이미지를 첨가해 눈에 띄는 소개 이미지를 많이 사용합니다.

UI/UX: UI라면 일반적으로 앱과 사용자 간의 대화 형태입니다. 쓰기, 수정, 삭제, 보기 등의 이미지화된 버튼부터 화면의 전환 방식, 테마 색상 등 다양한 사항을 포함합니다. UX는 이러한 UI를 넘어서 사용자가 앱을 사용함에 있어서 경험하게 되는 일련의 체험 과정을 지칭합니다. 디자인의 영역에서 UX에 대한 고민을 하는 것은 앱에 전달하고자 하는 전체적인 감정을 디자인 관점에서 일관되게 제공하기 위해서입니다.

홈페이지 소개 이미지: 홈페이지 또는 SNS 페이지에서 해당 앱을 소개할 때 노출되는 이미지가 필요합니다. 앱 출시에 반드시 필요한 사항은 아니지만, 앱의 신뢰도에 영향을 끼칠 수 있습니다.

런치(Launch) 이미지: 앱을 구동할 때 나오는 이미지입니다. 앱을 실행하면 바로 메인 화면으로 시작하는 경우도 있지만 앱의 이름과 제작자 또는 초기화를 위한 로딩 화면이 나왔다가 일정 시간이 지난 후 메인 화면으로 전환되는 경우도 있습니다. 이럴 때 전면에 나오는 이미지에 사용됩니다.

앱 내 사용 이미지: 앱 내부에는 다양한 이미지가 사용됩니다. 단순히 버튼 간 경계선부터, 대기 중임을 알리는 스피너의 디자인까지 앱에서 사용자와 대화하는 모든 부분에 적용될 여지가 있습니다.

튜토리얼: 앱이 시작되고 나서 앱을 사용하는 방법을 안내하는 화면이 나올 때 필요합니다.

 정리

앱의 아이콘, 스크린샷 등은 앱 등록을 위한 필수 사항입니다. 앱에서의 버튼을 단순히 텍스트로 안내해도 가능하지만 기능을 직관적으로 표현한 아이콘으로 제공하기도 합니다. 앱 내에 사용되는 각종 이미지, 홈페이지 소개 이미지, 런치 이미지, 튜토리얼 등 각 앱의 특성에 따라 필요 여부와 진행 방향을 결정합니다.

3.2 색상 세트 정하기

한 앱에서의 색상은 일정한 패턴으로 꾸미는 것이 좋습니다. 사용자 입장에서 앱을 머릿속에서 떠올리기도 쉽고 사용자 경험도 복잡하게 느끼지 않습니다. 색상과 앱을 동일시해서 인식하기도 합니다. 녹색은 언제나 네이버를 떠올리게 하는 것이 좋은 예입니다. 대부분의 앱은 색상 세트를 사용합니다. 중구난방식의 색상을 사용하는 것이 아닌 하나의 패턴을 가진 색상 세트를 가지고 앱 화면 전체적으로 통일감 있게 사용합니다.

» 어도비 컬러 페이지(https://color.adobe.com/)

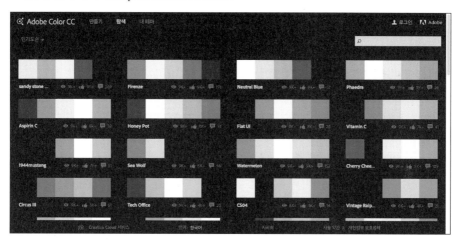

[그림 2] 어도비 컬러 페이지

탐색 메뉴를 이용하면 인기도순, 사용 횟수순 등을 순서로 다양한 색상 세트를 확인할 수 있습니다.

» 컬러 러버스(http://www.colourlovers.com/)

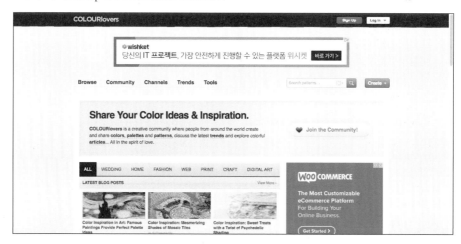

[그림 3] 컬러 러버스 홈페이지

다양한 팔레트 세트를 확인할 수 있는 서비스입니다. 인기도순 등으로 정렬 가능하며 방문자 조회수, 좋아요 횟수도 확인 가능합니다. 다양한 색상 세트의 조합이 확인 가능합니다.

3.3 아이콘 콘셉트 정하기

앱의 디자인에 있어서 아이콘의 이미지는 중요한 자원입니다. 좋은 아이콘은 아이콘 그 자체만으로도 앱을 대표할 수 있으며, 서비스의 이미지를 나타내기도 합니다. 아이콘 거래를 위한 서비스를 소개합니다.

» 아이콘 파인더(https://www.iconfinder.com/)

[그림 4] 아이콘 파인더 홈페이지

아이콘 파인더는 다양한 아이콘들이 등록되어 판매되고 있습니다. 하나하나의 아이콘들을 1, 2달러 정도로 비교적 저렴하게 구입 가능하며, 무료도 많습니다. 이곳의 무료 아이콘 라이선스는 대부분 크레이티브 커먼 라이선스(https://creativecommons. org/) 아래에 있습니다. 직접 아이콘을 디자인할 상황이 아니라면 이러한 서비스를 적극 활용하시기 바랍니다.

3.4 UI/UX 정하기

UI와 UX를 사전에서 찾아볼 경우 그 의미는 굉장히 포괄적입니다.

UI(User Interface): 일반 사용자들이 컴퓨터 시스템 또는 프로그램에서 데이터 입력이나 동작을 제어하기 위해 사용하는 명령어 또는 기법을 말한다. 사용자가 컴퓨터나 프로그램과 의사소통을 하고 쉽고 편리하게 사용할 수 있도록 하는 것이 목적이다.

UX(User Experience): 사용자가 어떤 시스템, 제품, 서비스를 직·간접적으로 이용하면서 느끼고 생각하게 되는 지각과 반응, 행동 등 총체적 경험을 말한다.

UI는 디자인의 영역, UX는 기획의 영역이기도 합니다. 대규모 팀에서는 UI 디자이너와 UX 디자이너가 세부적으로 나누어져 있기도 하지만 소규모 팀에서는 UI/UX를 통합해서 사용하기도 하고 담당자가 따로 있지 않은 경우가 많습니다. UI/UX는 사용자와의 상호작용입니다. 사용자와 대화하며 사용자가 어떠한 감정을 느끼게 할지 결정하는 요소들입니다. 버튼의 모양, 사용상의 흐름, 내용의 표시 방식 등 그 요소를 결정하는 일은 굉장히 중요합니다. 기획 단계에서 이러한 사용자와의 대화를 어떻게 진행할지 충분히 고려하시기 바랍니다. 다음은 UI/UX 기획 시 참고할 서비스 소개입니다.

» UX 디자인(https://uxdesign.cc/)

[그림 5] UX 디자인 홈페이지

사용자 경험, 제품 디자인, 사용성 등 디자인에 관련된 많은 통찰을 얻을 수 있습니다. 자신만의 프로젝트를 구체적으로 진행하기 전에 여러 글을 참고하여 자신만의 디자인에 적용하길 추천합니다.

» UI 클라우드(http://ui-cloud.com/)

[그림 6] UI 클라우드 홈페이지

UI 디자인을 직접 할 경우라도 다양한 자료를 참고하는 것을 추천드립니다. UI 클라우드는 다양한 디자인을 참고할 수 있는 서비스입니다. 소스 다운로드도 가능합니다. 다운로드 후 사용할 경우 사용 전 라이선스 확인을 꼭 하시기 바랍니다.

3.5 앱 아이콘 제작 가이드라인

[그림 7] iOS 인터페이스 가이드

앱 아이콘은 디바이스의 홈 화면에서 사용자에게 앱의 존재를 알게 해주는 아이콘을 말합니다. 애플은 앱을 제작함에 있어서의 각종 지침을 안내하고 있습니다. 자세한 사항은 https://developer.apple.com/ios/human-interface-guidelines/에서 확인 가능합니다.

그 가운데 아이콘 제작에 관한 내용 중 몇 가지를 소개합니다.

1. 단순하게 만드세요.
2. 단순한 배경을 유지하고, 투명한 배경은 피하세요.
3. 사진이나 스크린샷을 포함하지 마세요.
4. 사각의 가장자리를 유지하세요.

모든 앱은 지원하는 기종에 대해 상황별 아이콘의 크기를 지원해야 합니다.

기종별 아이콘 해상도

기종	홈스크린	스팟라이트	세팅	앱스토어
iPhone Plus	180px by 180px	120px by 120px	87px by 87px	1024px by 1024px
iPhone	120px by 120px	80px by 80px	58px by 58px	1024px by 1024px
iPad Pro	167px by 167px	80px by 80px	58px by 58px	1024px by 1024px
iPad, iPad mini	152px by 152px	80px by 80px	58px by 58px	1024px by 1024px

최근 대부분의 앱은 특정 기기만이 아닌 다양한 기종의 장비를 지원합니다. 그에 따라 각 해상도의 아이콘을 별도로 만들어야 하는 상황이 발생합니다. 물론 해상도별로 아이콘 이미지를 리사이징해서 제작해도 되지만, 자동으로 필요한 해상도들로 리사이징해주는 서비스도 존재합니다. 대표적인 제품으로는 앱스토어에서 판매되고 있는 App icon resizer 등이 있습니다.

3.6 외주 의뢰

자신이 디자인 능력이나 경력이 없고 디자인 툴에 대한 자세한 사용법을 모를 경우 외부 자원을 활용하는 것도 방법입니다. 최근에는 프로젝트 단위로 의뢰할 수 있는 다양한 서비스들이 존재합니다. 다양한 외부 자원과의 연결을 지원하는 서비스를 소개합니다.

» 라우드(http://www.loud.kr/)

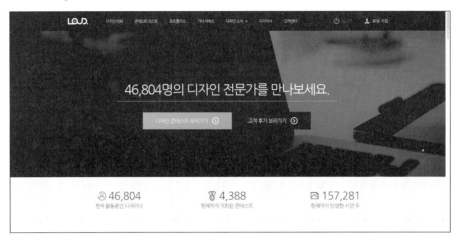

[그림 8] 라우드 홈페이지

콘테스트를 등록하고 금액을 설정하면 다수의 디자이너들이 응모하는 형태입니다. 콘테스트가 종료될 경우 시안들을 확인하고 채택하면 해당 상금이 시안 제작자에게 전달됩니다. 채택 후에는 시안의 원소스 파일을 받을 수 있게 됩니다. 팀 내에 디자인 인력이 충분하지 않다면 적은 금액에 상당히 높은 퀄리티의 디자인 소스를 얻을 수 있습니다. 다수의 디자이너들이 활동하고 있으며, 이미 진행된 많은 프로젝트로 신뢰할 만합니다.

» 위시캣(https://www.wishket.com/)

[그림 9] 위시캣 홈페이지

국내의 다양한 아웃소싱 연결 서비스 중 유명한 위시캣입니다. 디자인, 개발 분야의 프리랜서 및 외주 파트너를 만날 수 있는 채널 서비스입니다. 프로젝트 등록 시 지원 자들을 선별하여 프로젝트를 진행할 수 있습니다. 파트너의 이력 사항을 잘 확인하고 프로젝트를 진행할 경우 성공적이고 지속적인 의뢰가 가능합니다.

정리

그래픽, UI/UX 디자인 등을 내부에서 직접 하든 외부 자원에 의뢰하든 해결해야 할 문제는 발생합니다. 특히 외부 자원을 활용할 경우 의사소통 문제가 발생할 수 있습니다. 우선 내부에서 콘셉트를 통일하고 작업자와 미팅 시 원하는 콘셉트와 이미지를 구체적이고 명확히 전달하기 바랍니다. 또한 방향이 명확하지 않은 시점에 의뢰 시 추후 수정에 대한 추가 비용이 발생할 수 있으니 신중히 의뢰하기 바랍니다. 직접 작업을 하든 외부 자원을 사용하든 활용 가능한 서비스를 적극 참고하길 추천합니다.

알아두기

1인 기업을 위한 세금 관련 사항

앱 판매를 위한 사업자 등록은 일반과세자만 가능합니다. 일반과세자의 대표적인 세금으로는 부가가치세와 종합소득세가 있습니다.

부가가치세 관련

부가가치세란 상품(재화)의 거래나 서비스(용역)의 제공 과정에서 얻어지는 부가가치(이윤)에 대하여 과세하는 세금이며, 부가가치세 과세 대상 사업자는 상품을 판매하거나 서비스를 제공할 때 거래 금액 가운데 일정 금액의 부가가치세를 징수하여 납부해야 합니다.

부가가치세 = 매출세액(매출액 × 세율10%) − 매입세액(매입 시 부담한 세액)입니다.

앱스토어에서 앱 판매 시 한국 앱스토어 계정에는 부가가치세가 포함되어 있습니다.

부가가치세는 6개월을 과세 기간으로 하여 신고, 납부하게 됩니다.

과세 기간	과세 대상 기간		신고 납부 기간	신고 대상자
제1기	예정 신고	1.1 ~ 3.31	4.1 ~ 4.25	법인사업자
	확정 신고	1.1 ~ 6.30	7.1 ~ 7.25	법인, 일반사업자
제2기	예정 신고	7.1 ~ 9.30	10.1 ~ 10.25	법인사업자
	확정 신고	7.1 ~ 12.31	(다음해) 1.1 ~ 1.25	법인, 일반사업자

과세 신고는 개인사업자는 연 2회, 법인사업자는 연 4회를 하게 됩니다.

종합소득세 관련

종합소득세는 지난 1년간의 경제 활동으로 얻은 소득에 대해 납부하는 세금으로서 모든 과세 대상 소득을 합산하여 계산하고, 다음해 5월 1일부터 5월 31일까지 주소지 관할 세무서에 신고·납부해야 합니다.

매출 금액에서 비용을 제외한 금액으로 소득 금액을 확정합니다. 소득 금액에서 각종 소득공제를 한 후의 금액이 종합소득 과세 표준이 됩니다. 해당 과세 표준에 의해 세율이 결정되며, 소득 금액에 결정된 세율이 적용된 금액이 최종적으로 납부할 세액이 됩니다.

매출 금액에서 비용을 제외할 때 단순경비율을 적용할 경우와 기준경비율을 적용할 경우가 다릅니다. 소규모 팀의 경우 각종 증빙자료를 모두 보관하기는 쉽지 않습니다. 이에 단순경비율은 장부를 기장하지 않는 경우 업종별로 비용을 인정해주는 비율입니다. 이는 업종별로 정해져 있습니다. 소프트웨어 개발 및 공급에 관해서는 73% 내외이나 귀속년도에 따라 비율이 달라지므로 확인이 필요합니다. 기준경비율은 경비들의 증빙을 잘 모아 두었을 경우 매출 금액에서 주요 경비를 제외하고 기준경비율을 적용한 금액만큼을 소득 금액으로 산정합니다. 소프트웨어 관련 업종의 경우 26% 내외이나 귀속년도에 따라 비율이 달라지므로 확인이 필요합니다. 단순경비율을 적용할지 기준경비율을 적용할지는 계산 후 세액이 적게 나오는 금액으로 산정하시면 됩니다. 소득 금액에 따라 6%, 15% 등의 과세 표준 세율이 정해집니다.

세금 관련 사항은 국세청 홈텍스(https://www.hometax.go.kr/)에서 대부분 확인이 가능합니다.

흔히 사용하는 돈과 관련된 단어에서 매출, 수입, 소득, 지출, 매입, 경비 등의 단어들이 세금 관련 사항에서는 하나하나 각각의 의미로 사용됩니다. 세금 관련 사항은 너무도 방대합니다. 앱으로 수익을 낼 경우 빠질 수 없는 사항이므로 차근차근 정리해 두시기 바랍니다.

4. 개발 준비

4.1 스위프트 소개

컴퓨터는 인간처럼 생각하지 못합니다. 물론 인간 역시 컴퓨터처럼 생각하지 못합니다. 그래서 그 둘을 이어 줄 언어가 필요했습니다. 인간이 원하는 바를 컴퓨터에게 전달하기 위해 사용하는 언어가 프로그래밍 언어입니다. 프로그래밍 언어에서 지정한 일정한 형식으로 글을 작성하면 중간에서 그 언어를 컴퓨터가 알아들을 수 있는 말로 변환해주는 해석기가 존재합니다. 그러면 컴퓨터는 그 해석된 말을 듣고 코드가 작성된대로 움직입니다. 인간의 언어가 다양하듯 프로그래밍 언어도 다양합니다. 언어마다 존재하는 단어나 표현이 다르듯, 프로그래밍 언어도 종류별로 지원하는 단어와 기능이 다릅니다. iOS는 애플에서 만든 모바일용 운영체제로 아이폰이나 아이패드 등에서 사용됩니다. iOS 기반의 개발에 사용되는 프로그래밍 언어는 대체로 두 가지입니다. 오브젝티브-C(Objective-C)와 스위프트(Swift)입니다. 지금 앱 개발을 위해 언어를 배운다면 선택의 여지없이 스위프트를 배우면 됩니다. 애플에서 공개 후 지속적으로 지원을 하고 있고, 앞으로의 앱 개발은 스위프트를 권장하고 있기 때문입니다. 다음은 스위프트에 대한 설명입니다.

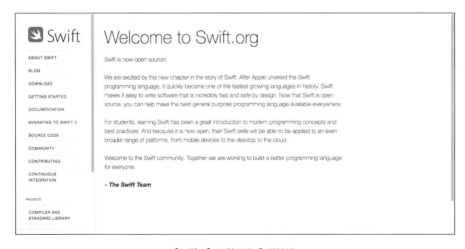

[**그림 1**] 스위프트 홈페이지

스위프트(https://swift.org/)

스위프트(Swift)는 애플의 iOS와 OS X를 위한 프로그래밍 언어로 2014년 6월 2일 애플 세계 개발자 회의(WWDC)에서 처음 소개되었다. 기존의 애플 운영체제용 언어인 오브젝티브-C와 함께 공존할 목적으로 만들어졌다. 오브젝티브-C와 마찬가지로 LLVM으로 빌드되고 같은 런타임을 공유한다. 클로저, 다중 리턴 타입, 네임스페이스, 제네릭스, 타입 유추 등 오브젝티브-C에는 없었던 현대 프로그래밍 언어가 갖고 있는 기능을 많이 포함했으며 코드 내부에서 C나 오브젝티브-C 코드를 섞어서 프로그래밍하거나 스크립트 언어처럼 실시간으로 상호작용하며 프로그래밍할 수도 있다. 언어 설명서도 함께 배포되었다. 애플에서는 iBooks에서 Swift에 관한 책을 배포하고 있다. (출처: 위키피디아)

초심자의 경우 위의 설명으로는 스위프트가 어떤 언어인지 알기 어렵습니다. 스위프트는 현대적 문법으로 세련되고 멋지다고 하지만, 무엇이 어떻게 멋지다는 것인지 감이 오지 않습니다. 현재로서는 iOS 앱을 만들어야 한다면 스위프트라는 언어를 배워야 하는구나 정도만 알아도 상관없습니다.

4.2. iOS 소개

iOS는 애플에서 사용하는 모바일용 운영체제입니다. 아이폰, 아이팟, 아이패드 등에서 사용되고 있습니다. 운영체제는 해당 기기가 운영될 수 있도록 만들어진 프로그램입니다. 윈도우 8, 윈도우 10 등은 많은 사람들이 친숙하게 알고 있는 운영체제입니다. 운영체제가 설치되지 않은 아이폰은 그냥 벽돌과 다름이 없습니다. 운영체제가 기기를 깨우고 그 위에 각종 애플리케이션이 설치되어 사용될 때 의미가 있습니다. 우리가 앱을 만드는 과정이라는 것은 이러한 iOS 라는 토대 위에 다양한 건물을 짓는 것과 비슷할 것입니다. iOS에서는 앱 개발을 위해 다양한 기능을 지원합니다. 초기 단계의 앱 개발은 이러한 라이브러리를 어떻게 잘 조합하고 사용하느냐가 많은 비중을 차지합니다. 라이브러리는 어떤 특정 기능을 하는 코드들의 집합이라고 생각하면 쉽습니다. 가령 앱에 버튼을 하나 추가하는 것에서도 화면의 어떤 지점에 점을 하나씩 찍어서 버튼 모양을 표현하는 것이 아닌, 이미 버튼 모양으로 만들어져 있는 라이브러리를 사용하면 쉽게 구현이 가능합니다. PPT를 작성할 때 점 하나하나를 찍어서 그림을 표현하는 것이 아닌, 이미 만들어진 다양한 그림들을 드래그 앤 드롭만으로 화면에 손쉽게 추가하는 것과 비슷합니다.

4.3. Xcode 소개

엑스코드(Xcode)는 프로그램을 만들기 위한 프로그램입니다. 우리는 PPT 파일을 만들기 위해서 마이크로소프트의 파워포인트라는 프로그램을 사용합니다. 버전만 맞는다면 만들어진 PPT 파일은 다른 컴퓨터에서 열더라도 저장 시 내용을 그대로 표현합니다. 앱을 만드는 것은 PPT 파일을 만드는 것과 크게 다르지 않습니다. 다만 그 저장 형태가 디바이스에 설치되어 실행되는 형태로 저장될 뿐입니다. 파워포인트 프로그램이 Xcode와 비슷하다고 보면 됩니다. 물론 프로그램 제작을 위한 프로그램인만큼 여타 프로그램보다 조금 더 버튼과 메뉴가 많습니다. 하지만 모든 버튼과 메뉴를 사용하진 않습니다. 주로 사용하는 기능은 정해져 있으며, 그 기능을 바탕으로 확장하며 익히면 됩니다. 우리가 모든 버튼의 기능을 알지 못하더라도 간단한 PPT는 작성할 수 있는 것과 비슷합니다.

4.4 Xcode 설치

Xcode는 MacOS에서 사용 가능합니다. 아이폰 앱을 만들기 위해서는 OS X 등의 운영체제를 갖고 있는 맥 컴퓨터가 필요합니다. Xcode는 앱스토어(App Store)에서 설치 가능합니다.

[그림 2] 앱스토어 메인 화면

[그림 3] 앱스토어 Xcode 검색 화면

앱스토어에서 Xcode를 검색합니다.

[그림 4] Xcode 설치화면

받기 버튼을 클릭하면 다운로드 후 설치가 진행됩니다. 버튼의 명칭은 설치, 무료 (Free) 등으로 다를 수 있습니다. 이미 설치돼 있을 경우 열기 버튼이 보이며, 클릭 시 Xcode가 실행됩니다. 오랜 시간이 걸리므로 본격적인 진행 전 미리 설치하시기 바랍니다. 설치가 완료되면 파인더(Finder)의 응용프로그램에서 Xcode를 확인할 수 있습니다. 자주 사용할 것이므로 독(Dock)에 추가하시기 바랍니다.

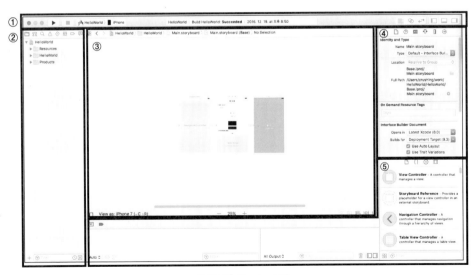

[그림 5] Xcode 소개

Xcode 각 영역 이름은 아래와 같습니다.

1. 툴바 영역(Toolbar Area)
2. 네비게이터 영역(Navigator Area)
3. 편집기 영역(Editor Area)
4. 인스펙터 영역(Inspector Area)
5. 라이브러리 영역(Library Area)
6. 디버그 영역(Debug Area)

각 영역의 사용법은 내용을 진행하며 하나씩 알아가겠습니다.

[그림 6] 문서와 API 레퍼런스

Xcode 메뉴에서 Window 〉 Documentation And API Reference를 클릭하거나 키보드 Shift + Cmd + 0을 누르면 iOS 앱 제작에 필요한 레퍼런스가 나옵니다. 이곳에는 iOS 를 제작할 때 필요한 대부분의 내용이 들어 있습니다. 이곳에서 문서를 찾아보며 문제를 해결하는 습관을 기르시길 바랍니다.

Xcode 실행 후 메뉴의 Xcode 〉 Preferences...를 클릭, 애플 아이디를 추가하면 추후 개발 진행 시 편리합니다. 하단의 + 버튼을 클릭 후 Add Apple ID...를 선택, 애플 ID 를 등록합니다. View Details...를 클릭 후 iOS Development의 Create를 해줍니다. 개 발자 프로그램에 등록했다면 iOS Distribution의 Create도 가능합니다.

[그림 7] 사용자 등록

PART 2

앱 만들기 연습

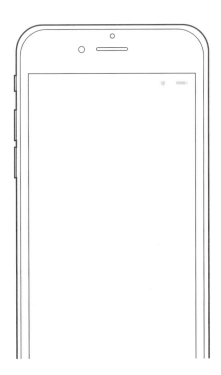

5. 간단한 앱 만들기

5.1. Hello World 앱 만들기

일단 간단한 앱을 먼저 만들어 보겠습니다. 프로그래밍에 대한 이론적인 내용은 진행하면서 나오는 대로 설명하겠습니다.

[그림 1] Xcode 아이콘

Xcode 설치가 돼 있다면 Xcode를 실행합니다.

[그림 2] Xcode Welcome 페이지

Create a new Xcode project를 클릭합니다.

[그림 3] 프로젝트 선택

왼쪽 분류창에서 iOS→Application을 선택합니다. [Single View Application]을 선택
합니다. Next 버튼을 클릭합니다.

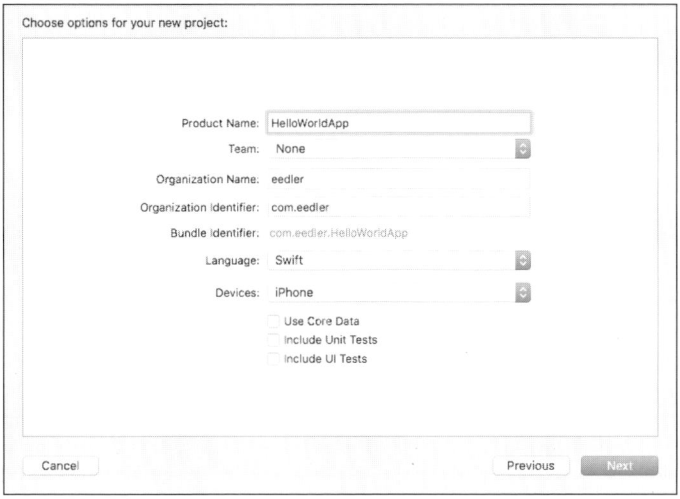

[그림 4] 프로젝트 초기값

설정값은 아래와 같습니다.

```
Product Name: HelloWorldApp
Organization Name: mycompany
Organization identifier: com. mycompany
Bundle Identifier: com. mycompany. HelloWorldApp
Language: Swift
Devices: iPhone
Use Core Data: 체크 해지
Include Unit Tests: 체크 해지
Include UI Tests: 체크 해지
```

Organization identifier 앱스토어에서 자신의 앱을 구분 짓는 이름입니다. 자신의 도메인을 역순으로 적는 것이 일반적입니다. 가령 mycompany.com일 경우 com. mycompany순으로 작성합니다. Bundle Identifier는 Product Name과 Organization identifier가 조합되어 자동으로 표시됩니다. Use Core Data, Include Unit Tests 그리고 Include UI Tests 는 사용하지 않으므로 체크하지 않습니다.

Next 버튼을 클릭합니다.

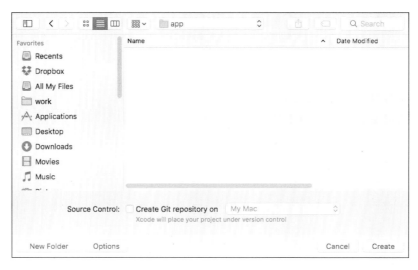

[그림 5] 폴더 선택 화면

작업용 폴더를 선택 후 Create 버튼을 클릭합니다. 일반적으로 작업용 폴더를 하나 만들고 해당 폴더에 프로젝트를 생성합니다.

[그림 6] General 화면

처음 프로젝트를 생성하게 되면 프로젝트에 대한 기본적인 설정 등을 하게 됩니다. 지금은 간단한 기능의 앱만 제작할 예정이므로 별다른 설정 없이 기본값으로 유지합니다.

왼편의 Project Navigator 패널에서 Main.storyboard를 클릭합니다.

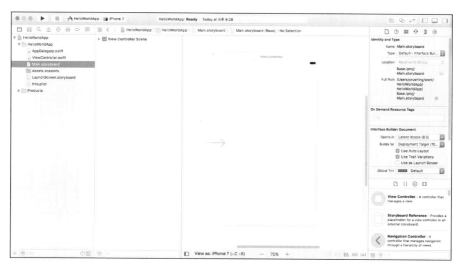

[그림 7] Xcode 스토리보드 편집 화면

중앙 화면에는 네모난 틀이 보이며, 양쪽에 각종 패널들이 보입니다. 편집기 영역에 표시된 중앙의 네모난 틀을 뷰(View)라고 부르며 앱에서 사용자에게 보일 화면입니다.

[그림 8] Xcode 시뮬레이터 선택

이 상태에서 아무것도 하지 않고 시뮬레이터에서 iPhone 7을 선택합니다.

[그림 9] Xcode 실행 버튼

그리고 실행(Build and Run) 버튼을 클릭하면 시뮬레이터가 작동합니다.

[그림 10] 빈 화면 실행 결과

아무것도 없지만 흰 바탕의 화면이 시뮬레이터에서 실행됩니다.

중지(Stop) 버튼을 클릭하면 앱이 종료됩니다.

시뮬레이터는 컴퓨터에서 실제 기기의 환경대로 테스트하기 위한 프로그램입니다. 테스트를 위해 모든 장비를 다 갖출 수는 없습니다. 그럴 때는 시뮬레이터를 각 장비별로 변경해 가며 실행해보면 기기에서 어떻게 실행되는지 확인이 가능합니다. 물론 시뮬레이터와 실제 기기상의 차이도 있고, 실제 기기에서만 확인할 수 있는 기능들도 있습니다. 하지만 일단 시뮬레이터에서부터 오류 없이 잘 동작하게 만드는 것이 개발 단계에서의 1차 목표입니다. 화면이 작아서 시뮬레이터의 내용이 화면에 다 표시되지 않을 경우 상단 메뉴 Window → Scale에서 화면 비율을 설정할 수 있습니다.

참고

시뮬레이터는 디바이스 사용상에 발생하는 다양한 상황을 지원합니다. 메뉴의 **Hardware** 클릭 시 내용을 확인할 수 있습니다. 대표적으로 테스트할 수 있는 항목은 아래와 같습니다.

· Rotate Left

· Rotate Right

· Shake Gesture

· Home

· Lock

· Touch ID

· Touch Pressure

5.2 레이블(UILabel) 사용법

[그림 11] 오브젝트 라이브러리 선택 화면

오른쪽 패널의 하단에서 오브젝트 라이브러리(Object Library)에서 레이블(Label)을 찾습니다.

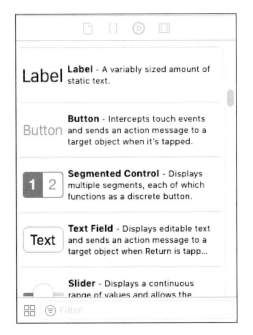

[그림 12] Label 선택 화면

스크롤로 찾기 어려울 경우 아래쪽의 Filter 부분에 Label이라고 입력할 경우 손쉽게 찾을 수 있습니다.

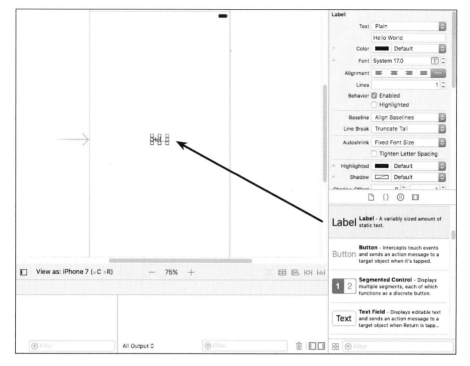

[그림 13] Label 드래그 앤 드롭

찾은 Label 오브젝트를 드래그해서 중앙 사각틀에 가져가 원하는 위치에 드롭합니다. 오브젝트를 추가하는 것은 PPT를 만드는 것과 크게 다르지 않습니다. 원하는 그림을 드래그해서 원하는 위치에 갖다 놓듯이 작업하면 됩니다.

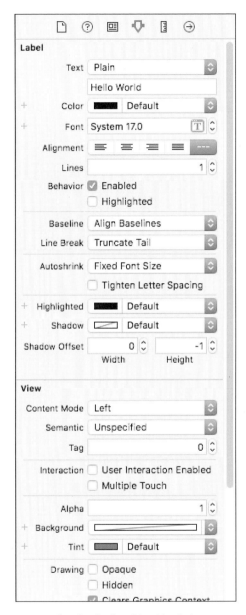

[그림 14] 애트리뷰트 인스펙터

추가된 레이블을 클릭하면 오른쪽 패널의 상단에 여러 인스펙터가 활성화됩니다. 그 중 애트리뷰트 인스펙터(Attribute Inspector)를 선택하면 레이블의 내용을 편집할 수 있습니다. 선택 후 Text란에 Hello World라고 입력합니다. 중앙 뷰에 추가된 레이블을 더블클릭해도 글씨를 수정할 수 있습니다. 레이블의 크기가 작아 글씨가 다 보이지 않을 경우 레이블의 가장자리를 드래그해서 크기를 조절합니다. Label을 추가했듯이 다양한 오브젝트를 추가할 수 있습니다. 애트리뷰트 인스펙터는 현재 선택된 오브젝트에 맞는 설정들을 할 수 있도록 화면을 보여줍니다. Label의 경우 Text의 내용, 글씨의 색상, 폰트의 종류, 폰트 크기, 정렬, 줄 수, 그림자색, 배경색, 투명도 등을 설정할 수 있습니다. 색상 등을 변경 후 다시 실행하면 바뀐 색상으로 표시되는 것을 확인할 수 있습니다.

[그림 15] Hello World 실행 화면

실행 버튼을 클릭하면 이제 앱의 화면에 Hello World라는 글자가 보일 것입니다. 물론 Hello World가 아닌 원하는 값을 입력하면 해당 내용이 표시됩니다. 이처럼 Label은 사용자에게 어떤 글자 형태의 정보를 제공하고자 할 때 사용됩니다.

> **참고**
> 해당 앱을 기기에서 테스트하고자 할 때는 디바이스를 USB로 연결만 해주면 됩니다. 시뮬레이터 선택에 연결한 디바이스가 나오면 선택 후 실행하면 됩니다. Xcode에 애플 ID가 등록되어 있지 않다면 메뉴 Xcode 〉 Preferences...로 이동 후 ID를 등록합니다. 등록 후 ID의 View Details로 이동하여 iOS Development의 Create를 해줍니다. 기기를 등록하겠다는 메시지 표시 후 확인을 누르면 해당 디바이스에서 테스트가 가능합니다.

> **참고**
> UIKit을 비롯한 다양한 프레임워크 정보를 얻으려면 https://developer.apple.com/develop/kr/을 방문하면 됩니다.

5.3 변수와 상수란 무엇인가

프로그래밍에서는 변수와 상수라는 개념이 있습니다. 변수(Variable)는 변할 수 있는 값, 상수(Constant)는 변하지 않는 값입니다. 스위프트는 다른 언어보다 이를 엄격하게 구분합니다. 설명을 위해 Helloworld 앱을 이어서 사용하겠습니다.

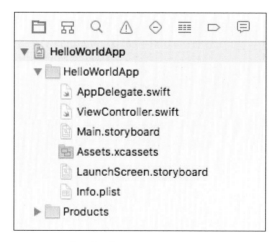

[그림 16] 프로젝터 네비게이터

왼쪽의 프로젝트 네비게이터(Project Navigator)를 보면 HelloWorldApp 폴더 아래에 있는 ViewController.swift 파일을 클릭합니다. 다음과 같은 코드를 확인할 수 있습니다. 혹시 왼쪽에 프로젝트 네비게이터가 표시되지 않는다면 View → Navigators → Show Project Navigator 메뉴를 클릭하면 화면 왼쪽에서 확인 가능합니다.

```
ViewController.swift
import UIKit

class ViewController: UIViewController {
    override func viewDidLoad() {
        super.viewDidLoad()
        // Do any additional setup after loading the view, typically from a nib.
    }
    override func didReceiveMemoryWarning() {
        super.didReceiveMemoryWarning()
        // Dispose of any resources that can be recreated.
    }
}
```

override func viewDidLoad()라고 적힌 {} 사이에 추가적으로 코드를 작성하겠습니다.

```
override func viewDidLoad() {
    super.viewDidLoad()
    // Do any additional setup after loading the view, typically from a nib.

    ① // 이곳에 코드를 추가합니다.
    ② let nameHan = "홍길동"
    ③ var nameEng = "Mr. Hong"
    ④ print(nameHan)
    print(nameEng)
    /* 여기까지 작성하시면 됩니다. */
}
```

```
홍길동
Mr. Hong




All Output ◇                    ⊜ Filter                      🗑 | ▢▢
```

[그림 17] 실행 결과 화면

디버그 영역에 결과가 표시됩니다.

단어와 기호 사이에 공백은 한 칸 이상이면 영향을 주지 않습니다. 공백의 빈 줄은 코드에 영향을 주지 않습니다. 간혹 코드의 가독성을 위해 코드 중간에 공백을 넣기도 합니다.

① //: 슬래시(/)가 두 개 연속으로 표시되어 있는 부분은 주석이라고 합니다. // 이후의 내용은 코드에 영향을 미치지 않습니다. 그렇다면 영향을 미치지 않는 코드를 쓰기 위한 표현이 왜 있어야 할까요? // 부분에는 추가적인 설명이 들어갑니다. 해당 코드를 사용하는 방법이나 안내 사항이 필요할 때 사용합니다. 복잡한 코드는 작업 후 몇 개월이 지나서 보게 될 경우 상당히 혼란스럽습니다. 그럴 때 간단한 한두 줄의 주석은 코드를 좀 더 쉽게 이해하도록 도와줍니다. 간혹 주석의 내용이 많아져서 여러 줄에 걸쳐서 주석을 표현해야 할 경우가 있습니다.

그럴 경우 줄마다 앞에 //을 붙이는 것은 비효율적이므로 /* 주석 내용 */ 이런 형태로 작성하면 됩니다.

```
/* 주석 내용 시작
주석 내용
주석 내용 종료 */
```

여러 줄에 걸치더라도 /* */ 안에 있는 내용은 코드에 영향을 미치지 않습니다. 코드를 작성하다 보면 몇 줄의 코드를 적용했다가, 뺐다가 하는 일을 반복적으로 해야 할 때가 있습니다. 그럴 때는 코드를 썼다 지웠다 반복하는 것이 아닌 주석 처리를 이용하면서 진행하면 상당히 편리합니다.

② let nameHan="홍길동": let 이라는 구문은 상수를 선언할 때 사용합니다. 없던 이름을 새롭게 등록하는 걸 '선언한다'고 표현합니다. 스위프트를 포함한 많은 프로그래밍 언어에서 =의 의미는 오른쪽의 값("홍길동")을 왼쪽(nameHan)에 '대입한다'라는 의미입니다. nameHan이라는 단어는 제작자가 기억하기 쉬운 이름으로 작성하면 됩니다. nameHan="홍길동" 이렇게 하면 nameHan이라는 이름을 가진 공간에 "홍길동"이라는 내용이 들어가 있게 됩니다. 앞에 있는 let이라는 키워드는 nameHan이 변수인지 상수인지 나타냅니다. let은 추후에 다른 값을 대입할 수 없으며 상수라고 부릅니다. 상수는 한 번 지정하면 값을 변경할 수 없습니다. 그러므로 nameHan="길동홍" 등의 구문을 아래에 추가할 경우 오류가 발생하며 실행이 되지 않습니다.

③ var nameEng="Hong, GilDong": var라는 구문은 변수를 선언할 때 사용합니다. 마

찬가지로 =의 의미에 따라 변수 nameEng라는 이름을 가진 공간에 "Hong, GilDong" 이라는 값을 대입한다라는 의미입니다. 변수는 변할 수 있는 수를 말합니다. 그러므로 해당 구문 후에 nameEng="Mr. Hong" 등의 구문을 추가해도 문제가 되지 않습니다. nameEng="Mr. Hong" 구문이 추가되면 기존 "Hong, GilDong"이라는 값 대신 "Mr. Hong"이라는 값이 존재하게 됩니다.

```
let nameHan= " 홍길동 "
nameHan=" 길동 홍 "          //오류: let으로 선언될 경우 다른 값을 다시 대입할 수 없습니다.
var nameEng=" Hong, GilDong "
nameEng=" Mr. Hong "          //허용: var로 선언될 경우 다른 값을 다시 대입할 수 있습니다.
```

그렇다면 let 없이 var만으로 모든 코드를 작성해도 되지 않을까요? 가능합니다. 하지만 그렇게 되면 변하는 값과 변하지 않는 값이 섞여 있을 경우 혼란이 생기므로 되도록이면 지침을 따르시기 바랍니다.

Xcode는 친절합니다. let으로 선언하고 한 번도 사용되지 않거나 var로 선언되고 한 번도 값을 변경하지 않을 경우 경고로 표시합니다. 실행은 되나 경고가 표시되어 쉽게 눈에 보입니다. 그럴 경우 let, var 키워드 선언을 다시 확인하시기 바랍니다.

아래의 구문도 가능합니다.

```
let nameHan= " 홍길동 "
var nameEng=" Hong, GilDong "
nameEng=nameHan
```

최종적으로 nameEng에는 nameHan의 내용인 "홍길동"이 들어가게 됩니다.

문자열의 경우 "" 사이에 내용을 넣어야 합니다.

다음 두 줄의 구문은 전혀 다른 뜻입니다.

nameEng=nameHan // nameEng에 nameHan 안의 내용을 대입합니다.

nameEng="nameHan" // nameEng에 "nameHan"이라는 글자를 대입합니다.

""가 없을 경우 코드는 해당 단어를 변수나 상수, 또는 프로그램 코드로 인식하고 해당 키워드의 속 내용을 찾아서 넣게 됩니다. ""가 있을 경우 "" 안의 내용 자체를 넣으려고 생각합니다. 또한 스위프트는 대소문자를 구분합니다. nameHan과 namehan은 서로 다른 이름입니다. 대소문자까지 일치할 때 비로소 같은 이름이라고 할 수 있습니다. 초반에는 대소문자 구분이 명확하지 않은 이유로 많은 오류가 발생할 수 있으니 주의하시기 바랍니다.

④ print(nameHan): 함수는 어떠한 기능을 하는 코드의 집합체라고 생각하면 됩니다. print라는 함수는 콘솔창에 () 안에 들어 있는 내용을 표시해주는 기능을 합니다. 함수 또한 변수나 상수처럼 선언됩니다. func라는 키워드로 선언됩니다. 하지만 우리는 func print라는 함수를 선언한 적이 없습니다. 이러한 함수는 내장함수라고 불리며, 이미 iOS 안에 포함되어 있습니다. 우리는 사용법을 알고 그냥 사용만 하면 됩니다. 함수와 변수, 상수의 단순한 시각적인 차이는 뒤에 괄호()가 있느냐 없느냐의 차이입니다. 당연히 변수나 상수 이름에는 ()를 사용할 수 없습니다. ()가 붙는 다른 개념들은 후에 추가적으로 살펴보겠습니다.

5.4 버튼(UIButton) 사용법

일반적으로 내용 표시만 하는 앱은 거의 없습니다. 사용자의 어떤 행위, 가령 버튼을 누른 행위 등에 대해 어떠한 반응을 보여주는 앱이 대부분입니다. 이번엔 기존 Hello World 앱에 버튼을 추가해서 행위를 추가하도록 하겠습니다.

우선 만들 앱의 결과물입니다.

시작 시 Hello World 글씨가 보이며 Change 버튼 클릭 시 Hello World 글씨가 Hello Swift로 변경됩니다.

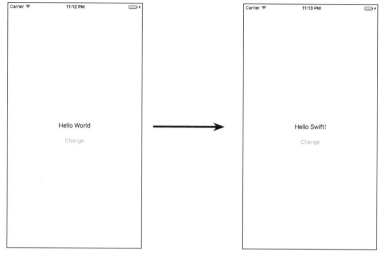

[그림 18] 버튼 탭 전	[그림 19] 버튼 탭 후

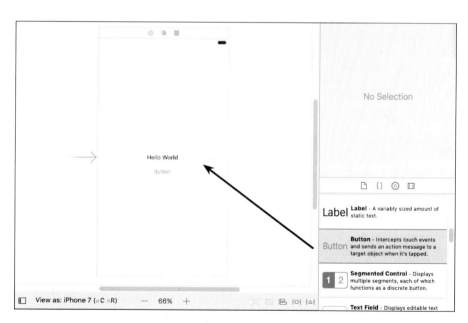

[그림 20] 버튼(Button) 추가 화면

프로젝트 네비게이터에서 Main.storyboard를 선택합니다. 오른쪽 하단의 오브젝트 라이브러리 패널에서 Button을 찾아 Hello World Label 아래로 드래그앤 드롭합니다.

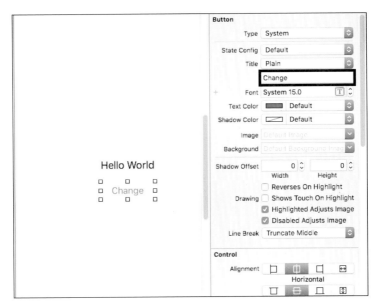

[그림 21] 타이틀 변경 화면

오른쪽 애트리뷰트 인스펙터를 클릭합니다 타이틀을 Button에서 Change로 변경합니다.

[그림 22] 보조 편집기 클릭 화면

상단 패널에서 보조 편집기(Assistant Editor)를 클릭합니다. 클릭 시 중앙의 에디터가 스토리보드와 소스코드 부분이 함께 표시됩니다. 이때 보조 편집기 영역의 파일이 ViewController.swift인지 확인합니다. 만일 아닐 경우 위의 Automatic 〉 ViewController.swift를 선택해줍니다.

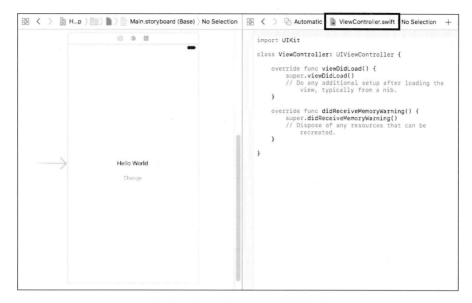

[그림 23] 스토리보드, 보조 편집기 화면

보조 편집기는 스토리보드에 있는 객체를 코드에 연결할 때 사용됩니다.

객체를 코드로서 연결하고 나면 해당 객체를 추후에 코드로 내용을 변경하거나 상태
값을 변경할 수 있습니다.

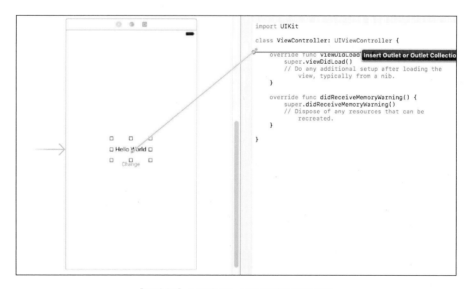

[그림 24] 스토리보드, 보조 편집기 연결 화면

스토리보드에서 Hello World라는 Label을 키보드에서 Ctrl 버튼을 누른 채로 마우스 좌클릭 후 소스코드 쪽으로 드래그 앤 드롭합니다. 마우스 우클릭도 동일한 기능을 제공합니다. 드래그 앤 드롭 위치는 class ViewController ~ 부분과 override func viewDidLoad() ~ 부분 사이입니다. 드래그 앤 드롭을 할 경우 연결에 관한 여러 가지 값을 입력하도록 나옵니다.

 참고

스토리보드에서 파일로 연결선이 표시되지 않을 땐 보조 편집기의 파일명을 확인해주세요.

[그림 25] 보조 편집기 파일 주소

스토리보드와 연결된 Controller가 아닐 경우 연결선이 표시되지 않습니다.

스토리보드에서 View를 선택한 후 Class가 ViewController.swift로 돼 있는지 확인하세요.

보조 편집기에 열려 있는 파일이 ViewController.swift 파일인지 확인하세요.

[그림 26] 보조 편집기 파일 선택 부분

만일 아니라면 ViewController.swift를 선택해주세요. 두 관계가 맞을 때만 연결선이 표시됩니다.

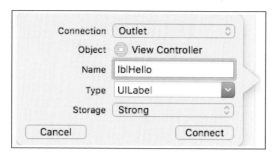

[그림 27] 클래스 이름 작성 부분

Connection : Outlet

Object : View Controller

Name : lblHello

Type : UILabel

Storage : Strong

Connect를 클릭합니다.

일반적으로 대부분의 값은 이미 설정이 되어 있고 Name 값만 입력하면 됩니다. lblHello에서 lbl은 Label을 줄여서 붙인 단어입니다. 추후에 이름만 보고도 Label을 위한 이름인 것을 알기 위해서입니다. 이렇게 연결하고 나면 앞으로는 코드에서 lblHello라고 이름을 넣으면 시스템은 화면에 있는 Hello World를 나타내고 있는 레이블이라고 인식합니다.

참고

프로그램을 만들다 보면 무수한 작명을 하게 됩니다. 이름 짓기는 가장 어려운 부분 중 하나입니다. 가장 좋은 이름은 그 이름만 보고도 그 용도를 알 수 있도록 하는 것인데, 말처럼 쉽지는 않습니다. 이름을 알아보기 쉽게 지어야 하는 이유는 추후 유지 보수의 이유가 큽니다. 가령 앞서 사용한 lblHello를 a라고 써도 프로그램이 운영되는 것에는 지장이 없습니다. 그러나 몇 달 후 프로그램을 수정하기 위해 a라고 하는 글씨를 보면 이 a가 어디에 연결되어 있는 것인지 기억하기 어렵습니다. 여러 명이 작업하는 경우에 다른 사람이 써 놓은 a는 더더욱 알기 어려울 것입니다. 다음은 개발자들이 사용하는 일반적인 작명 규칙입니다.

파스칼(Pascal) – 단어와 단어를 연결 시 대문자로 구분합니다. 예) MyClass
보통 네임스페이스, 클래스 이름 등에 사용됩니다.

카멜(Camel)-단어와 단어 연결 시 대문자로 구분합니다. 첫 단어는 소문자로 시작합니다.
예) myFunction
보통 변수, 함수 등에 사용됩니다.

이 외에도 개발자들 사이에는 다양한 규칙들이 존재하며, 여러 규칙 중 자신에게 맞는 규칙
만 채택해서 사용하는 개발자 그룹도 많습니다. 이름이 명확해야 한다며 긴 이름을 좋아하는
개발자도 있고, 무조건 짧게 줄이는 걸 선호하는 개발자도 있습니다. 어떤 규칙을 사용하든
가장 중요한 것은 다른 팀원들도 쉽게 파악할 수 있는 규칙을 함께 채택하고 이를 프로젝트
내에서 일관되게 적용하는 것입니다.

다음은 Change 버튼을 코드에 연결하도록 하겠습니다.

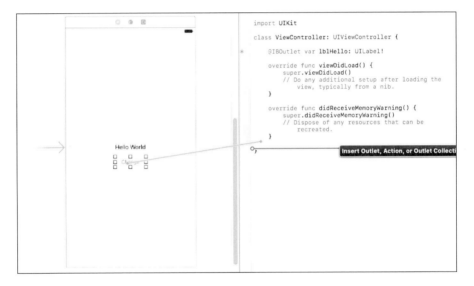

[그림 28] 버튼 연결

스토리보드에서 Change라는 버튼을 키보드에서 Ctrl 버튼을 누른 채로 마우스로 클
릭 후 소스코드 쪽으로 드래그 앤 드롭합니다. 드래그 앤 드롭 위치는 코드의 마지막
} 와 override func didReceiveMemoryWarning() { … } 부분 사이입니다. 드래그 앤 드
롭을 할 경우 연결에 관한 여러 가지 값을 입력하도록 나옵니다.

[그림 29] 클래스 이름 작성 부분]

우선 Connection을 Outlet에서 Action으로 변경합니다. 그러면 아래 항목이 Action용 값들로 변경됩니다.

```
Connection : Action
Object : View Controller
Name : changeHello
Type : Any Object
Event : Touch Up Inside
Arguments : Sender
```

Connect를 클릭합니다.

아래와 같은 코드가 자동으로 생성됩니다.

```
@IBAction func changeHello(sender: AnyObject) {
 }
```

위의 코드가 버튼을 클릭했을 때 실행되는 내용입니다.

@IBAction: 어노테이션(Annotation)이라고 부릅니다. Action이 일어났을 때 사용되는 코드라는 표시입니다.

func: 함수라는 표시입니다. 함수의 역할은 어떠한 행위를 덩어리로 만들어 놓는 것이라고 할 수 있습니다. 자세한 사항은 추후 함수 관련 부분에서 알아보도록 하겠습니다.

changeHello: 함수의 이름입니다.

(sender: AnyObject): 함수에서 () 안에 있는 내용은 파라미터라고 부릅니다. 함수가 실행될 때 필요한 값을 받아오는 것입니다. 자세한 사항은 추후 함수 관련 부분에서

알아보도록 하겠습니다.

{ … }: 실행되는 코드가 위치하는 곳입니다. 이 함수에서는 버튼이 클릭됐을 때 실행되는 코드를 {} 안에 넣으면 됩니다.

이제 코드를 작성하겠습니다.

```
@IBAction func changeHello(sender: AnyObject) {
        self.lblHello.text = "Hello Swift!"
}
```

추가된 구문은 한 줄이 전부입니다.

self.lblHello.text = "Hello Swift!"

self.: 객체 그 자신을 가리킵니다. 드래그 앤 드롭으로 추가한 let lblHello: UILabel!을 가리키기 위해서 self.라는 키워드를 사용합니다.

아래와 같이 함수 안에서 let lblHello = "Hello" 형태로 사용할 수도 있습니다.

```
@IBAction func changeHello(sender: AnyObject) {
        let lblHello = "Hello"
        self.lblHello.text = "Hello Swift!"
}
```

이러한 상황에서 lblHello라는 이름이 두 개입니다. let lblHello 선언된 상수와 self.lblHello는 다른 값입니다.

이러한 개념은 클래스 부분에서 다시 학습합니다.

self.lblHello.라고 입력했을 때 자동완성 기능에 의해서 여러 가지 항목이 뜨는 것을 볼 수 있습니다.

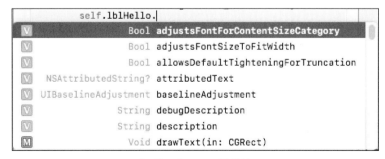

[그림 30] label 자동완성

우리가 코드에 추가한 것은 lblHello라고 하는 이름의 Label이었습니다. Label은 색상도 갖고 있고, 배경색은 어떻게 할지 글자 크기는 어떻게 할지 등 다양한 값을 지정할 수 있습니다. 점(.)까지 입력하면 그 이하에 입력하거나 출력할 수 있는 목록들을 Xcode가 자동으로 보여줍니다. 그 중 text라는 값은 Label에 표시되는 글자를 설정하거나 가져올 수 있습니다. =은 오른쪽의 값을 왼쪽에 대입하라는 의미입니다. "Hello Swift!"라는 문구를 self.lblHello.text에 대입하라는 뜻입니다.

실행 버튼으로 실행 후 Change 버튼을 클릭해봅니다.

5장의 앞 결과 화면처럼 작동하는 모습을 볼 수 있습니다.

ViewController.swift

```swift
import UIKit

class ViewController: UIViewController {

    @IBOutlet var lblHello: UILabel!

    override func viewDidLoad() {
        super.viewDidLoad()
        // Do any additional setup after loading the view, typically from a nib.

        // 이곳에 코드를 추가합니다.
        let nameHan = "홍길동"
        var nameEng = "Hong, GilDong"
        nameEng = nameHan
        print(nameHan)
        print(nameEng)
        /* 여기까지 작성하면 됩니다. */
    }

    override func didReceiveMemoryWarning() {
        super.didReceiveMemoryWarning()
        // Dispose of any resources that can be recreated.
    }

    @IBAction func changeHello(sender: AnyObject) {
        self.lblHello.text = "Hello Swift!"
    }

}
```

참고: 실행이 되지 않을 경우

실행 버튼을 클릭했을 때, 코드에 오류가 있을 경우 'Build Failed'라는 문구가 표시되며 실행이 되지 않습니다.

이러한 현상은 다양한 이유가 있습니다.

일반적인 문법적 오류라면 오류가 나는 라인을 붉은색 동그라미로 표시해주지만 오류의 특성마다 해당 코드가 명확히 표시되지 않을 수도 있습니다. 위 상황에서 나올 수 있는 몇 가지 오류를 알려드리겠습니다.

1. 공백이 존재하거나 스펠링이 틀릴 경우

예를 들어 self.lblHello.te xt = "Hello Swift!"처럼 te와 xt 사이에 공백이 있을 경우 단어가 맞지 않아 오류가 발생합니다.

2. 커넥션 인스펙터(Connection Inspector)에 불필요한 연결이 남아 있는 경우

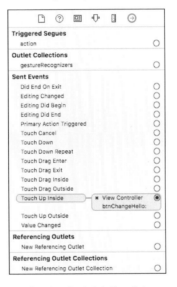

[그림 31] 커넥션 인스펙터

드래그 앤 드롭으로 Change 버튼과 ViewController 코드를 연결할 때 실수로 두 번 연결할 경우, ViewController.swift에 있는 코드만 지우면 오류가 발생합니다. 그림처럼 커넥션 인스펙터에서 사용하지 않는 이름은 x 버튼을 클릭하여 삭제해야 합니다.

커넥션 인스펙터는 스토리보드와 소스코드 사이의 연결을 전체적으로 확인할 수 있는 패널입니다. 커넥션 인스펙터 패널에서 직접 소스코드로 연결할 수도 있습니다. 오른쪽 동그라미에서 키보드의 Ctrl 버튼을 누른 채로 ViewController.swift로 드래그할 경우 아까 스토리보드에서 버튼 또는 레이블에서 드래그했을 때와 같은 화면이 표시됩니다.

> **정리**
>
> 첫 번째 앱이 완성되었습니다. 앱이 운영될 때 단순하게는 제작자와 사용자의 관계는 이 과정이 전부입니다. 제작자는 어떠한 정보를 제공하고, 사용자가 버튼 등으로 특정 행위를 하면 그 반응을 보여줍니다. 물론 대부분의 앱은 이보다 훨씬 복잡합니다. 이 시점에서 궁금한 내용들이 생깁니다. 화면에 그림은 어떻게 표시하지? 아이폰은 화면 크기가 다양한데 화면이 커지거나 작아지면 어떻게 하지? 글씨 하나가 아닌 많은 내용을 목록으로 표시하려면 어떻게 하지? 코딩 규칙은 어떻게 되지? 이제부터 차례차례 알아보도록 하겠습니다.

5.5 타입이란 무엇인가

스위프트는 다양한 타입을 가지고 있습니다. 다른 언어에서는 자료형이라고도 부르는 타입은 변수나 상수 안에 어떤 값이 들어갈지 형태를 정해 주는 일을 합니다. Int, Float, Double, Character, String, Bool 등입니다.

Int(Integer)는 정수형을 말합니다. 일반 정수 1, 2, 3등이 들어갑니다. Float, Double은 실수가 들어갑니다. 소숫점이 들어가는 숫자에 사용된다고 생각하면 됩니다. Character는 문자가 들어갑니다. String은 여러 개의 문자, 문자열이 들어갑니다. Bool은 부울이라고 부르며 True, False 두 개의 값만을 가집니다.

각 타입은 연산 공간에 할당해놓는 크기의 차이입니다. 숫자를 넣을 수 있는 Double은 참, 거짓만 넣을 수 있는 Bool보다 많은 공간을 필요로 합니다. 타입의 차이는 메모리의 효율화 때문에도 중요하지만, 초기 개발자가 타입을 생각하는 부분은 주로 연산 때문입니다. 1+2는 3입니다. "안녕"+"하세요"는 "안녕하세요"입니다. 하지만 "안녕"+1 같은 형태로는 +를 할 수 없습니다. "안녕"은 문자이며 1은 개념상 하나라는 숫자입니다. 더하기를 할 수 있으려면 타입이 동일해야 합니다. 문자와 문자, 숫자와 숫자. "안녕"이라는 문자와 "1"이라고 하는 문자는 +해서 "안녕1"이 가능합니다. 마찬가지로 "1"이라는 문자와 "2"라는 문자는 +해서 "12"가 가능합니다. 숫자 간의 더하기인지 글자 간의 더하기인지 구분이 필요합니다.

타입을 지정하는 방법은 다음과 같이 이름 뒤에 쌍점을 붙이고 타입을 작성하면 됩니다.

```
let nameHan: String = " 홍길동 "
```

우리가 앞서 작성했던 HelloWorld 프로젝트의 코드,

```
let nameHan = " 홍길동 "
```

이 코드는 타입을 지정하지 않았습니다. "문자"를 대입할 경우 스위프트는 알아서
nameHan의 타입을 String으로 지정합니다.

```
var nameHan = "홍길동"
nameHan = 1 // 오류
```

nameHan은 String 타입입니다. 그곳에 숫자 1을 대입하려고 하면 오류가 발생합니
다. 새로 선언하는 변수에 값을 넣을 경우 스위프트는 타입을 자동으로 유추합니다.
문자열은 String, 숫자는 Double입니다. 그 외에 다른 형태의 객체형을 넣어도 스위
프트는 알아서 타입을 지정합니다.

그래서 같은 값을 입력하더라도 타입을 명시하고 싶을 경우 타입을 꼭 작성해야 합
니다.

```
let noDbl = 100
let noInt: Int = 100
```

위의 코드 두 줄은 똑같이 100을 넣고 있지만 1라인의 코드는 자동 유추에 의해서
Double형으로, 2라인의 코드는 명시되어 있는 타입 Int로 지정됩니다.

문자일 경우는 큰따옴표("")를 붙여야 합니다. 큰따옴표로 감싸진 숫자는 문자로서
사용됩니다. 큰따옴표 없이 작성된 숫자는 숫자 그 자체의 의미로 사용됩니다. 따라
서 숫자로만 구성된 변수명은 사용할 수 없습니다.

```
let 1234: Int = 1000 // 오류 : 선언이 불가능합니다.
let value: Int = 1234
```

1234가 변수명인지 숫자인지 시스템은 구분하지 못합니다.

숫자를 문자열로 변경하고 싶을 경우 String(숫자)으로 작성하면 됩니다.

아래의 구문은 숫자 1을 문자 1로 변경해줍니다.

```
let no: Int = 1
```

```
let str: String = String(no)
print(str)  // " 1 "
```

문자열을 숫자로 변경하고 싶을 경우 Int(문자열) 또는 Double(문자열)로 작성하면 됩니다.

아래의 구문은 문자열 100을 숫자 100으로 변경해줍니다.

```
let str: String = " 100 "
let dbl: Double = Double(str)
print(dbl) // 출력 : 100
print(dbl + 100) // 출력 : 200
```

스위프트에서 연산은 아래의 기호를 사용합니다.

+ 더하기, - 빼기, * 곱하기, / 나누기, % 나누기 후 나머지

이들은 프로그래밍에서는 수식연산자라고 부르며, 스위프트뿐만이 아닌 다른 언어들에서도 많이 사용됩니다.

```
print(5 + 2)     // 출력 7
print(5 - 2)     // 출력 3
print(5 * 2)     // 출력 10
print(5 / 2)     // 출력 2
print(5 % 2)     // 출력 1
```

5.6 함수란 무엇인가

우리는 같은 일을 반복하고 싶어하지 않습니다. 같은 일을 반복하지 않게 해주는 것이 함수입니다.

함수는 특정 기능을 하는 코드의 집합입니다. 함수를 하나 작성 후 이 함수를 이곳저곳에서 사용할 수 있습니다. 물론 한 번만 사용되는 코드라도 가독성, 유지 보수 또는 규칙의 통일화를 위해 기존 코드를 함수로 만드는 경우도 있습니다.

함수 선언 방법은 다음과 같습니다.

```
func 함수명(파라미터명: 타입, ...) → 반환 타입 {
        구현코드
        return 반환값
```

```
    }
```

예를 들어 작성된 함수는 아래와 같습니다.

```
func sayHello(personName: String) → String {
let greeting = "Hello, " + personName + "!"
return greeting
}
```

사용법은 아래와 같습니다.

```
let helloAnna = sayHello("Anna")
```

helloAnna에 sayHello 함수의 결괏값인 "Hello, Anna!"가 대입됩니다.

아래와 같이 함수의 결과를 다시 파라미터로 전달할 수 있습니다.

```
let helloAnna = sayHello("Anna")
print(helloAnna) // "Hello, Anna!"
print(sayHello("Tim")) // "Hello, Tim!"
print(sayHello("BJPublic")) // "Hello, BJPublic!"
```

함수 내의 코드는 위에서부터 차례대로 한 줄씩 실행됩니다. 위의 personName이라는 변수명은 호출 시 무슨 값이 들어올지 모르지만, 들어온 값을 personName이라는 이름으로 사용할 것이며, 그 내용을 이용해 "Hello," + 전달받은 내용 + "!"의 문자열을 만들 것입니다. return문 뒤의 반환값의 타입은 func 첫째줄에 선언된 반환 타입과 동일해야 합니다. 함수의 실행 도중 return문을 만날 경우 그 순간 값을 반환하고 함수의 실행은 종료됩니다. return 후에 구문이 있더라도 실행되지 않습니다. greeting은 큰따옴표("")끼리 더한 값에 의해 자동으로 String으로 지정됩니다. sayHello 함수를 사용할 경우 전달하는 값만 변경하면 손쉽게 "Hello, !"를 붙일 수 있습니다. 지금은 간단히 Hello를 붙이는 정도지만 추후에는 조금 더 복잡한 형태의 함수를 다루게 됩니다. 함수와 관련된 기능은 모든 스위프트 코드의 근간을 이루며, 대부분의 코드는 함수를 이용해 구성되어 있습니다. 특히 함수의 반환 타입으로 새로운 함수를 반환하는 등 다양한 쓰임새가 있습니다. 추가적으로 다른 형태의 함수를 선언할 수도 있습니다.

함수는 여러 개의 파라미터를 지정할 수도 있습니다.

```
func sayHello(personName: String, alreadyGreeted: String) → String {
    let greeting = "Hello, " + personName + "! " + alreadyGreeted +  " !"
    return greeting
}
let hiAnna = sayHello(personName: " Anna ", alreadyGreeted: " Again ")
print(hiAnna)    // Hello, Anna! Again!
```

반환 타입이 없는 경우 생략할 수도 있습니다.

```
func sayHello(personName: String) {
    let greeting = "Hello, " + personName + "!"
    print(greeting)
}
sayHello(" Anna ")            // Hello, Anna!
```

추후 내용을 진행하며 다양한 함수의 형태를 살펴보도록 하겠습니다.

HelloWorld 프로젝트의 함수를 살펴보겠습니다.

ViewController.swift
```
@IBAction func changeHello(sender: AnyObject) {
    self.lblHello.text = "Hello Swift!"
}
```

위의 구문도 함수입니다.

@IBAction은 앞에서 학습했듯이 사용자의 액션에 의해 실행되는 함수를 나타냅니다. 앞으로 자주 보게 될 어노테이션은 @IBAction과 @IBOutlet입니다. @IBAction은 스토리보드에 추가한 오브젝트를 이용해 사용자가 액션을 취했을 때 실행되는 함수 앞에 표시됩니다. @IBOutlet은 스토리보드에 추가한 오브젝트의 상태를 제어하기 위해 코드에 연결하면 표시됩니다.

func changeHello(sender: AnyObject)는 함수의 선언입니다. sender라는 이름의 파라미터를 받고 그 형태는 AnyOjbect라는 것을 알 수 있습니다. () 속을 보면 sender라는 파라미터가 선언된 것을 알 수 있습니다. sender는 터치가 일어난 버튼을 전달합니다. 위의 함수를 살펴보면 sender는 함수 내부에서 사용하고 있지 않습니다. 파라미터를 전달받았다고 해서 반드시 사용해야 하는 것은 아닙니다.

```
self.lblHello.text = "Hello Swift!"
```

lblHello라고 이름 지은 레이블의 text에 "Hello Swfit!"라고 넣습니다. lblHello 안에는 여러 다양한 속성이 있습니다. 테두리도 그릴 수 있고, 폰트를 무엇으로 할지, 위치는 어떻게 하는지 다양한 속성을 가지고 있습니다. 그 중에 안의 글자를 작성하기 위해서는 text라는 속성을 사용하며 점(.)을 이용해 그 속성을 사용할 수 있습니다. 이러한 개념은 다소 생소할 수 있으나 지금은 어떤 객체가 값을 수정하거나, 어떤 일을 하게 하려면 점(.)으로 접근한다고 생각하면 됩니다. 앞의 self.라는 단어는 객체지향 개념에서 사용하며 자기 자신을 가리킬 때 사용합니다. lblHello가 하나의 객체이듯이 ViewContorller도 하나의 객체입니다. 자기 자신을 가리킬 필요가 있다는 건 반대로 다른 객체를 가리킬 수 있다는 뜻이기도 합니다. 지금은 클래스 내부의 블록 안에 작성한 함수나 변수를 사용하려면 self.를 사용한다고 생각하면 됩니다. 물론 self.를 붙이지 않아도 한 블록 안에 들어 있는 함수, 상수, 변수 등은 자동으로 인식되나 명확성을 위해서 써 두는 것이 좋습니다.

```
override func viewDidLoad() {
    super.viewDidLoad()
    // Do any additional setup after loading the view, typically from a nib.
}
```

다른 함수도 살펴봅니다. HelloWorld 프로젝트에서 let, var, print() 작성을 위해 사용했던 함수입니다. 앞 부분의 override는 현재는 무시하고 func viewDidLoad() 부분은 함수의 선언문입니다. 이 함수는 직접 작성한 것이 아니라 프로젝트를 만들었을 때 기본적으로 작성돼 있었을 것입니다. 앱이 실행되면 iOS는 알아서 이 메소드를 실행해줍니다. 이 메소드 안에 내용을 넣어 놓으면 앱이 해당 화면을 표시하기 전 실행이 되는 것입니다. 이름처럼 viewDidLoad는 화면이 읽어지고 실행되는 함수입니다.

super.viewDidLoad()

앞에서 살펴봤던 self.는 자기 자신이었으나, super는 상위 클래스를 가리킵니다. 앞에서 나온 오버라이드(override), 상위, 클래스 개념들은 추후 클래스를 학습하며 다시 알아보도록 하겠습니다. 지금은 그냥 super라고 하는 곳의 viewDidLoad()라는 함수를 실행해준다고 생각하면 됩니다. 결국 self.veiwDidLoad()는 자신의 객체에 있는 viewDidLoad()를 실행하는 것이며, super.viewDidLoad()는 상위 객체에 있는 viewDidLoad()를 실행하는 것으로 이는 서로 다른 것입니다.

참고

뷰컨트롤러는 뷰가 화면에 표시될 때와 사라질 때 뷰의 상태에 따라 실행되는 메소드들이 있습니다.

실제론 조금 더 복잡하지만 여기에서는 단순화해서 알아보겠습니다. 보다 자세한 내용은 https://developer.apple.com/reference/uikit/uiviewController에서 확인 가능합니다.

뷰(View)가 표시될 때

func viewWillAppear(Bool) 실행 → View 보여짐 → func viewDidAppear(Bool) 실행

뷰(View)가 사라질 때

func viewWillDisappear(Bool) 실행 → View 사라짐 → func viewDidDisappear(Bool) 실행

사용법은 아래의 코드를 **UIViewController**를 상속받아 사용하는 **View** 클래스에 추가해주면 됩니다.

```
ViewController.swift
overridde func viewDidAppear(_ animated: Bool) {
    super.viewDidAppear(animated)
    print("화면이 표시되었습니다.")
}
```

현재로서는 뷰가 표시되기 직전에 실행되는 것과 표시된 직후에 실행되는 것이 별 차이가 없어 보일지 모르겠습니다. 그러나 추후 앱의 다양한 구현을 위해 알아두시기 바랍니다.

5.7 제어문이란 무엇인가

앱이 실행되며 일정한 상황으로 진행되는 경우는 없습니다. 상황별로 대응이 달라져야 합니다. 일반적인 경우는 아이디와 비밀번호를 입력했을 때입니다. 사용자는 똑같이 로그인 버튼을 누릅니다. 하지만 상황에 따라 로그인이 될 수도 있고, 아이디와 비밀번호가 일치하지 않을 경우 오류 메시지를 보여줘야 할 경우도 있습니다. 상황별로 다른 대응을 해야 할 때 제어문이 필요합니다. 스위프트에서 제공하는 제어문의 종류를 살펴보겠습니다.

If 조건문

대부분의 프로그래밍 언어는 if 조건문을 제공합니다. 언어마다 문법상의 차이는 있지만 그 쓰임은 비슷합니다.

조건에 따라 A를 실행할지, B를 실행할지 결정하게 됩니다.

HelloWorld 프로젝트에서 앞서 익힌 함수와 if문을 이용해 함께 작성하도록 하겠습니다.

```
ViewController.swift
import UIKit

class ViewController: UIViewController {

    @IBOutlet var lblHello: UILabel!

    override func viewDidLoad() {
        super.viewDidLoad()
        // Do any additional setup after loading the view, typically from a nib.

        // 이곳에 코드를 추가합니다.
        let nameHan = "홍길동"
        var nameEng = "Hong, GilDong"
        nameEng = nameHan
        print(nameHan)
        print(nameEng)
        /* 여기까지 작성하시면 됩니다. */
    }

func sayHello(message: String) {
        print(message)
}

    override func didReceiveMemoryWarning() {
        super.didReceiveMemoryWarning()
        // Dispose of any resources that can be recreated.
    }

    @IBAction func changeHello(sender: AnyObject) {
        /* if 조건문 예제 */
        let age = 30
        if age > 25 {
```

```
            self.lblHello.text = "Hello 형님!"
        } else {
            self.lblHello.text = "Hello 동생!"
        }
    }
}
```

[그림 32] 실행 결과

If문에서 조건은 둘 중 하나입니다. 참 또는 거짓입니다. let age = 30을 이용해 age에 30이라는 값을 넣었습니다. 조건 age 〉 25 구문에서 이것이 참인지 거짓인지 판단합니다. 프로그래밍에서 부등호는 관계연산자에 속합니다.

관계연산자는 간단히는 큰지, 작은지, 같은지를 검사합니다. 일반적인 부등호의 의미와 같다고 생각하면 되지만, 추가적인 사항이 조금 있습니다. ==은 같다의 의미입니다. =은 오른쪽의 값을 왼쪽에 대입한다는 의미로 사용된다고 말씀드렸습니다. 그래서 =의 명칭은 대입연산자입니다. 관계연산자들은 〉 크다, 〉= 크거나 같다, 〈 작다, 〈= 작거나 같다, == 같다, != 같지 않다 의미로 사용됩니다.

if age 〉 25 구문은 'age는 25보다 큰가요?'라는 구문입니다. age는 30이므로 큽니다. 그렇다면 첫 번째 {} 블록 안의 구문이 실행됩니다. 만약 age에 25보다 작은 수를 넣게 되면 else문의 {} 내용이 실행됩니다. 이번 문제에서는 30이 25보다 크므로 첫 번째 {}의 결과를 볼 수 있습니다.

추가적인 형태를 살펴보겠습니다.

```
if age > 25 {
        print("Hello 형님!")
}
```

Else문이 없습니다. 조건이 참이 아니라면 아무것도 실행하지 않고 다음 줄로 넘어갈 것입니다.

```
let age = 20
  if age > 25 {
          print("Hello 형님!")
  } else if age == 25 {
          print("Hello 동갑내기!")
  } else {
          print("Hello 동생!")
  }
```

If문은 여러 개의 조건을 검사할 수도 있습니다. age가 25보다 크다면 첫 번째 {} 블록, 그렇지 않다면 else를 실행하는데 거기에 다시 if문이 있습니다. 또 다시 age가 25와 같은지 검사합니다. 25가 아니면 다음 else문으로 갑니다. 주의해야 할 사항은 하나 조건문을 검사하고 {} 안의 내용이 실행됐다면 해당 if문은 종료됩니다.

```
let age = 30
if age > 25 {
        print("Hello 형님!")
} else if age > 22 {
        print("Hello 친구!")
}
```

위의 예제의 경우 age는 30입니다. If문의 첫 번째 조건문을 검사했을 때 age는 25 이상이므로, 첫 번째 {} 블록을 실행합니다. else if문의 내용을 볼 때 else if age > 22는 실행되지 않습니다. age는 30이므로 22보다 크지만 이미 앞의 조건에 {} 블록의 실행으로 해당 if문은 종료됩니다. 또한 위의 예제는 else {}만 써 있는 구문이 없습니다.

다음 예제입니다.

```
let age = 30
let gender = "M"
if age > 25 {
        If gender == "M" {
                print("Hello 형님!")
        } else {
```

```
                    print("Hello 누님!")
                }
        }

        //print Hello 형님!
```

If문 안에 if문이 다시 들어가 있습니다. 조건을 검사한 후에 {} 부분을 실행하는데 그 안에 다시 if문에 대한 진행을 합니다.

```
let age = 30
let gender = " 남성 "
if age > 25 && gender == " 남성 " {
        print("Hello 형님!")
}
// print " Hello 형님 "
```

If문에 관련된 내용은 아니지만 논리연산자도 함께 설명드립니다. &&는 AND 연산자라고 부릅니다. 다른 연산자로는 ||(OR) 연산자가 있습니다. 이들은 논리연산자라고 부릅니다. 앞뒤의 조건들을 조합하여 참인지 거짓인지 판단합니다.

&&는 양쪽 모든 조건들이 참이어야 참입니다. 위의 코드에서 if문 age > 25는 참입니다. gender == "남성" 또한 참입니다. 양쪽 모두 참이므로 if문의 조건은 참입니다. 그러므로 {} 안의 내용이 실행됩니다.

```
let age = 30
let gender = " 남성 "

if age > 25 || gender == " 여성 " {
        print("안녕하십니까?")
} else {
        print("안녕?")
}
// print " 안녕하십니까 "
```

||은 양쪽 둘 중 하나라도 참이면 참입니다. 위의 코드에서 if문 age > 25는 참입니다. gender == "F"는 거짓입니다. 둘 중 하나는 참이므로 if문의 조건은 참입니다. 그러므로 첫 번째 {} 안의 내용이 실행됩니다. 위 코드는 나이가 많으면 성별 상관없이 존댓말을 합니다. 여성이면 나이 상관없이 존댓말합니다. 하지만 나이가 많지도 않고 여성도 아니라면 else의 {} 블록이 실행됩니다. &&와 ||은 워낙 많이 사용되므로 굳이 외우려고 하지 않아도 됩니다. 바로 다시 만나게 됩니다.

일반적으로 if문이 나올 때 함께 설명하는 부분이 개행과 들여쓰기입니다. 앞서 본 중첩된 if문을 다시 살펴보겠습니다.

```
let age = 30
let gender = "M"
if age > 25 {
        If gender == "M" {
                print("Hello 형님!")
        } else {
                print("Hello 누님!")
        }
}
//print Hello 형님!

let age = 30; let gender = "M"; if age > 25 { If gender == "M" { print("Hello 형님!")
} else { print("Hello 누님!") }}
//print Hello 형님!
```

스위프트에서는 구문에 세미콜론(;)이 있을 경우 세미콜론 뒷부분을 다른 행처럼 코드를 해석합니다. 위의 두 코드는 내용상 완전히 일치합니다. 그러나 아래의 코드는 알아보기 훨씬 어렵습니다. if문의 {}들이 어디에서 시작하고 어디에서 끝나는지 알아보기 힘들기 때문입니다. 개행과 들여쓰기의 중요성입니다.

```
If 조건 {
        코드
}

If 조건
{
        코드
}
```

일반적으로는 위 두 개의 코드 중 어떤 것으로 통일할지 정하고 프로젝트를 시작합니다. 명세서가 있는 프로젝트일 경우에는 명세서에 기술되어 있습니다. 개발자가 직접 개행하기보다는 편집툴이 if문을 쓰면 자동으로 형태를 변경해줍니다. 작업 전 설정을 통일하고 작업하던지, 아니면 자신이 편한 형태로 작업을 하고 공용 공간에 소스코드를 업로드하기 전 명세된 형태로 수정해서 올리는 경우도 있습니다. 예시를 든 if문은 어떤 형태가 좋다는 정답이 없습니다. 다만 어떠한 형태를 선택하든 중요한 것은 한 프로젝트 안에서 팀들 간에는 공통된 형태를 사용하는 것이 중요합니다.

2. switch문

switch문은 조건 검사를 할 때 사용합니다. 형태부터 살펴보겠습니다.

```
let age: Double = 30
switch age {
case 30:
  print("\(age)살입니다.")
Case 31,32,33:
  print("30대 초반입니다.")
Case 34...39:
  print("30대 중후반입니다.")
Case 39 < age:
  print("30대가 지났습니다.")
default:
  print("30대가 안됐습니다.")
}
// Prints "30살입니다."
```

switch 구문의 변숫값에 따라 Case에 해당하면 동작하며, 형식은 if문과 비슷합니다. 여러 값을 비교할 경우 쉼표(,)를 사용하며, 범위를 비교할 땐 점 세 개(...)를 이용합니다. 성능상의 문제, 또는 가독성에 따라 if를 쓰느냐, switch를 쓰느냐는 개발자들마다 다릅니다. 중급자의 경우 구문 간의 차이와 가독성, 성능 이슈 등을 따져보고 사용하겠지만, 초심자의 경우 일단은 눈에 편한 형태를 사용하는 것을 추천합니다.

3. For-in loop

for 구문은 많은 프로그래밍 언어들이 갖고 있는 Loop입니다. 반복문이라고 불립니다. 특정 조건 하에 {} 블록 안의 내용을 반복합니다.

```
for index in 1...5 { //
  print("\(index) * 5 = \(index * 5)")
}

//
1 * 5 = 5
2 * 5 = 10
3 * 5 = 15
4 * 5 = 20
5 * 5 = 25
```

For-in 구문은 다른 언어에도 존재하긴 하지만 스위프트에서는 특히 자주 사용됩니다. 1...5 에서 순서대로 index라는 이름의 변수에 넣어줍니다. 1부터 5까지 총 다섯 번 반복되며 1, 2, 3, 4, 5의 순서대로 한 번씩 index라는 변수에 값을 넣고 {} 블록을 실행시킵니다. for 구문은 여러 가지 프로젝트를 진행하며 상당히 많이 접하게 되는 구문입니다. 보통은 1~5처럼 숫자를 넣기보다는 '화면에 표시해야 할 내용만큼 반복하라' 등의 형태로 사용하게 됩니다. For-in 주문은 앱을 개발하며 자주 사용하게 됩니다. " " 안에서 변수의 값을 출력하고 싶을 땐 \(변수명)이라고 적어주면 됩니다. \(index * 5) 형태처럼 \( ) 안에서는 표현하고 싶은 코드를 작성하면 됩니다.

4. While loop

while loop는 주어진 조건이 참일 경우 계속 반복됩니다. 형태부터 살펴보겠습니다.

```
var age = 0
while age < 20 {
        age = age + 1
}
print(age)
// print 20
```

var age = 0 구문은 age 변수에 0을 대입합니다. while age < 20 구문은 조건을 검사 후 참일 경우 {}의 내용을 한 번 실행합니다. 그 후 다시 age < 20 조건을 검색한 후 참일 경우 다시 {}의 내용을 실행합니다. 조건이 거짓이 될 때까지 반복합니다. age = age + 1은 age + 1한 값을 다시 age에 대입하라는 구문입니다. age = age 먼저 실행하고 나서 + 1을 한다는 생각을 할 수도 있으나, 연산자들 간에는 우선순위가 있습니다. =는 대부분의 연산자 중 가장 나중에 실행됩니다. 그래서 + 실행 후에 =이 실행됩니다. 일반 산수에서 ×, ÷ 를 +, -보다 먼저 계산하는 것과 같은 원리입니다. 앞에서의 예제들에서 var hello = "안녕" + "하세요" 등의 예제도 같은 원리입니다. 위의 예제의 경우 for문으로 구현하더라도 비슷한 형태가 될 수 있습니다. 보통 for-in 구문은 반복의 횟수가 정해져 있을 경우 많이 사용되고, while 구문은 반복의 횟수가 정해져 있지 않을 경우에 많이 사용됩니다. 가령 주사위를 던져서 그 합이 100이 넘을 때까지 반복한다고 생각했을 때 몇 번 주사위를 던져야 할지 정해져 있지 않습니다. 주사위를 던지는 행위를 반복하다가 합이 100을 넘는 시점에 반복문을 중지하게 됩니다.

정리

If와 switch, for와 while은 비슷하지만 다릅니다. 언제 어떤 구문을 반드시 써야 한다는 규칙은 없습니다. 코드의 가독성, 효율성, 팀원 간의 논의를 통해 결정하시기 바랍니다. 이 외에도 다양한 반복 구문과 제어 구문이 있으나, 여기서는 다루지 않겠습니다. 앞서 설명한 구문만으로도 프로토타입이 제작 가능하며 우리의 목표는 업데이트가 필요한 최소 구현 모델(Minimum Valuable Product, MVP)을 제작하는 것이기 때문입니다. 그러나 추후 반드시 제어 구문들을 확인해보시기 바랍니다.

5.8 이미지 뷰(Image View) 사용법

앱에서의 이미지는 다양한 방법으로 표시됩니다. 사진 또는 아이콘 등의 형태이기도 합니다. 또는 패턴 이미지를 이용해 배경으로 쓰이기도 합니다. HelloWorld에 이미지를 추가하도록 하겠습니다.

우선 표시할 이미지를 프로젝트에 추가해야 합니다.

결과물입니다.

이미지를 넣기 위한 그룹을 만듭니다.

프로젝트 네비게이터 > 프로젝터명에서 마우스 우클릭을 합니다.

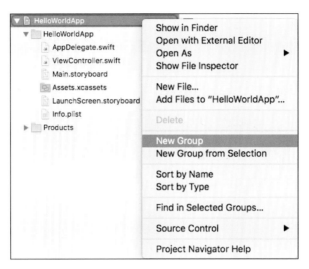

[그림 33] 그룹 추가 화면

Resources라고 폴더명을 입력합니다.

[그림 34] 이미지 추가 화면

프로젝트에 추가하길 원하는 이미지를 Resources 폴더에 드래그 앤 드롭합니다.

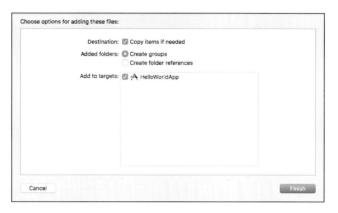

[그림 35] 옵션 선택

Copy items If needed를 체크하고 완료를 클릭합니다.

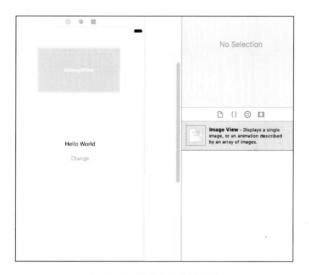

[그림 36] 이미지 뷰 추가 화면

오브젝트 라이브러리에서 이미지 뷰(Image View) 오브젝트를 뷰(View)에 드래그합
니다.

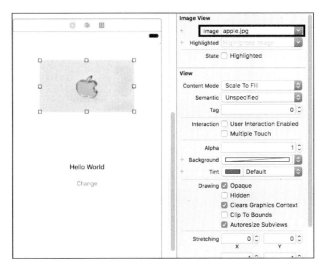

[그림 37] 이미지 뷰 애트리뷰트 인스펙터

애트리뷰트 인스펙터에서 image란을 방금 추가한 이미지 파일로 선택합니다. 여기서는 apple.jpg입니다.

[그림 38] 이미지 추가 결과

실행 버튼을 클릭해서 결과를 확인합니다. 하지만 다른 디바이스에서는 어떻게 보일까요?

[그림 39] 디바이스 선택

디바이스를 iPhone 7 Puls로 변경합니다.

[그림 40] iPhone 7 Plus 이미지

실행 버튼을 클릭해서 결과를 확인합니다. 이미지 또는 버튼들의 위치가 어긋나 있는 것을 볼 수 있습니다. 만약 디바이스 크기와 상관없이 이미지를 항상 가운데 표시하고 싶다면 어떻게 해야 할까요? 오토레이아웃 사용법을 알아보겠습니다.

5.9 오토레이아웃(AutoLayout) 사용법

iOS를 사용하는 디바이스들은 크기가 다양합니다. iOS 10이 되면서 아이폰 4s가 지원이 중단되었더라도 4인치, 5인치, 5.5인치 외에 아이패드까지 추가하면 디바이스의 화면 크기는 여전히 다양합니다. 이러한 다양한 사이즈에서 효율적으로 사용자 경험을 제공하기 위한 개념이 오토레이아웃(AutoLayout)입니다. 개발자는 몇 가지 작업만을 이용해 사이즈별로 표시될 오브젝트들을 지정할 수 있습니다. 오토레이아웃의 개념은 기본적으로 관계의 조절입니다. 자신을 감싸고 있는 오브젝트 또는 자신의 상하좌우에 있는 다른 오브젝트들과 어떻게 관계하며 위치할 것인가를 지정하게 됩니다.

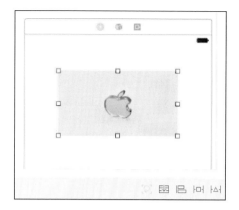

[그림 41] 이미지 선택

이미지를 선택하고 레이아웃 설정을 위한 버튼을 클릭합니다.

[그림 42] Add New Constraints

Width란에 200을 입력합니다.

Height란에 100을 입력합니다.

Add 2 Constraints를 클릭합니다.

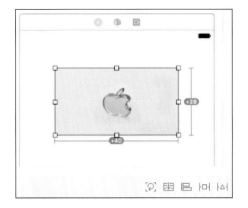

[그림 43] 이미지 선택

이미지를 선택하고 정렬 설정을 위한 버튼을 클릭합니다.

[그림 44] Align 팝업

Horizontally in Container에 체크합니다.

Vertically in Container에 체크합니다. 입력란에 -100을 입력합니다.

Add 2 Constraints를 클릭합니다.

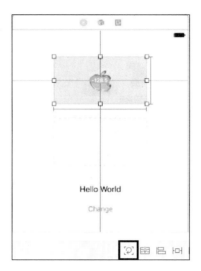

[그림 45] 어긋나 있는 화면

이미지를 선택한 후 Selected Views 〉 Update Frames를 클릭하면 오브젝트의 오토레이아웃 설정대로 오브젝트 크기와 위치가 변경됩니다. 모호한 레이아웃 설정이 있을 경우 빨간색으로, 설정과 일치하지 않는 오브젝트가 존재할 경우 노란색으로 경고가 표시됩니다. 현재의 레이아웃 설정과 화면에서의 오브젝트 위치 또는 크기가 일치하지 않을 경우 경고를 표시합니다. 무시하고 실행할 경우 설정되어 있는 값대로 실행이 되므로 문제는 되지 않습니다. 그러나 작업의 편의상 설정대로 화면에 표시되는 것이 다른 오브젝트들과의 사용에도 용이합니다. 하단의 Update Frames 버튼을 클릭합니다.

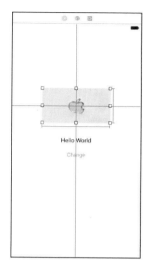

[그림 46] Update Frames 후 화면

이미지가 오토레이아웃 설정대로 이동된 것을 확인할 수 있습니다.

오토레이아웃의 개념을 더 알아보겠습니다.

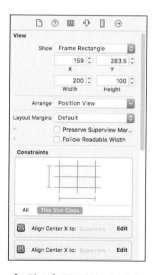

[그림 47] 오토레이아웃 예제

사이즈 인스펙터(Size Inspector)의 모습입니다. 이 패널에서 크기와 위치 등을 설정하고 수정합니다. 상하좌우의 선은 상대 오브젝트와의 관계를 표시합니다. 좌측과 하단의 떨어진 선은 해당 오브젝트의 너비와 높이 설정을 나타냅니다.

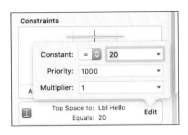

[그림 48] 오토레이아웃 수치 조정

각 선을 클릭 시 해당하는 선에 설정된 오토레이아웃 설정들이 표시됩니다. Edit 클릭 시 수치를 조정할 수 있습니다. 설정이 잘못되거나 필요 없을 땐 해당 설정을 클릭 후 Delete 키를 이용해 삭제도 가능합니다.

오브젝트의 크기의 설정 과정

오토레이아웃의 개념은 결론적으로 관계입니다. 기본이 되는 화면 단위의 뷰(View)가 존재하며 그 안에서도 다른 여러 개의 오브젝트가 존재하게 됩니다. 최상위 뷰를 포함한 각 오브젝트는 서로 어떠한 거리, 어떠한 크기를 어떠한 비율로 사용자에게 보여줄 것이냐를 설정합니다. 하나의 오브젝트에서 컨트롤(Ctrl) 키를 누른 채로 마우스 좌측키를 누르고 드래그 앤 드롭하거나, 마우스 우측키를 클릭하여 드래그 앤 드롭하면 서로 간의 관계를 설정하게 됩니다.

참고: 오토레이아웃에 사용되는 개념

• 상위 계층의 뷰와의 오토레이아웃 설정

Leading Space to Container Margin: 객체 왼쪽과 상위 객체 왼쪽 마진 간의 거리

Trailing Space to Container Margin: 객체 오른쪽과 상위 객체 오른쪽 마진 간의 거리

Top Spacing to Container: 객체 상단과 상위 객체 상단 간의 거리

Bottom Spacing to Container: 객체 하단과 상위 객체 하단 간의 거리

Vertical Spacing to Top Layout Guide: 객체 상단과 뷰의 상위 가이드라인 간의 거리

Vertical Spacing to Bottom Layout Guide: 객체 하단과 뷰의 하단 가이드라인 간의 거리

Center Horizontally in Container: 객체와 상위 객체 간의 가로 위치 관계

Center Vertically in Container: 객체와 상위 객체 간의 세로 위치 관계

• 객체와 객체 사이의 오토레이아웃 설정

Horizontal Spacing: 객체와 다른 객체 간의 가로 거리

Vertical Spacing: 객체와 다른 객체 간의 세로 거리

Top: 객체와 다른 객체 간의 상단 위치 관계

Center Vertically: 객체와 다른 객체 간의 세로 위치 관계

Baseline: 객체와 다른 객체의 기본선 위치 관계

Bottom: 객체와 다른 객체 간의 하단 위치 관계

Leading: 객체와 다른 객체 간의 왼쪽 위치 관계

Center Horizontally: 객체와 다른 객체 간의 가로 가운데 거리 관계

Trailing: 객체와 다른 객체 간의 오른쪽 위치 관계

Equal Widths: 동일한 너비

Equal Heights: 동일한 높이

Aspect Ratio: 객체의 너비와 높이 간의 비율

Aspect Ratio는 하나의 오브젝트 내에서 드래그 앤 드롭할 때 표시됩니다.

[그림 49] 오토레이아웃 설정 후

위 그림과 같이 오토레이아웃을 설정하겠습니다. 설정에 대한 수치는 아래와 같습니다.

Label Hello World

Align Center X to: Superview
Align Center X to: Change
Bottom Space to: Change Equals: 20
Top Space to: Top Layout Guide Equals: 10

Button Change

Align Center X to: Lbl Hello
Top Space to: Lbl Hello Equals: 10

ImageView

Align Center X to: Superview
Align Center Y to: Superview Equals: -10
Width Equals: 200
Height Equals: 100

오토레이아웃이 서로 간의 관계 설정이라고 설명했듯이, 하나를 설정하면 관계되는 객체의 오토레이아웃 규칙이 적용됩니다. 예를 들어 위치상 위에 있는 레이블과 아래에 있는 버튼의 세로 거리 오토레이아웃을 설정했다면 레이블의 하단 레이아웃 설정에 버튼과의 설정이 추가되고, 버튼의 상단 레이아웃 설정에도 레이블과의 설정이 추가됩니다.

[그림 50] Resolve Auto Layout issues

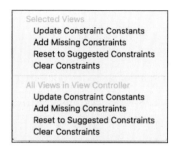

[그림 51] 팝업

 참고: Resolve Auto Layout issues의 기능들

Update Constraints: 설정을 현재의 화면대로 변경합니다.

Add Missing Constraints: 시스템의 판단으로 부족한 설정을 추가합니다.

Reset to Suggested Constraints: 시스템의 판단으로 설정을 재설정합니다.

Clear Constraints: 현재의 설정을 삭제합니다.

[그림 52] 디바이스별 보기

스토리보드 편집 시 편집기 영역 하단의 디바이스명을 클릭하면 다양한 기기별로 레이아웃을 확인할 수 있습니다.

정리

초반 학습 시 오토레이아웃 설정은 직접 설정하길 추천합니다. 시스템이 추천하는 설정은 개발자의 의도와 다를 수 있기 때문입니다. 향후 오토레이아웃 개념이 익숙해져서 시스템 설정을 예상할 경우 손쉽게 설정을 추가할 수 있기에 이 또한 유용합니다. 오토레이아웃의 개념은 그렇게 간단하진 않습니다. 아이패드와 아이폰의 화면 크기 차이가 있으므로, 자세하게는 같은 세로와 가로에도 크기별로 어떻게 보여질지 설정해야 하기 때문입니다. 현재까지 배운 개념만으로도 간단한 앱은 만들 수 있지만, 보다 나은 사용자 경험을 위해 컴팩트 사이즈(Compact size)와 레귤러 사이즈(Regular size)로 각각 구성할 수 있는 오토레이아웃도 추후 반드시 학습하시기 바랍니다.

5.10 클래스란 무엇인가

최근의 다양한 프로그래밍 언어들은 객체지향 프로그래밍(Object-Oriented Programming)을 지원합니다. 스위프트 역시 마찬가지입니다. 객체지향이란 각 객체를 여러 속성과 메소드로 묶어 단위별로 정의하고 처리하는 것을 기반으로 하는 프로그래밍 패러다임입니다. 객체지향에 대한 설명은 https://en.wikipedia.org/wiki/Object-oriented_programming에서 확인 가능합니다. 클래스는 객체지향을 이루기 위한 기본 단위입니다. 이러한 개념을 학습해야 하는 이유는 iOS 앱 개발을 위한 코드 묶음인 프레임워크들이 객체지향으로 되어 있기 때문입니다. 클래스 관련 설명을 위해 자동차를 예를 들겠습니다. 자동차라는 객체는 여러 상태를 갖고 있습니다. 모델명, 색상, 출시 연도, 출시 회사, 연료의 종류, 배기량 등의 상태값을 갖고 있습니다. 더불어 다양한 행위를 할 수도 있습니다. 전진, 후진, 문을 연다, 전조등을 켠다 등등이 있습니다. 이처럼 하나하나의 상태를 '속성'이라 칭하고, 하나하나의 행위를 '메소드'라고 칭합니다. 앞서 학습했던 내용과 이어서 생각한다면 어떠한 값을 저장하는 변수 또는 상수는 속성과 비슷하며, 전달받은 값을 이용해 어떠한 행위 후에 특정 값을 돌려주는 함수는 메소드라 할 수 있습니다. 변수와 속성, 함수와 메소드는 완전히 일치하는 개념은 아니나, 클래스 안에서 하는 일은 비슷하게 봐도 무방합니다. 구문으로 확인하도록 하겠습니다.

클래스의 형태입니다.

```
class 클래스명 {
      속성
      func 메소드명() {...}
}
```

위와 같은 형태입니다.

예제를 확인해보겠습니다.

```
class Car {        // 클래스 선언구문
      var color: String = "검정"           // 속성
      var typeFuel: String = "가솔린"
      var maxFuel: Int = 200
      var fuel: Int = 100

      func openDoor() {   // 메소드 선언구문
            print("문을 엽니다")
      }

      func addFuel(addFuel: int) {
            self.fuel = self.fuel + addFuel // 개체 자신의 변수, 상수, 메소드를 지칭할
            때 self.라는 키워드를 사용합니다.
            If self.fuel > self.maxFuel {
            self.fuel = self.maxFuel
            }
      }
}
```

사용법은 아래와 같습니다.

```
var myCar: Car // 타입을 Car 클래스로 지정해 myCar라는 개체를 생성합니다.

print("현재 연료는 \(myCar.fuel)입니다")
// 현재 연료는 100입니다.

myCar.addFuel(200)        // myCar 에 연료를 200 추가합니다.
// If 문에 의해 연료는 maxFuel보다 커질 수 없습니다.

print("주유 후 연료는 \(myCar.fuel)입니다")
// 주유 후 연료는 200입니다.
```

print("현재 연료는 \(myCar.fuel)입니다") 구문에서 볼 수 있듯이, 개체 안의 속성 또
는 메소드는 점(.)을 이용해 접근합니다. \() 안에 구문을 넣을 경우 해당 코드는 문
자열(String)로 형 변환이 되어 표시됩니다.

Hello World 프로젝트의 ViewController.swift를 살펴봅니다.

```
ViewController.swift
import UIKit      // import UIKit 이라는 패키지를 임포트합니다.

class ViewController: UIViewController {      // ViewController이라는 클래스가 선언되었습
니다.

    @IBOutlet var lblHello: UILabel! // lblHello라는 속성이 선언되었습니다.

    override func viewDidLoad() {      // viewDidLoad()라는 메소드가 선언되었습니다.
        super.viewDidLoad()
        // Do any additional setup after loading the view, typically from a nib.

        // 이곳에 코드를 추가합니다.
        let nameHan = "홍길동"
        var nameEng = "Hong, GilDong"
        nameEng = nameHan
        print(nameHan)
        print(nameEng)
        /* 여기까지 작성하시면 됩니다. */
    }

    override func didReceiveMemoryWarning() {
        super.didReceiveMemoryWarning()
        // Dispose of any resources that can be recreated.
    }

    @IBAction func changeHello(sender: AnyObject) {
        /* if 조건문 예제 */
        let age = 30
        if age > 25 {
            self.lblHello.text = "Hello 형님!" // 자신의 객체 안에 있는 lblHello 객체를
                                            // text 속성에 값을 대입합니다.
        } else {
            self.lblHello.text = "Hello 동생!"
        }
    }
}
```

모르는 구문들이 섞여 있지만, 우리가 작성했던 코드들이 ViewController 클래스의 속성과 메소드들이라는 것을 알 수 있습니다. 클래스 학습의 중요성은 iOS 라이브러리의 사용에 있습니다. 기존에 사용했던 UIButton, UILabel 등은 클래스로 구성되어

있습니다. 다시 떠올려본다면 lblHello.text = "안녕"이라는 구문은 lblHello라는 개체의 text라는 속성에 "안녕"이라는 값을 대입하는 구문인 것입니다.

5.11 텍스트필드(UITextField) 사용법

대부분의 앱은 다양한 입력을 받습니다. 버튼 외에도 글을 적을 수 있는 텍스트필드부터 켜고 끌 수 있는 스위치, 날짜를 입력받는 데이트 픽커까지 입력을 위한 오브젝트는 다양합니다. 이번엔 문자들을 입력받을 수 있는 텍스트필드 사용법을 알아봅니다. 텍스트필드는 UITextField 객체를 이용해서 사용하게 됩니다.

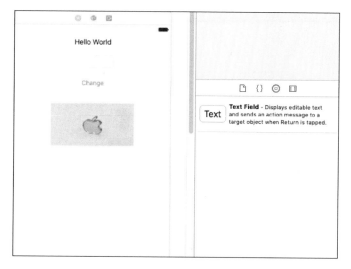

[그림 53] UITextField 추가 그림

오른쪽 하단의 오브젝트 라이브러리에서 TextField를 뷰에 드래그 앤 드롭으로 위치시킵니다.

[그림 54] UITextField AutoLayout

lblHello 레이블을 Center horizontally로 설정하고, Top을 20으로 입력합니다.

TextField를 뷰의 leading과 training 값을 0으로 추가합니다.

lblHello와 TextField의 Vertical spacing을 10으로 설정합니다.

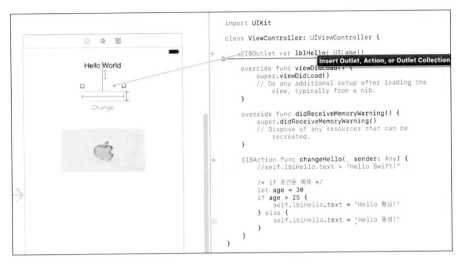

```
import UIKit

class ViewController: UIViewController {
    @IBOutlet var lblHello: UILabel!
    override func viewDidLoad() {
        super.viewDidLoad()
        // Do any additional setup after loading the
            view, typically from a nib.
    }

    override func didReceiveMemoryWarning() {
        super.didReceiveMemoryWarning()
        // Dispose of any resources that can be
            recreated.
    }

    @IBAction func changeHello(_ sender: Any) {
        //self.lblHello.text = "Hello Swift!"

        /* if 조건문 예제 */
        let age = 30
        if age > 25 {
            self.lblHello.text = "Hello 형님!"
        } else {
            self.lblHello.text = "Hello 동생!"
        }
    }
}
```

Insert Outlet, Action, or Outlet Collection

Hello World

Change

[그림 55] UITextField 코드에 연결

textField를 클릭 후 키보드 왼쪽 Ctrl을 누른 채 드래그하여 lblHello 하단에 추가합니다.

속성은 다음과 같습니다.

> Connection : Outlet
> Object : ViewController
> Name : txtName
> Type : UITextField
> Storage : Strong

Connect를 클릭하여 연결합니다. 아래와 같은 구문이 추가됩니다.

```
@IBOutlet var txtName: UITextField!  // 추가된 구문
```

changeHello 메소드를 다음과 같이 수정합니다.

```
ViewController.swift
@IBAction func changeHello(sender: AnyObject) {
    /* 이 부분을 수정합니다 */
    self.lblHello.text = self.txtName.text + " 님 " 안녕하세요! "
}
```

[그림 56] UITextField 코드에 실행및결과

txtName란에 글씨를 넣고 버튼을 클릭할 경우 해당 내용과 함께 lblHello 부분에 표시됩니다.

5.12 상속이란 무엇인가

다양한 객체를 만들어야 하는 상황에서 클래스만으로는 효율적이지 않습니다. 가령 승용차라는 클래스와 버스라는 클래스를 만든다고 생각하면 공통된 속성과 메소드를 각각 만들어야 하기 때문입니다. 색상이라는 속성은 승용차 클래스에도 있고, 버스 클래스에도 존재하게 됩니다. 자동차 관련 클래스들에 브레이크 관련 속성을 추가하고 싶다면 모든 자동차 관련 클래스를 수정해야 하는 문제도 생깁니다. 이러한 경우 자동차라는 클래스를 만들고, 승용차 클래스와 버스 클래스는 자동차 클래스를 상속받아서 사용하는 것이 일반적입니다. 자동차 클래스에는 자동차라면 어디서나 존재하는 색상, 출발하다, 정지하다 등의 속성과 메소드가 존재하게 되고 그 클래스를 상속받은 버스 클래스는 버스 카드 체크기 등의 버스만의 고유한 속성만을 추가해서 사용하게 하는 것입니다. 상속받은 클래스는 상속해준 클래스의 속성과 클래스를 사용할 수 있습니다. 이러한 상속 관계에서 상속해준 클래스를 상위 클래스, 부모 클래스, 수퍼클래스 등으로 명명하며, 상속받은 클래스를 하위클래스, 자식클래스, 서브클래스 등으로 명명합니다.

기본적인 형태는 아래와 같습니다.

5.12 상속이란 무엇인가

```
class 클래스명: 상위 클래스 {
        속성
        메소드
}
```

위에서 살펴본 Car 클래스와 함께 Bus라는 클래스를 추가하겠습니다.

```
class Car {                                  // 클래스 선언 구문
        var color: String = "검정색"           // 속성
        var typeFuel: String = "가솔린"
        var maxFuel: Int = 200
        var fuel: Int = 100

        func openDoor() {                    // 메소드 선언 구문
                print("문을 엽니다")
}

        func addFuel(addFuel: int) {
        self.fuel = self.fuel + addFuel      // 객체 자신의 변수, 상수, 메소드
        를 지칭할 때 self.라는 키워드를 사용합니다.
                If self.fuel > self.maxFuel {
                self.fuel = self.maxFuel
                }
        }
}

class Bus: Car {                             // Car 클래스를 Bus 클래스를 구성합
니다.
        var company: String?
        func checkCard() {
                print("확인합니다.")
        }
}
```

사용법은 다음과 같습니다.

```
var localBus = Bus()
localBus.checkCard()                              // 카드 여부를 확인합니다.
localBus.color = "파란색"
print("이 버스의 색상은 \(localBus.color)입니다.")   // 이 버스의 색상은 파란색입니다.

// print 카드 여부를 확인합니다.
// print 이 버스의 색상은 파란색입니다.
```

Bus 클래스를 이용해 localBus라는 개체를 생성하였습니다. localBus는 checkCard() 라는 메소드를 사용할 수 있습니다. Bus 클래스에는 color라는 속성이 선언되어 있지 않습니다. 그러나 Car 클래스에 color 속성이 선언되어 있으므로 Bus 클래스로 만든 개체에서도 상속에 의해 Car 클래스의 color 속성을 사용할 수 있습니다. 내용을 읽어 올 수 있을 뿐만 아니라, 값도 할당할 수 있습니다. 이러한 상속의 학습 이유는 UIKit 프레임워크도 클래스와 상속 등으로 이루어져 있기 때문입니다. Hello Word 프로젝트의 ViewController.swift 파일의 내용을 다시 살펴보겠습니다.

ViewController.swift

```
import UIKit

class ViewController: UIViewController {
    override func viewDidLoad() {
        super.viewDidLoad()
        // Do any additional setup after loading the view, typically from a nib.
    }
...
}
```

ViewController 클래스를 선언하는 구문에서 : UIViewController 구문을 사용하고 있습니다. ViewController 클래스는 UIViewController 클래스를 상속받고 있습니다. 이 구문은 처음 프로젝트를 생성했을 때 자동으로 작성되어 있었습니다. 뷰들을 제어하는 뷰콘트롤러들은 UIViewController을 상속받아 사용합니다. 꼭 그런 것은 아니지만, 대부분은 그렇습니다. 여러 단계의 상속도 가능합니다. 버스 클래스는 자동차 클래스에게 상속받고, 간선버스 클래스는 버스 클래스를 상속받아 사용하는 것은 가능합니다. 그러면 간선버스 클래스는 버스 클래스, 자동차 클래스의 속성과 프로퍼티를 모두 사용 가능합니다. 관계적으로 자동차 > 버스 > 간선버스 형태의 관계입니다. 앞서 클래스 self 키워드 설명 시 super 키워드도 잠시 언급되었습니다. self가 자신을 지칭하듯이 super라는 키워드는 상속에서 상위 클래스를 지칭합니다. super.

viewDidLoad()라는 구문은 상속해준 클래스 UIViewController의 viewDidLoad() 메소드를 실행하는 구문입니다. 이처럼 이미 구현되어 있는 상위 클래스의 메소드를 재정의해서 사용할 경우가 있습니다. 이러한 경우를 오버라이드라고 하며 메소드 선언 앞에 override라는 키워드를 사용하게 됩니다. 오버라이드를 할 경우 상위 클래스의 메소드는 실행되지 않으며, 현재 클래스의 메소드만 실행됩니다. 그래서 상위 클래스의 메소드가 실행되길 원할 경우 super.viewDidLoad()처럼 구문을 작성해줍니다. 그리고 그 후에 추가적으로 실행될 구문을 작성하게 됩니다. 물론 이 구문은 자동으로 작성되어 있던 구문입니다. 자동으로 작성되는 구문들도 결국은 프로그래밍 언어 규칙 안에서 이루어집니다. 추가적으로 스위프트는 다중 상속을 지원하진 않습니다. 하나의 클래스가 상속을 받을 수 있는 클래스는 하나뿐입니다. 프로젝트를 진행하다 보면 아래와 같은 구조를 가진 클래스도 볼 수 있습니다.

```
class ViewController: UIViewController, UITableViewDataSource, UITableViewDelegate
{ … }
```

이러한 경우 상속은 UIViewController뿐이며, 나머지 UITableViewDataSource, UITableViewDelegate는 구현을 위한 프로토콜들입니다. 프로토콜은 추후 관련 부분에서 다시 한 번 다루도록 하겠습니다.

상속은 OOP 개념에서 상당히 중요한 부분입니다. 상속을 이용해 보다 유연하고 구조적인 구현이 가능합니다. 이러한 상속의 개념을 알고 있다면 UIKit 프레임워크의 객체들을 사용하는 것에 어려움은 없을 것입니다.

5.13 옵셔널(Optional)이란 무엇인가

옵션널은 변수가 nil이 될 수 있느냐의 상태를 지칭합니다. nil이라 함은 다른 언어에서는 null과 비슷합니다. 값이 없는 것을 의미합니다. 선언 예시는 아래와 같습니다. nil은 타입명을 붙여서 표시합니다.

```
var number: Double?                // number 변수가 Double형 옵셔널로 선언되었습니다.
```

숫자의 0, 문자열의 공백과는 다른 의미입니다. 0은 해당 값이 변수 안에 0이라는 값으로 존재하는 것입니다. 그러나 nil이라는 상태는 아무런 값도 있지 않음을 가리킴니다. 이러한 옵셔널이 앱을 만들 때는 어떻게 사용될까요? 가장 일반적인 경우는 어떤 특정 변수에 값이 있으면 처리하고 그렇지 않으면 처리하지 않는 형태를 구현할 때 편리합니다. 예시 코드를 보도록 하겠습니다.

```
If number != nil {
        sum = sum + number!
}
```

위의 예시는 number라는 변수가 nil이 아닐 경우에만 sum이라는 변수에 값을 더하도록 되어 있습니다. !라는 기호가 추가되었습니다. 처음 타입에 관한 설명을 할 때 +에 대해서 설명했습니다. 문자는 문자끼리 더할 수 있고, 숫자는 숫자끼리 더할 수 있습니다. nil은 숫자가 아닙니다. 값이 없을 수 있다는 상태이기 때문에 문자 + 옵셔널 변수 등의 수식은 불가능합니다. 1 + 빈값 등의 수식은 불가능하기 때문입니다. 다른 언어의 경우 nil + 1은 nil 식으로 반환하는 경우도 있지만 스위프트의 경우 명확하지 않을 경우 연산을 못하도록 되어 있습니다. 그래서 !라는 기호를 사용합니다. 옵셔널 변수에 !를 추가할 경우 강제적으로 옵셔널 변수가 아닌 값을 반환합니다. 그래서 sum = sum + number는 안 되지만 sum = sum + number!는 가능합니다. 만약 number 변수가 nil일 경우에 !를 선언하게 된다면 이는 오류가 발생하게 됩니다. !로 인해서 명확한 값을 반환해야 하는데 nil이면 반환해야 하는 값이 불명확하기 때문입니다. 옵셔널에 대한 값을 !를 사용하여 대입, 연산하는 경우는 흔히 있는 일입니다. 유의하시기 바랍니다.

위의 예시는 숫자형에 대한 옵셔널이지만 실제 앱을 제작할 때는 View처럼 클래스를 통해 생성한 개체일 경우가 많습니다. '특정 View가 존재할 경우에는 View를 닫아라'라는 형태로 사용될 수 있습니다. 존재하지 않는 View를 닫을 경우 오류가 발생합니다. 앱에서 여러 개의 View를 사용할 때 View가 있을 수도 있고, 없을 수도 있습니다. 그러한 경우 닫기 기능이 필요하다면 View가 존재할 때만 닫으라고 구현해야 합니다. 이러한 경우 스위프트는 nil에 대해서 매우 편리한 구문을 제공합니다.

```
If let view = viewList {
        view.dismiss(animated: true, completion: nil)          //뷰를 닫아줍니다.
}
```

위의 구문은 viewList가 nil이 아닐 경우 view에 값이 대입되며 {} 안의 구문을 실행합니다. view 상수는 if문 안에서 사용이 가능합니다. 만일 view가 nil일 경우 {} 안의 내용은 실행되지 않습니다. view는 {} 안에서만 사용 가능합니다. UIKit 프레임워크에 기존에 선언되어 있는 클래스를 이용할 경우 다양한 옵셔널이 존재합니다. 함수의 경우 전달되는 매개변수에 따라 nil을 반환하기도 합니다. UIKit의 다양한 클래스 사용 시 옵셔널은 다양하게 사용되지만, 초기에는 앞에서 언급한 정도의 사항만 유의하더라도 제작에는 무리가 없습니다.

5.14 테이블뷰(UITableView) 사용법

많은 앱들이 목록을 보여줍니다. 상품 목록, 글 목록 등 다양한 목록이 있습니다. 이번엔 앱에 목록 기능을 구현하도록 하겠습니다. 목록을 구현하는 방법은 여러 가지입니다. 쉽게 구현하는 방법과 다소 어렵게 구현하는 방법이 있습니다. 같은 조건이라면 당연히 쉽게 구현하는 방법을 선택하면 되겠지만 구현 방법이 쉬울수록 개별적인 커스터마이징(customizing)이 까다롭습니다. 시간이 다소 걸리는 구현 방법은 초기에 시간을 더 사용하는 단점이 있지만, 수정이 용이하며 추후 유지 보수 또한 쉬운 장점이 있습니다. 커스터마이징이 가능하도록 구현하겠습니다. 커스터마이징해야 하는 목록 형태는 실무에서는 한 번쯤은 반드시 쓰이기 때문입니다. 우선 결과 화면입니다.

[그림 57] Table View 추가 결과

내용은 없지만 테이블이 표시되어 각 행을 표시하고 있습니다.

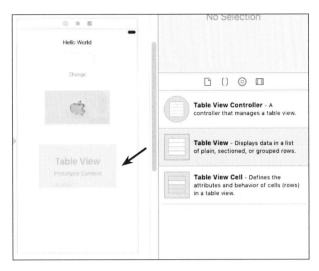

[그림 58] Table View 추가

오브젝트 라이브러리에서 Table View를 View에 드래그 앤 드롭으로 추가합니다.

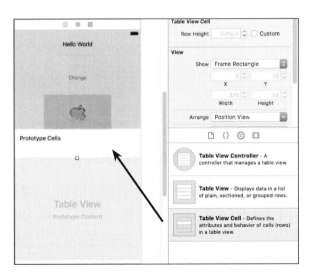

[그림 59] Table View Cell 추가

오브젝트 라이브러리에서 Table View Cell을 방금 추가한 Table View에 드래그 앤 드롭으로 추가합니다. 추가시 Table View 상단에 자동으로 추가됩니다. Table View는 테이블 전체의 영역과 속성을 결정합니다. 반면 Table View Cell은 Table View의 한

행마다의 영역과 속성을 결정한다고 보면 됩니다. 크기와 관련하여 다르게 표현하면 Table View는 테이블의 전체 크기를, Table View Cell은 테이블에서 한 줄 한 줄의 크기를 제어합니다.

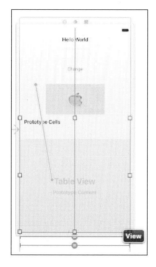

[그림 60] 오토레이아웃 설정

[그림 61] 오토레이아웃 팝메뉴

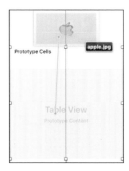

[그림 62] 오토레이아웃 테이블-이미지

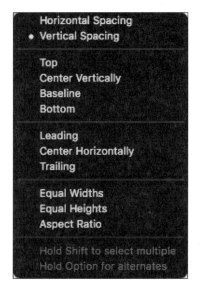

[그림 63] 오토레이아웃 팝메뉴

[그림 64] 사이즈 인스펙터

[그림 65] 사이즈 인스펙터 오토레이아웃

[그림 66] Constant 수정

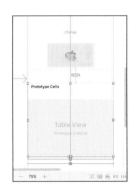

[그림 67] Update Frames

아래쪽 Update Frames를 클릭하면 설정대로 Table View가 이동하는 것을 볼 수 있습니다. 이제 Table View는 View의 크기와 상관없이 설정되어 있는 값대로 오브젝트를 배치할 것입니다.

이제 실행해보면 View에 Table View가 추가된 모습을 확인할 수 있습니다. 아직은 데이터가 없고, 비어 있는 줄만 표시가 되지만, 터치를 해보면 스크롤은 반응한다는 것을 알 수 있습니다.

5.15 배열이란 무엇인가

배열은 동일한 타입의 값을 순서 있게 저장할 때 사용합니다. 숫자형, 문자형 등의 값들을 순서에 맞게 값을 가지고 있는 변수라고 생각하면 쉽습니다. 아래는 변수의 선언 문법입니다.

```
var someInts = [int]()
someInts = [100, 101]

someInts.append(102)
someInts.append(103)
someInts.append(104)

print(" \(someInts[0])")
print(" \(someInts[2])")
// 결과
// 100
// 102

for item in someInts {
    print(" \(item)")
}
// 결과
// 100
// 101
// 102
// 103
// 104

var someStrings: Array<String> = Array()

someStrings.append("서울")
someStrings.append("경기")
someStrings.append("부산")

print(" \(someStrings[0])")
print(" \(someStrings[2])")
// 결과
// 서울
// 부산

for item in someStrings {
    print(item)
```

```
    }
    // 결과
    // 서울
    // 경기
    // 부산
```

선언 방법은 다음과 같습니다.

```
var 변수명 = [타입]()
var 변수명: [타입] = []
var 변수명: Array<타입> = Array()
```

위의 세 가지 코드는 동일한 효과입니다. 선언 시 [100, 101]처럼 값을 지정하면서
선언할 수도 있습니다. append는 배열의 끝에 요소를 추가하는 함수입니다. 배열은
0부터 시작합니다. 비어 있는 배열에 append 함수를 이용해 요소를 넣을 경우 0, 1,
2, 3의 순서대로 요소가 들어가며, someInts[0], someInts[1], someInts[2] 형태로 접근
가능합니다. 배열은 C, JAVA 등 다른 프로그래밍 언어에서도 대부분 지원하며, 순
차적으로 데이터를 입력하고, 출력할 때 유용합니다. 배열의 이용 범위는 다양합니
다. iOS 앱을 만드는 경우 가장 자주 사용하는 부분은 Table View의 데이터를 저장하
는 곳에 사용됩니다. 배열에 순차적으로 데이터를 넣어 놓고, 테이블에서는 그 순서
대로 화면에 표시하게 됩니다. append를 포함한 배열에서 유용하게 사용되는 함수의
목록입니다.

append: 마지막에 요소 추가 예) someInts.append(1)

isEmpty: 빈 배열일 경우 true 반환, 요소가 있을 경우 false를 반환
　　　　　예) if someInts.isEmpty {} else {}

count: 요소의 개수를 반환 예) print("\(someInts.count)"

insert: 특정 위치에 요소 추가 예) someInts.insert(2, at: 3)

remove: 특정 위치 요소 제거 예) someInts.remove(at: 2)

removeLast: 마지막 요소 제거 예) someInts.removeLast()

5.16 도큐먼트 아웃라인(Document Outline) 사용법

스토리보드를 수정할 때 편리한 도구인 도큐먼트 아웃라인(Document Outline)을 알아봅니다. 아래 그림이 도큐먼트 아웃라인입니다.

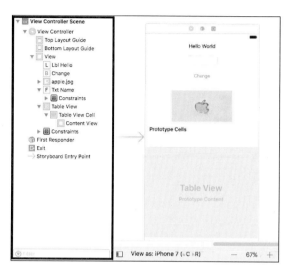

[그림 68] 도큐먼트 아웃라인

이미 스토리보드를 여러 차례 수정하며 한 번씩은 보았던 화면입니다. 도큐먼트 아웃라인은 뷰에 있는 다양한 오브젝트들을 트리 구조로 볼 수 있습니다. 현재는 간단한 오브젝트들만 추가되었고, 오브젝트 간에 겹치는 일도 없지만, 보다 복잡한 구조의 뷰를 구성하게 되면 오브젝트들이 겹치게 되고, 앞뒤에 있는 오브젝트들 때문에 원하는 오브젝트를 클릭하기도 힘이 듭니다. 그럴 때 도큐먼트 아웃라인을 이용할 경우 뷰상에 있는 오브젝트를 선택하는 것과 같은 효과를 얻을 수 있습니다.

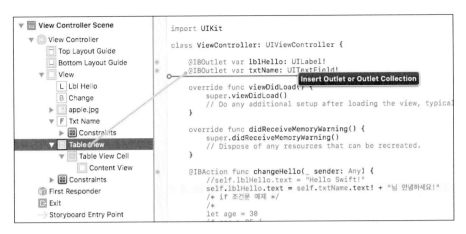

```
import UIKit

class ViewController: UIViewController {

    @IBOutlet var lblHello: UILabel!
    @IBOutlet var txtName: UITextField!
                                          Insert Outlet or Outlet Collection
    override func viewDidLoad() {
        super.viewDidLoad()
        // Do any additional setup after loading the view, typical
    }

    override func didReceiveMemoryWarning() {
        super.didReceiveMemoryWarning()
        // Dispose of any resources that can be recreated.
    }

    @IBAction func changeHello( _ sender: Any) {
        //self.lblHello.text = "Hello Swift!"
        self.lblHello.text = self.txtName.text! + "님 안녕하세요!"
        /* if 조건문 예제 */
        /*
        let age = 30
```

[그림 69] 도큐먼트 아웃라인 소스코드 추가

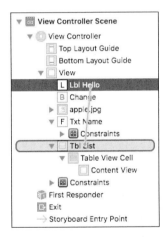

[그림 70] 도큐먼트 아웃라인 오토레이아웃 설정

위 그림과 같이 오브젝트처럼 끌어서 소스코드에 연결할 수도 있고, 오브젝트 간에 오토레이아웃을 설정할 때도 똑같은 효과가 있습니다. 뷰상에서 원하는 오브젝트의 클릭이 어려울 경우 도큐먼트 아웃라인을 이용하시기 바랍니다. 도큐먼트 오브젝트의 중요한 기능 중에 하나는 이 트리 구조가 화면상의 정렬 순서를 나타내기 때문입니다. 같은 위치에 두 개의 오브젝트를 배치할 경우 아래쪽에 있는 오브젝트가 화면 위쪽에 표시되며, 탭 등의 이벤트를 받을 수 있습니다. 만약 상대적으로 큰 오브젝트를 작은 오브젝트 위에 놓고 도큐먼트 아웃라인에서 정렬을 아래로 배치한다면, 앱이 실행되었을 때 큰 오브젝트에 가려져서 작은 오브젝트는 화면에 보이지도 않고,

탭 등의 이벤트도 받을 수 없습니다. 도큐먼트 아웃라인에서 드래그 앤 드롭으로 오브젝트들을 재정렬할 수 있습니다. 후에 다양한 프로젝트를 진행하게 되면 이러한 순서를 잘 고려하시길 바랍니다. 또한 도큐먼트 아웃라인의 중요한 점이 있습니다. 바로 계층 구조를 표현한다는 것입니다.

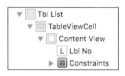

[그림 71] 테이블 뷰 부분

현재 View의 테이블 계층 구조를 나타내고 있습니다. Table View 하위에 Table View Cell이 존재하며, 그 하위에 Content View가 존재합니다. 하위 구조는 매우 중요합니다. Table View Cell은 Table View에 포함된다는 것입니다. 마찬가지로 Content View 는 Table View Cell에 포함됩니다. 이 Content View가 일반적으로 오브젝트를 추가해서 시각적인 내용을 표시하는 부분입니다. 하위로 오브젝트를 추가하고자 할 경우 오른쪽의 오브젝트 라이브러리 패널에서 뷰에 드래그 앤 드롭하듯이, 도큐먼트 아웃라인으로 드래그 앤 드롭하면 됩니다. 이러한 구조는 뷰 안에 뷰를 추가해서 그 안에 다른 오브젝트들을 추가해서 그룹별로 제어할 때 유용합니다.

5.17 Datasource가 배열로 작성된 UITableView

UITableView에서 내용을 표시하기 위해서는 TableViewCell에 추가적인 방법이 조금 필요합니다. 간단한 예제로 테이블뷰(TableView)의 작동 원리를 익히도록 하겠습니다. 오브젝트 라이브러리에서 레이블 끌어다 도큐먼트 아웃라인의 콘텐트뷰(Content View) 하위에 추가합니다.

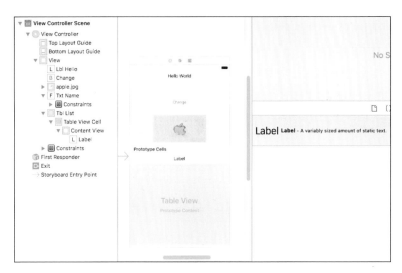

[그림 72] 레이블을 도큐먼트 아웃라인에 추가

이는 View에 직접 오브젝트 라이브러리를 추가하는 것과 같은 효과입니다. 객체가 많은 경우 위치 또는 하위 관계를 파악하기 어려운 반면, 도큐먼트 아웃라인은 손쉽게 그 계층 구조를 파악할 수 있습니다.

[그림 73] 레이블을 콘텐트뷰에 오토레이아웃 센터로 설정

도큐먼트 아웃라인(Document Outline)에서 콘텐트 뷰로 키보드 Ctrl 키를 누른 채로 마우스로 드래그 앤 드롭합니다. 그림과 같은 팝업이 표시됩니다. 이때 Center Horizontally in Container를 선택합니다. 다시 한 번 키보드 Ctrl 키를 누른 채로 마우스로 드래그 앤 드롭을 하고 Center Vertically in Container를 선택합니다. 이제 레이블은 Content View의 가운데 표시되도록 설정했습니다. 이제 레이블에 원하는 내용을 표시할 순서입니다. 다음 장의 간단한 설명이 진행되면 테이블에 원하는 내용을 표시할 수 있을 것입니다.

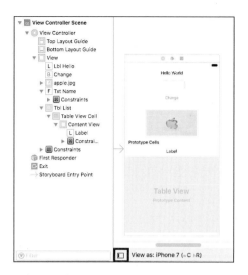

[그림 74] Hide Document Outline 버튼 안내

화면에서 도큐먼트 아웃라인을 표시하거나, 제거하기 위해서는 뷰 화면상의 Show/Hide Document Outline을 클릭합니다. 상황에 따라 Show/Hide를 적절히 이용하시기 바랍니다.

5.18 프로토콜(Protocol)이란 무엇인가

프로토콜은 자바의 인터페이스와 유사하며 구현해야 할 메소드 또는 프로퍼티들의 형태를 미리 정의해놓은 것입니다. 클래스의 형태와 매우 비슷합니다.

```
protocol ExampleProtocol {
    var simpleDescription: String { get }
    func adjust()
    optional func adjustOptional()
}
```

우선 protocol이라는 키워드로 프로토콜 선언을 시스템에게 알려줍니다. 그리고 뒤따라 작성할 프로토콜의 이름이 나옵니다. {} 안에는 사용될 프로퍼티들과 메소드들이 존재합니다. 특이한 점은 이곳에는 메소드의 {} 내부의 내용이 구체적으로 정의되어 있지 않다는 것입니다. 프로토콜의 사용 방식을 살펴봅니다.

```
class SimpleClass: ExampleProtocol {
    var simpleDescription: String = "A very simple class."
```

```
    var anotherProperty: Int = 69105
    func adjust() {
        simpleDescription += "  Now 100% adjusted."
    }
}
var a = SimpleClass()
a.adjust()
```

SimpleClass를 살펴봅니다. 프로토콜의 사용법은 상속과 비슷합니다. class의 선언문 뒤에 :을 붙이고 프로토콜명을 명시합니다. 그렇다면 부모 클래스로부터 상속도 받고, 프로토콜도 사용하려면 어떻게 해야 할까요? 상속은 두 개 이상의 클래스에서 받을 수 없다고 앞의 상속 부분에서 안내하였습니다. 그러나 프로토콜은 여러 개를 사용할 수 있습니다. 상속과 프로토콜이 함께 사용될 경우 쌍점(:) 뒤에 부모 클래스와 프로토콜을 쉼표(,)로 구분하여 차례대로 나열하면 됩니다.

앞에서 살펴봤던 ViewController가 좋은 예입니다. ViewController 등을 작성하다 보면 아래의 구문을 볼 수 있습니다.

class ViewController: UIViewController, UITableViewDataSource, UITableViewDelegate { … }

ViewController는 UIViewController 클래스를 상속받으며, 뒤에 오는 UITableView DataSource, UITableViewDelegate는 프로토콜입니다. 이러한 프로토콜의 용도는 공통된 규격을 지정할 수 있다는 것입니다. 생성해야 할 요소의 이름들을 미리 명시함으로써 추후에 명시했던 이름으로 프로퍼티나 메소드들을 호출해서 사용하기 편리합니다. 학습 초기에는 프로토콜을 직접 구현해서 자신만의 프로토콜을 클래스에 적용하기보다는 iOS 개발을 위해 이미 구현되어 있는 프로토콜을 사용하는 형태가 많을 것이므로, 지금 당장 모든 내용이 이해되지 않아도 괜찮습니다. 우선은 구현되어 있는 내용을 사용하는 것부터 익숙해지면 됩니다.

5.19 델리게이트 패턴(Delegate Pattern)이란 무엇인가

프로그래밍은 각 개인마다 코드의 구성이 다르고, 적용 방식도 다릅니다. 그러나 개발을 진행하다 보면 나타나는 표준적인 문제들이 있고 이 문제들을 해결하기 위한 표준적인 구조들이 존재합니다. 이러한 것을 우리는 '디자인 패턴'이라고 부릅니다. 어떠한 문제가 있을 때 클래스, 메소드, 프로퍼티는 이런 형태로 구성하는 것이 효율적이라는 의견들이 디자인 패턴의 의도입니다. 그런 패턴 중 하나가 델리게이트 패턴입니다. 후에는 다양한 디자인 패턴을 이용해 보다 다양한 문제를 해결하게 되겠지만, 초기 단계에서는 몇 개의 패턴을 숙지하는 것만으로도 간단한 앱을 만들 수 있습니다. 우선 자주 사용하는 델리게이트 패턴입니다.

델리게이트 패턴이란 모든 과정을 하나의 객체가 처리하는 것이 아니라, 일부 공통된 기능은 다른 객체에게 위임하여 처리하는 것을 말합니다. 델리게이트 패턴과 앞서 설명했던 프로토콜의 조합으로 사용되는 대표적인 예가 UITableView에서 사용하는 UITableViewDataSource, UITableViewDelegate가 있습니다. 델리게이트를 어떠한 객체로 할지 지정하면 해당 기능은 지정한 델리게이트에서 처리합니다. 이번 예제에서는 복잡성을 줄이는 목적으로 델리게이트(delegate)를 자신을 뜻하는 self로 지정하게 되지만, 프로젝트의 특성상 델리게이트는 달라질 수 있습니다. 이번 예제에서는 델리게이트가 self이므로, 메소드도 현재의 클래스에 생성할 것입니다. 이곳에서 델리게이트의 정의와 개념적 구조를 나열하기보다는 다음 장에서 테이블에 내용을 표시하는 예시를 이용해 iOS 개발에 일반적으로 사용되는 형태를 알려드리겠습니다.

5.20 테이블뷰셀(TableViewCell) 사용법

도큐먼트 아웃라인을 이용해 테이블뷰셀(TableViewCell)에 레이블을 추가했다면, 해당 테이블뷰셀(TableViewCell)을 제어할 클래스가 필요합니다. 테이블뷰셀(TableViewCell)을 위한 클래스를 만들겠습니다.

[그림 75] 팝 메뉴

프로젝트 네비게이터(Project Navigator)에서 HelloWorld 폴더에서 마우스 우클릭을 합니다. 메뉴에서 New File...을 선택합니다.

[그림 76] 파일 형태 선택

Choose a template for your new file 메뉴가 표시됩니다. OS는 iOS를 선택하고 파일 형태는 Swift File을 선택합니다. Next를 클릭합니다.

[그림 77] 파일명과 파일 위치

파일 이름과 파일 위치를 선택하는 창이 표시됩니다. 파일명은 TableViewCell이라고 지정합니다. 위치는 HelloWorld를 선택합니다. Create를 클릭하면 파일이 생성됩니다.

주석을 제외하면 import Foundation라는 문구만 작성되어 있는 파일이 생성되었습니다. 테이블뷰셀을 위한 클래스를 생성하는 것이므로, 아래와 같이 import, 클래스 이름과 상속 관계를 작성합니다. 우리는 UILabel 클래스를 사용해야 하며, 해당 클래스는 UIKit 프레임워크에 들어 있습니다. 그러므로 사용을 위해서 import UIKit 구문을 추가해야 합니다. 어차피 UIKit 프레임워크가 Foundation 프레임워크를 포함하고 있으므로, 기존에 작성되어 있는 Foundation은 삭제하고 UIKit에 대한 import만 추가하면 됩니다.

```
import UIKit

class TableViewCell : UITableViewCell {

}
```

코드를 작성했다면 스토리보드(Storyboard)에 있는 테이블뷰셀을 해당 클래스로 연결해주는 작업이 필요합니다. Main.Storyboard로 이동합니다. 도큐먼트 아웃라인에서 Table View Cell을 클릭합니다.

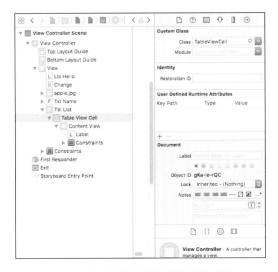

[그림 78] 아이덴티티 인스펙터 선택 화면

오른쪽 패널에서 아이덴티티 인스펙터(Identity Inspector)를 선택하고, Custom Class부분의 Class란을 방금 작성한 TableViewCell을 선택합니다. 스토리보드에서 UITableViewCell을 선택했으므로, Class의 선택란에도 UITableViewCell을 상속받은 클래스만 표시됩니다. 아까 소스코드 작성 시 UITableViewCell을 상속받았기 때문에 Custom Class의 Class란에서 선택이 가능합니다.

편집기가 TableViewCell.swift를 열고 있지 않다면, 파일을 찾아서 엽니다.

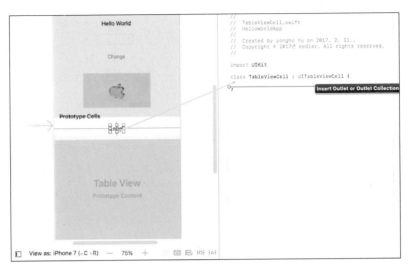

[그림 81] 레이블 추가

Content View 아래의 Label을 클릭한 후 키보드 Ctrl 키와 마우스로 드래그하여 보조 편집기의 클래스 {} 안쪽으로 추가합니다. 기본값은 Connecton은 Outlet, Object는 TableViewCell, Type은 UILabel, Storage는 Strong이라고 되어 있습니다. name란은 lblNo라고 입력하고, Connect 버튼을 클릭하여 소스와 스토리보드의 오브젝트를 연결합니다.

스토리보드의 레이블 오브젝트와 소스코드 연결은 끝났습니다. 이제 ViewController.swift에서 테이블뷰에 내용을 표시하겠습니다. 테이블뷰에 내용을 표시하기 위해서는 앞서 학습했던 델리게이트 패턴과 프로토콜 개념이 필요합니다. 테이블뷰에 대한 처리는 델리게이트 패턴으로 구성되어 있는데 그에 따른 메소드들은 프로토콜로 구성되어 있습니다. UITableView를 사용하기 위한 델리게이트용 프로토콜을 추가합니다. 프로토콜 이름은 UITableViewDelegate와 UITableViewDataSource입니다. 앞에 몇 글자만 입력하면 자동완성을 지원하기 때문에 내용이 표시되는 것을 따라서 입력하면 됩니다. 프로토콜들은 상속받은 UIViewController 옆에 쉼표(,)를 붙이고 나열하면 됩니다.

```
    import UIKit

    class ViewController: UIViewController, UITableViewDelegate, UITableViewDataSource {

        @IBOutlet var lblHello: UILabel!
        @IBOutlet var txtName: UITextField!
        @IBOutlet var tblList: UITableView!

        override func viewDidLoad() {
            super.viewDidLoad()
            // Do any additional setup after loading the view, typically from a nib.
        }
```

[그림 82] UITableViewDelegate, UITableViewDataSource 추가 화면

프로토콜을 추가하면 곧바로 오류가 존재한다고 표시됩니다. 이는 프로토콜 내부에 선언이 필요한 메소드의 목록이 존재하는데 이 메소드들을 아직 선언하지 않았기 때문입니다. 이제 구현해야 하는 메소드들을 작성하겠습니다. UITableView를 위해 작성되어야 할 최소한의 메소드는 세 개입니다.

```
func tableView(_ tableView: UITableView, numberOfRowsInSection section: Int) → Int {}
func tableView(_ tableView: UITableView, cellForRowAt indexPath: IndexPath) →
UITableViewCell {}
func tableView(_ tableView: UITableView, didSelectRowAt indexPath: IndexPath) {}
```

위의 목록은 최소한의 목록입니다. 추가적으로 필요할 경우 다른 추가적인 메소드를 선언할 수 있습니다. 위의 메소드들을 살펴보겠습니다.

```
func tableView(_ tableView: UITableView, numberOfRowsInSection section: Int) → Int {}
```

테이블뷰(TableView)에서 표현되어야 할 행의 수입니다. Int형으로 반환해주면 됩니다. 단순하게 10을 반환하면 10행이 표현됩니다. 일반적으로는 표현되어야 할 내용을 배열에 저장하고, 행의 개수는 그 배열의 크기를 반환하는 형태로 구현합니다.

```
func tableView(_ tableView: UITableView, cellForRowAt indexPath: IndexPath) →
UITableViewCell {}
```

테이블뷰에서 보여질 각 행의 내용입니다. UITableViewCell형으로 반환해주면 됩니다. 우리는 테이블뷰에 표현될 UITableViewCell형을 위한 TableViewCell 클래스를 이미 구성해놨습니다. TableViewCell은 UITableViewCell을 상속받고 있습니다. 예제에서는 이미 구성해놓은 TableViewCell을 반환할 것입니다.

```
func tableView(_ tableView: UITableView, didSelectRowAt indexPath: IndexPath) {}
```

```
self.tblList.dataSource = self
```

위의 코드가 전부입니다. self.tblList는 이전에 스토리보드에서 소스코드와 연결해준 테이블뷰의 이름입니다. 이제 tblList라는 테이블뷰는 실행해야 할 기능이 있을 경우 self에서 찾으려고 할 것입니다. 이처럼 굳이 자기 자신을 명시해야 하는 이유는 테이블뷰의 델리게이트나 데이터소스가 self에 없을 수도 있기 때문입니다. 그럴 때는 해당 인스턴스를 연결해주면 됩니다.

네 번째는 내용 표시에 필요한 메소드들을 구현하는 것입니다.

viewContoller 클래스의 내부 하단에 아래 내용의 메소드를 추가합니다.

```
func tableView(_ tableView: UITableView, numberOfRowsInSection section: Int) → Int {
    return self.arrNo.count
}
```

위 메소드는 테이블뷰에서 표현해야 할 행의 개수를 나타냅니다. return self.arrNo.count라는 구문으로 arrNo 배열의 요소 개수를 반환하고 있다는 것을 알 수 있습니다. 물론 arrNo 배열의 요소는 1부터 10까지 10개의 요소를 갖고 있으므로 return 10이라고 작성해도 코드는 이상 없이 실행됩니다. 그러나 이렇게 할 경우 배열의 요소 개수가 변경될 때마다 메소드의 return값도 함께 변경해야 하므로 매우 불편합니다. 또한 유동적인 배열의 요소 개수에는 대응할 수 없습니다. 그래서 대부분은 해당 배열의 요소 개수를 반환하는 형태로 구현합니다.

viewContoller 클래스의 내부 하단에 아래 내용의 메소드를 추가합니다.

```
func tableView(_ tableView: UITableView, cellForRowAt indexPath: IndexPath) →
UITableViewCell {
    let cell = self.tblList.dequeueReusableCell(withIdentifier: "TableViewCell") as!
    TableViewCell
    cell.lblNo.text = String(self.arrNo[indexPath.row])
    return cell
}
```

위 메소드는 테이블에서 보여지는 내용을 정의합니다. 우리는 이미 TableViewCell이라는 클래스를 구현하였으며, 이는 UITableViewCell 클래스를 상속받았습니다. TableViewCell 클래스는 UITableViewCell의 내용을 모두 포함하고 있으므로, TableViewCell을 반환하면 됩니다. 이 메소드를 구현하기 위해서는 dequeue-

ReusableCell() 메소드의 특징을 알아 두면 유익합니다. iOS는 테이블의 내용을 표시하기 위해 항상 모든 내용을 연산해서 보여주는 것이 아닌 재사용의 형태를 갖게 됩니다. 테이블뷰는 화면에 표시된 내용은 재사용을 위한 목록으로 저장하고 있다가 해당 행이 다시 표시될 때는 저장되어 있던 내용을 보여 줍니다. 그럴 때 dequeueReusableCell() 메소드를 사용하게 됩니다. 재사용을 위한 내용이 있을 경우 그 내용을 전달받고 그렇지 않을 경우 새로 작성하게 됩니다. 전달받은 내용을 TableViewCell 클래스로 형 변환을 합니다. 전달되는 withIdentifier: "TableViewCell"값은 스토리보드작성 시 애트리뷰트 인스펙터의 identifier값을 입력합니다. 대부분은 기억하기 쉽게 스토리보드의 아이덴티티 인스펙터에서 설정하는 클래스(Class) 이름과 애트리뷰트 인스펙터의 identifier값을 동일하게 설정해놓습니다. TableViewCell로 형 변환을 한 후에 그 안에 이미 스토리보드에서 연결해놓은 lblNo의 text에 표시하고자 하는 값을 넣습니다. 예제에서는 배열의 값을 내용에 표시합니다. indexPath.row는 형태 화면에 보이는 테이블뷰의 행 번호를 나타냅니다. 예를 들어 화면에 보이는 내용이 테이블뷰의 세 번째 행이라면 indexPath.row는 3을 반환합니다. 그에 따라 self.arrNo[3]에 따라 인덱스 3번에 있는 값을 반환합니다. 주의해야 할 사항은 배열의 인덱스는 0부터 시작하므로, 3이라면 배열로는 네 번째 값이 됩니다. 정수형 배열에 들어 있는 text에 표현하기 위해서 String()으로 해당 값을 문자열 타입으로 형 변환을 해줍니다. 마지막으로 return cell을 이용해 연산이 끝난 인스턴스를 반환하게 됩니다. 위 내용이 이 메소드 안에서의 일반적인 형태입니다. 재사용큐를 위한 반환값을 받아서 원하는 클래스로 형 변환한 후, 화면에 표시하고자 하는 내용을 연산합니다. 그리고 해당 인스턴스를 반환합니다.

viewContoller 클래스의 내부 하단에 다음 내용의 메소드를 추가합니다.

```
func tableView(_ tableView: UITableView, didSelectRowAt indexPath: IndexPath) {
    ...
}
```

위 메소드는 테이블 중 특정 행이 탭되었을 때 실행됩니다. 현재는 탭이 되더라도 아무런 변화가 없기 때문에 메소드 내부에 아무런 내용도 포함하고 있지 않습니다. 만일 탭이 되었을 경우에 대한 내용을 구현하고자 할 경우 이 메소드에 내용을 구현하면 됩니다. 앞서 살펴본 내용을 표시하는 메소드와 비슷한 형태입니다. indexPath에

겠습니다. 프로젝트 네비게이터에서 Main.storyboard를 클릭하여 편집기를 스토리보드로 이동합니다. 오브젝트 라이브러리에서 View Controller를 스토리보드의 빈 공간에 드래그 앤 드롭하여 새로운 뷰콘트롤러를 추가합니다. 아래의 화면대로 스토리보드에는 두 개의 뷰가 존재하게 됩니다.

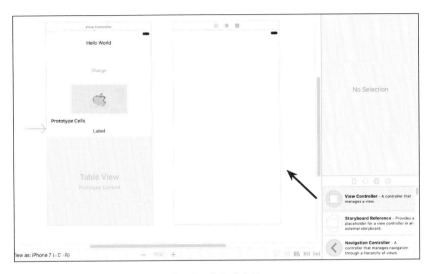

[그림 85] 추가된 뷰

화면 전환을 위한 몇 가지 방식을 살펴봅니다.

5.22 프레젠트(Present) 화면 전환

프레젠트 화면 전환 기법은 기존의 화면에 다른 화면을 덮어놓는 형태입니다. 그러다 보니 덮어쓴 화면을 걷어내면 원래 있던 화면이 나타나게 되며 화면을 덮어내라고 명령하는 곳도 나중에 나온 화면이 아닌 원래 있던 화면이 자신을 덮어쓰고 있는 화면을 제거하는 형태입니다.

추가된 뷰에 이름을 넣겠습니다. 뷰의 상단의 View Controller 버튼을 클릭해서 추가한 뷰를 선택합니다. 인스펙터 영역의 아이덴티티 인스펙터를 클릭합니다. Identity 부분의 Storyboard ID 항목에 'VC2'라고 입력합니다. 편의를 위해 원래 있던 뷰를 기본 뷰, 새로 추가된 뷰를 추가 뷰라고 부르겠습니다.

[그림 86] storyboard ID 입력 화면

이제 화면을 전환하기 위한 버튼을 추가합니다. 원래 있던 기본 뷰에 버튼을 추가합니다. 오른쪽 오브젝트 라이브러리에서 버튼(Button) 오브젝트를 기본 뷰로 드래그 앤 드롭해서 추가합니다. 애트뷰트 인스펙터로 이동하여 Title 항목을 '화면 전환'이라고 입력합니다.

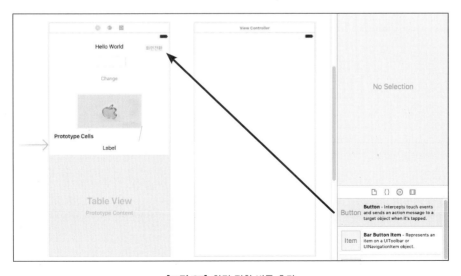

[그림 87] 화면 전환 버튼 추가

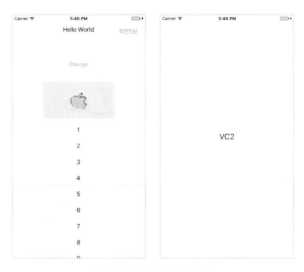

[그림 88] 추가 뷰 화면 전환

화면이 전환되는 것을 확인할 수 있습니다. 그런데 한 가지 문제가 있습니다. 전환된 화면은 아무런 기능이 없어서, 기본 뷰로 돌아갈 방법도 없다는 것입니다. 아이폰에는 안드로이드에 있는 뒤로가기 버튼이 없습니다. 그에 따라 원래의 화면으로 돌아가기 위해서는 어떤 식으로든 뒤로가기 기능을 제공해야 합니다. 뒤로가기 버튼을 추가하도록 하겠습니다.

오브젝트 라이브러리에서 Button을 검색 후 추가 뷰에 드래그 앤 드롭합니다. 추가된 버튼의 애트리뷰트 인스펙터로 이동하여 Title은 뒤로가기, Text Color는 White Color를 선택합니다. 오토레이아웃을 설정하겠습니다. 뒤로가기 버튼을 추가 뷰의 여유 부분으로 키보드 Ctrl키를 누른 채로 드래그 앤 드롭합니다. 표시되는 팝메뉴에서 Center Horizontally in Container를 선택합니다. 같은 과정을 반복해서 Center Vertically in Container를 선택합니다. 이제 뒤로가기 버튼은 디바이스 크기와 상관없이 언제나 화면의 중앙에 배치될 것입니다. 이제 버튼을 코드와 연결하고 메소드를 추가할 차례입니다. 버튼을 코드와 연결하려고 하니 연결할 코드가 필요합니다. 현재의 ViewController.swift는 메인 화면을 위한 클래스가 선언되어 있습니다. VC2 스토리보드도 이를 연결하기 위한 클래스를 작성할 파일을 추가하겠습니다.

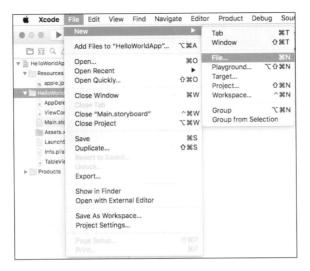

[그림 89] 파일 추가

상단 메뉴의 File > New > File... 메뉴를 선택합니다.

[그림 90] 파일 종류 선택

Choose a template for your new file에서 iOS > Swift File을 선택하고 Next를 클릭합
니다.

러한 구조는 ViewController.swift 파일이 처음 생성되었을 때와 같은 형태입니다. ViewControoler.swift와 동일하게 viewDidLoad(), didReceiveMemoryWarning() 메소드도 선언하였습니다. 이제 VC2.swift 파일과 스토리보드의 추가 뷰 스토리보드를 연결하겠습니다.

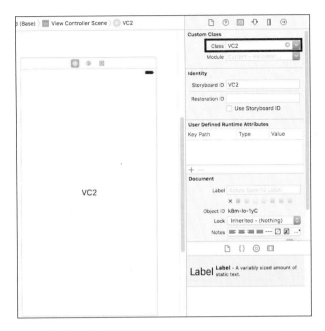

[그림 92] 스토리보드 추가 뷰 VC2 커스텀클래스 입력

Main.storyboard를 클릭해서 스토리보드로 이동합니다. 추가 뷰의 상단 콘트롤러 버튼을 클릭하여 추가 뷰의 콘트롤러를 선택합니다. 인스펙터 영역의 아이덴티티 인스펙터로 이동 후 Custom Class 부분의 Class 항목에 VC2를 선택합니다. 아래쪽에 아까 설정했던 Storyboard ID 항목의 VC2라는 이름과 같습니다. 스토리보드의 ID와 그 스토리보드를 제어하는 클래스명, 그 클래스를 포함하는 파일의 이름을 하나로 통일하는 것이 관리하기 쉽습니다. 그래서 예제에서는 VC2로 통일했습니다. 이제 기본 뷰의 오브젝트들을 ViewController.swift 코드로 연결해서 사용하듯이 추가 뷰의 오브젝트들도 VC2.swift에 연결하여 사용할 수 있습니다.

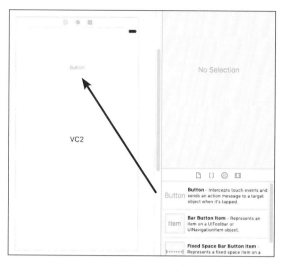

[그림 93] 버튼 추가

오른쪽 하단의 버튼 오브젝트를 드래그하여 VC2 스토리보드에 추가합니다. 이제 뒤로가기 버튼을 코드에 연결하고 뒤로가기 기능을 구현하도록 하겠습니다. 스토리보드에서 추가 뷰를 선택한 후 보조 편집기 버튼을 클릭해서 보조 편집기를 엽니다. Xcode가 자동으로 VC2.swift를 열어주지만 그렇지 않을 경우 상단의 주소 영역을 클릭해서 VC2.swift 파일을 선택합니다. 혹시라도 VC2.swift가 아닌 파일에 스토리보드의 오브젝트를 드래그할 경우 연결이 되지 않습니다. 코드의 위치를 선택하는 파란색 선도 생기지 않으며, 드롭했을 때 뜨는 팝메뉴도 뜨지 않습니다. 만일 오브젝트를 드래그 앤 드롭했을 때 연결이 되지 않는다면, 스토리보드의 뷰와 보조 편집기의 파일이 일치하지 않는 것입니다. 그럴 때는 뷰와 보조 편집기의 파일이 잘 선택되었는지 확인하시기 바랍니다.

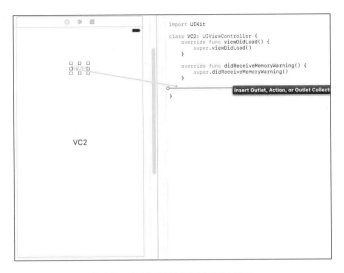

[그림 94] 뒤로가기 버튼 코드로 연결

뒤로가기 버튼을 클릭하고 키보드의 Ctrl 키를 누른 채로 VC2.swift 파일로 드래그합니다. VC2 클래스 내부에 드롭합니다. 속성은 아래와 같습니다.

Connection : Action

Object : View Controller

Name : clickBtnBack

Type : AnyObject

Event : Touch Up Inside

Arguments : Sender

Connect 버튼을 클릭합니다.

자동으로 메소드 선언에 관련된 코드가 작성되며 {} 안에 내용을 작성합니다. 작성된 코드는 아래와 같습니다.

```swift
@IBAction func clickBtnBack(_ sender: AnyObject) {
    if let vc = self.presentingViewController {
        vc.dismiss(animated: true, completion: nil)
    }
}
```

① if let vc = self.presentingViewController { … }

self는 현재 열려 있는 VC2 인스턴스를 가리킵니다. presentingViewController에는 현재 이 뷰 콘트롤러를 preset한 뷰 콘트롤러가 들어 있습니다. present에 의해 화면에 표시되지 않은 뷰콘트롤러일 경우 presentingViewController는 nil일 것이며, if문의 {} 안의 내용은 실행되지 않습니다. 값이 들어 있다면 상수 vc에 그 주소를 입력해줍니다. 여기서는 기본 뷰의 ViewController 클래스의 인스턴스일 것입니다.

② vc.dismiss(animated: true, completion: nil)

표시되어 있던 뷰 콘트롤러를 제거하는 구문입니다. animated 매개변수는 애니메이션의 적용 여부이며, completion 매개변수는 present가 종료된 후에 실행될 구문입니다. animated 속성이 true일 경우 현재의 뷰가 화면에 표시될 때의 애니메이션을 기억하고 있다가 사라질 때는 반대로 표현합니다. 예제에서는 새로운 뷰가 아래에서 위로 화면이 올라오며 현재의 화면을 덮는 형태인 coverVertical을 사용했으므로, dismiss 할 때는 별다른 설정 없이 위에서 아래로 화면이 내려가며 현재의 화면이 사라지게 됩니다. completion은 특별히 실행할 내용이 없으므로 nil을 전달합니다. 추가적인 중요한 개념은 vc.dismiss라는 메소드입니다. 화면을 제거하기 위해서 self의 메소드가 아닌 vc의 dismiss 메소드를 사용한다는 것입니다. self.dismiss()가 아닌 vc.dismiss()를 사용하고 있습니다. 앞서 화면 전환 부분을 설명할 때와 마찬가지로 현재의 화면을 표시한 건 기본 뷰입니다. 그래서 VC2는 자신이 화면에서 사라지는 것이 아니라, 자신을 화면에 표시해준 presentingViewController, 여기서는 ViewControooler의 인스턴스인 vc에게 요청하는 것입니다. 복잡하다면 '화면을 표시해준 객체가 화면을 없애는 역할도 한다'라고만 알고 넘어가도 됩니다.

이제 코드를 실행해봅니다. 실행 버튼을 클릭하여 시뮬레이터를 시작합니다. 기본 뷰가 나오면 화면 전환 버튼을 클릭합니다. 추가 뷰로 화면이 전환됨을 알 수 있습니다. 돌아가기 버튼을 클릭하면 원래의 화면으로 전환되는 것을 확인할 수 있습니다.

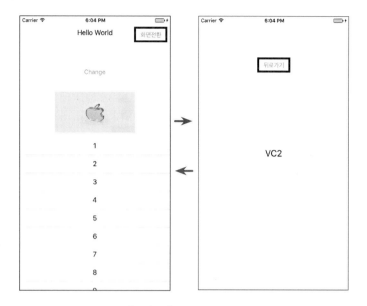

[그림 95] 결과 화면

5.23 네비게이션 콘트롤러(Navigation Controller) 화면 전환

네비게이션 콘트롤러 사용하면 네비게이션 객체가 화면의 전환을 관리합니다. 객체에 뷰 콘트롤러들을 넣고 빼면 화면에 반영되는 방식입니다. 많은 앱들이 사용하고 있습니다. 타이틀 바에 현재의 위치를 표시하며 화면 간 전환하는 방식을 생각하면 됩니다.

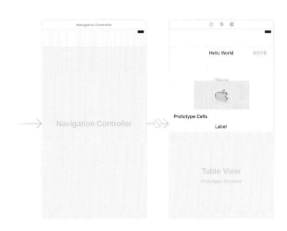

[그림 96] 네비게이션이 추가된 뷰 화면

네비게이션은 계층 구조에 유용합니다. 계층 구조라면 폴더 구조와 비슷하다고 할 수 있습니다. 폴더 안에 들어가면 또 다른 폴더들이 존재하고 그 폴더 안에 들어가면 또 다른 폴더들이 존재하는 구조를 생각하면 됩니다. 특징이라면 네비게이션 바가 공통으로 적용된다는 것입니다. 네비게이션 콘트롤러를 이용한 화면 전환은 네비게이션 스택을 이용합니다. 가장 기본이 되는 루트 뷰 콘트롤러(Root View Controller)를 가지게 되고 그 위에 뷰 콘트롤러를 차곡차곡 쌓는 형태라고 할 수 있습니다. 사용자에게는 가장 위에 쌓여 있는 뷰가 보입니다. pushViewController와 popViewController 메소드를 이용해서 뷰 콘트롤러들을 넣고 뺍니다. 네비게이션 콘트롤러를 이용하여 화면 전환을 구현해보겠습니다.

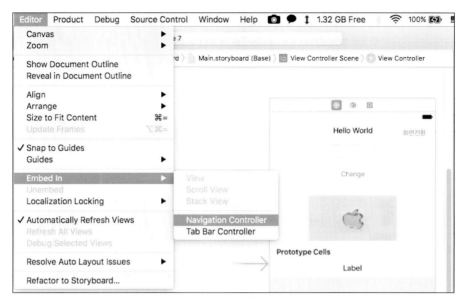

[그림 97] Embed In으로 Navigation Controller 추가하기

네비게이션 콘트롤러를 추가하는 방식은 여러 가지입니다. 그 중 한 가지를 알아 보겠습니다. 기본 뷰를 선택한 후 상단 메뉴에서 Editor > Embed In > Navigation Controller를 선택합니다. 선택했던 기본 뷰가 루트 뷰 콘트롤러로 지정되며 네비게 이션 콘트롤러가 스토리보드에 추가됩니다. 기본 뷰에는 루트 뷰 콘트롤러를 가리키 는 화살표가 표시됩니다.

[그림 98] 추가된 네비게이션 바 타이틀 입력

추가된 네비게이션을 클릭하고 애트리뷰트 인스펙터로 이동합니다. Navigation Item 부분에서 타이틀 항목을 'Welcome'이라고 입력합니다. 네비게이션 바의 중앙에 타이 틀이 표시됩니다.

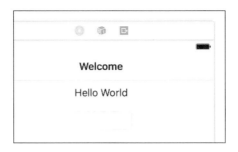

[그림 99] lblHello 오브젝트가 안 보이는 화면

네비게이션이 추가되고 나면 네비게이션 타이틀 바가 생기면서 기존에 있던 콘텐츠가 보이지 않는 현상이 생깁니다. 이럴 경우 도큐먼트 아웃라인을 이용하여 오브젝트를 선택한 후 화면에 보이는 부분으로 이동시키면 됩니다.

화면 전환을 위한 코드를 추가하겠습니다. ViewController.swift에는 이미 화면 전환 버튼을 위해 구현해놓은 메소드가 있습니다. 이 메소드를 활용하도록 하겠습니다. 우선 기존 Present 방식을 위한 코드를 주석 처리합니다. 여러 줄의 코드를 주석 처리하기 위해서는 /* 코드 */ 형태를 이용하면 편리합니다. 코드를 추가한 메소드는 다음과 같습니다.

```swift
@IBAction func clickBtnMove(_ sender: AnyObject) {
    /*
    if let uvc = self.storyboard?.instantiateViewController(withIdentifier: "VC2") {
        uvc.modalTransitionStyle = UIModalTransitionStyle.coverVertical
        self.present(uvc, animated: true, completion: nil)
    }
    */
    ① if let uvc = self.storyboard?.instantiateViewController(withIdentifier: "VC2") {
        ② self.navigationController?.pushViewController(uvc, animated: true)
    }
}
```

메소드 위의 부분은 /* */을 이용해 주석 처리했습니다. 이 코드는 실행에 영향을 주지 않습니다. 추가된 코드는 많지 않습니다.

① if let uvc = self.storyboard?.instantiateViewController(withIdentifier: "VC2") { ⋯ }

스토리보드에서 Storyboard ID가 VC2인 뷰 컨트롤러를 불러와서 uvc 상수에 할당합니다. 이 코드는 프레젠트 방식에서 이미 살펴봤습니다.

② self.navigationController?.pushViewController(uvc, animated: true)

프레젠트 방식에서 self.present() 메소드를 이용해 uvc를 화면에 표현했다면, 네비게이션 방식은 self의 네비게이션 콘트롤러를 이용해서 화면에 표시한다는 것입니다. 물론 현재의 뷰 콘트롤러에서 네비게이션 콘트롤러가 추가되어 있어야 합니다. 우리는 앞서 Embed In을 이용해 NavigationController를 추가했습니다. 네비게이션 스택에 뷰 콘트롤러를 추가하는 메소드는 pushViewController입니다.

지금까지의 내용이 네비게이션을 이용한 화면 전환의 전부입니다.

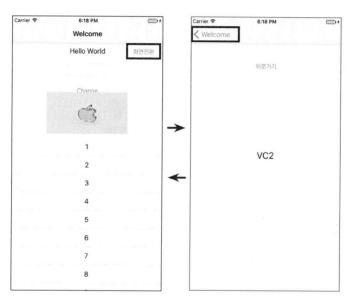

[그림 100] 네비게이션 바 이동 결과 화면

실행을 하게 되면 추가 뷰에 네비게이션 바가 자동으로 추가된 것을 볼 수 있습니다. 게다가 뒤로가기 버튼은 구현하지도 않았는데 네비게이션바에 Welcome 버튼을 보여주며, 탭할 경우 자동으로 뒤로가기가 실행됩니다. 이는 네비게이션 바를 이용했을 때의 장점입니다. 별다른 설정 없이 뒤로가기가 가능합니다. 앞 장에서 구현했던 뷰 가운데 보이는 뒤로가기 버튼은 작동하지 않습니다. 프레젠트 방식으로 자신을 호출한 뷰 콘트롤러에게 자신을 화면에서 없애라고 명령하는데, 프레젠트 방식으로 추가 뷰를 호출하지 않았기 때문입니다. 만일 네비게이션 방식으로 전환 뒤에 뒤로가기 버튼으로 돌아가고 싶다면 아까 작성된 clickBtnBack() 메소드의 내용 중 프레젠트 방식 코드를 주석 처리하고 아래와 같이 코드를 작성하면 됩니다.

```
VC2.swift
```

```
    @IBAction func clickBtnBack(_ sender: AnyObject) {
        /*if let vc = self.presentingViewController {
            vc.dismiss(animated: true, completion: nil)
        }*/
        if let navController = self.navigationController {
            navController.popViewController(animated: true)
        }
    }
...
```

이제 추가된 돌아가기 버튼으로도 돌아가기가 작동합니다.

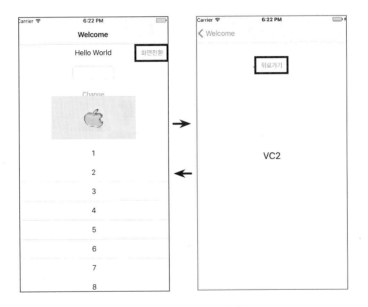

[그림 101] 네비게이션 바 돌아가기

5.24 세그(Segue) 화면 전환

세그는 iOS의 세그(Segue) 개념을 이용하는 것입니다. 스토리보드의 이용으로 흐름을 파악하기 쉽고 코드의 간결화가 장점입니다. 이어서 세그 형태의 화면 전환을 알아보겠습니다. 구현상의 차이로 세그웨이 방식을 위한 예제는 화면 전환 버튼을 추가하겠습니다. 오브젝트 라이브러리에서 버튼 객체를 찾은 후 드래그해서 기본 뷰에 추가합니다. 위치는 기존 화면 전환 버튼 아래쪽에 추가하겠습니다.

[그림 102] 세그웨이 버튼 추가

추가한 버튼의 속성을 아래와 같이 지정합니다.

애트리뷰트 인스펙터로 이동합니다.

Title: 세그_화면 전환

오토레이아웃을 아래와 같이 지정합니다.

Top Space to: 화면 전환 Equals: 8

Align Center X to: Superview

세그_화면 전환 버튼을 키보드의 Ctrl 버튼을 누른 채로 화면 전환 버튼에 드래그 앤 드롭합니다. 팝메뉴에서 Verticla Spacing을 선택합니다.

세그_화면 전환 버튼을 키보드의 Ctrl 버튼을 누른 채로 뷰의 여유 부분으로 드래그 앤 드롭합니다. 이때 드래그의 방향을 위쪽이나 아래쪽으로 해주면 Center Horizontally in Container가 메뉴가 표시됩니다.

세그_화면 전환 버튼의 사이즈 인스펙터로 이동하여 Top Space to: 화면 전환 Equals: 숫자 옆의 Edit 버튼을 클릭하고 8로 수정합니다.

이제 세그_화면 전환 버튼은 세로 방향으로는 항상 화면 전환 버튼의 아래쪽에 8만큼 떨어져 있으며, 가로 방향으로는 화면의 중앙에 표시됩니다.

오브젝트가 많아지면 객체를 선택하거나 드래그하기가 어려워집니다. 그럴 때는 좌측의 도큐먼트 아웃라인을 이용하면 편리합니다. 선택, 드래그를 이용한 오토레이아웃 지정도 가능하며, 보조 편집기가 열려 있다면 코드로 드래그해서 스토리보드와 코드 간의 연결도 가능합니다.

추가한 버튼에 세그웨이 방식의 화면 전환을 연결하겠습니다.

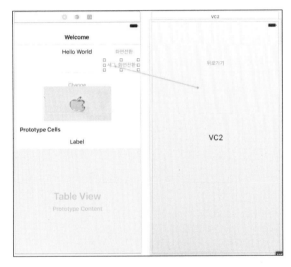

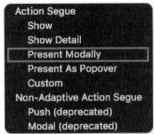

[그림 103] 세그웨이 화면 전환 연결

[그림 104] 세그웨이 뷰 연결

키보드의 Ctrl 키를 누른 채로 오른쪽의 VC2 뷰에 마우스로 드래그합니다. 마우스 포인터가 VC2 뷰 위에 올라가면 색상을 다르게 해서 표시합니다. 드롭하면 팝메뉴가 표시됩니다. 팝메뉴에서 Present Modally를 선택합니다. 스토리보드 ViewController와 VC2 사이에 연결선이 표시됩니다. 이 선을 보면 어떤 뷰가 어떤 뷰로 연결되는지 알 수 있습니다.

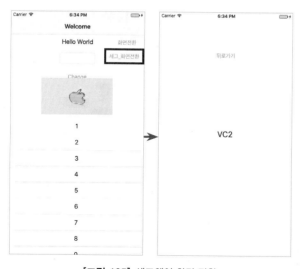

[그림 105] 세그웨이 화면 전환

실행해보면 간단한 드래그 앤 드롭만으로 화면 전환이 구현된 것을 확인할 수 있습니다. 물론 아직까지 돌아가기 버튼은 구현되지 않았습니다. VC2에 돌아가기 버튼을 추가하겠습니다. 오브젝트 라이브러리에서 버튼 객체를 VC2의 돌아가기 버튼 아래에 드래그 앤 드롭합니다.

추가한 버튼의 속성을 아래와 같이 지정합니다.

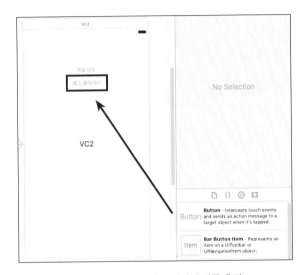

[그림 106] 세그웨이 돌아가기 버튼 추가

애트리뷰트 인스펙터로 이동합니다.

Title: 세그_돌아가기

오토레이아웃을 아래와 같이 지정합니다.

Top Space to: 돌아가기 Equals: 8

Align Center X to: Superview

세그_돌아가기 버튼을 키보드의 Ctrl 키를 누른 채로 돌아가기 버튼에 드래그 앤 드롭합니다. 팝메뉴에서 Verticla Spacing을 선택합니다.

세그_돌아가기 버튼을 키보드의 Ctrl 키를 누른 채로 뷰의 여유 부분으로 드래그 앤 드롭합니다. 이때 드래그의 방향이 위쪽이나 아래쪽으로 해주면 Center Horizontally in Container가 메뉴가 표시됩니다.

세그_돌아가기 버튼의 사이즈 인스펙터로 이동하여 Top Space to: 돌아가기 Equals: 숫자 옆의 Edit 버튼을 클릭하고 8로 수정합니다.

이제 세그_돌아가기 버튼은 세로 방향으로는 항상 돌아가기 버튼의 아래쪽에 8만큼 떨어져 있으며, 가로 방향으로는 화면의 중앙에 표시됩니다.

돌아갈 때 실행할 메소드를 작성해야 합니다. 주의할 점은 VC2.swift가 아닌 View Controller.swift에 추가한다는 것입니다. 곧 세그로 이동된 페이지에서 작성하는 것이 아닌 돌아가는 목적지의 파일에서 메소드를 선언합니다. ViewController.swift에 메소드를 추가합니다. 코드는 아래와 같습니다.

```
ViewController.swift
@IBAction func goBack(segue:UIStoryboardSegue) {
        print("돌아가기 실행")
}
```

이 메소드가 실행되며 세그로 열려 있던 뷰가 돌아옵니다. 현재는 특별한 기능이 필요하지 않아, 돌아가기 실행이라는 간단한 글씨만 출력합니다. 다음으로 세그_돌아가기 버튼을 메소드와 연결합니다.

Action Segue
goBackWithSegue:

[그림 107] 세그웨이 돌아가기 Exit 버튼에 연결하기

스토리보드의 VC2로 이동합니다. VC2의 세그_돌아가기 버튼을 키보드 Ctrl 키를 누른 채로 VC2 독에 있는 Exit 아이콘 위로 드래그 앤 드롭합니다. 팝메뉴가 표시되며, 앞에서 선언했던 goBack 메소드가 뒤에 WithSegue 문구를 붙인 형태로 보입니다. goBackWithSegue:를 선택하면 goBack 메소드가 실행되며 돌아가기가 실행됩니다.

이제 돌아가기 완성되었습니다. 결과를 확인합니다.

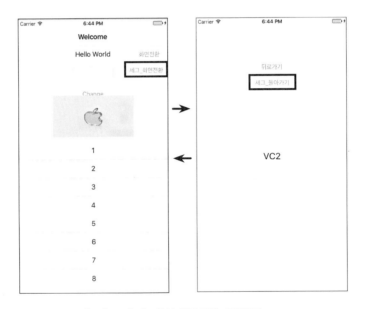

[그림 108] 세그웨이 화면 전환, 돌아가기

정리
이 책의 예제에서는 앱의 특성과 단순화를 위해 화면 전환에는 프레젠트(Present) 형태만을 사용했으나, 실무 프로젝트에서는 위 세 가지 화면 전환 방법 중 화면과 사용자 경험 등 다양한 조건을 고려하여 알맞은 형태로 다양하게 구현됩니다. 전체 앱에서 하나의 형태만을 사용할 필요는 없으며, 하나의 앱 안에서도 상황에 따라 형태가 선택됩니다.

PART 3

앱 만들기 실전

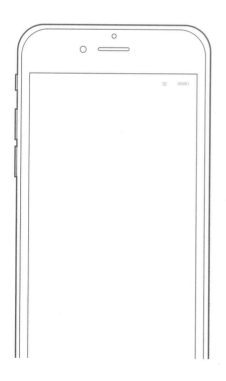

6. 제대로 된 앱 만들기

6.1 앱 소개

우선 함께 제작할 앱을 소개하겠습니다.

이름: 저스트원라인(JustOneLine)

목적: 다양한 사진과 레이아웃을 임의로 제공하는 한 줄 메모장입니다.

앱스토어: https://appsto.re/kr/Bct_cb.i

제작에 들어가기 전 아이폰에 앱을 설치하여 살펴보시면 좋습니다. 무료입니다.

[그림 1] 목록 화면

[그림 2] 글 보기

[그림 3] 글 보기 기능   **[그림 4]** 글 작성   **[그림 5]** 검색

목록이 표시되고 글쓰기 버튼을 이용해 한 줄짜리 메모를 작성할 수 있습니다. 작성된 메모는 새로고침할 때마다 다른 사진과 임의적인 배치를 사용자에게 보여줍니다. 또한 글 보기 화면에서 좌우로 쓸어 넘겨서 사진을 넘겨 보듯 글들의 내용을 볼 수 있습니다. 글보기 화면에서는 탭할 때마다 수정, 삭제 등을 위한 버튼이 나타났다 사라집니다. 검색을 지원하기도 합니다. 또한 임의적으로 표현되는 글의 위치 및 크기를 제어할 수 있는 환경설정을 제공합니다.

이 책의 과정은 해당 앱의 제작 과정을 따라가고 제작된 앱의 코드를 분석하며 학습하게 됩니다.

6.2 애플 개발자 등록

자신이 개발한 앱을 앱스토어에 출시하기 위해서는 애플 개발자로 등록되어야 합니다. 유료이며, 1년에 99달러(2017년 1월 기준)입니다. 개발자 등록을 하지 않을 경우 앱스토어에 앱을 등록할 수 없습니다. 개발이 완료된 시점에 개발자 등록을 해도 되며, 처음부터 개발자 등록을 하고 개발을 진행해도 상관없습니다. 등록 시기는 상황에 따라 다르겠지만, 앱 출시 전에는 개발자 등록이 완료돼 있어야 한다는 것은 공통적입니다. 개발자 등록 방법에 대해 알아보겠습니다.

» https://developer.apple.com/

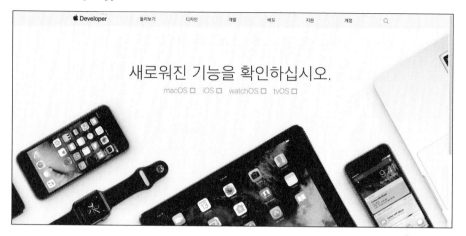

[그림 6] 애플 개발자 사이트

개발자 사이트에 접속합니다. 계정을 클릭해서 로그인합니다.

[그림 7] Join the Apple Developer Program

Join the Apple Developer Program을 클릭합니다.

[그림 8] Enroll

프로그램 소개 페이지가 보입니다. Enroll을 클릭합니다.

[그림 9] Start Your Enrollment

Start Your Enrollment를 클릭합니다.

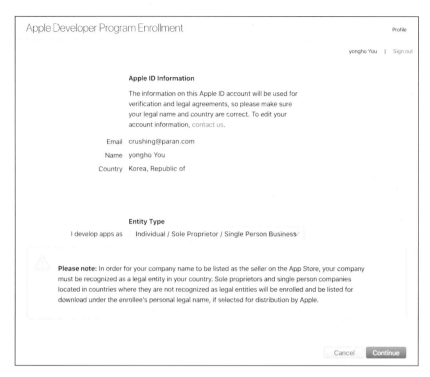

Apple Developer Program Enrollment

Apple ID Information

The information on this Apple ID account will be used for
verification and legal agreements, so please make sure
your legal name and country are correct. To edit your
account information, contact us.

Email crushing@paran.com
Name yongho You
Country Korea, Republic of

Entity Type

I develop apps as   Individual / Sole Proprietor / Single Person Business

Please note: In order for your company name to be listed as the seller on the App Store, your company
must be recognized as a legal entity in your country. Sole proprietors and single person companies
located in countries where they are not recognized as legal entities will be enrolled and be listed for
download under the enrollee's personal legal name, if selected for distribution by Apple.

Cancel   Continue

[**그림 10**] Entity Type

Entity Type을 선택합니다. 개인, 1인 기업, 프리랜서는 Individual을 선택합니다. 앱스
토어에 판매자 이름이 단체명으로 나오길 원할 경우 법인이어야 합니다. 여기에서는
개인으로 등록하겠습니다.

6.2 애플 개발자 등록

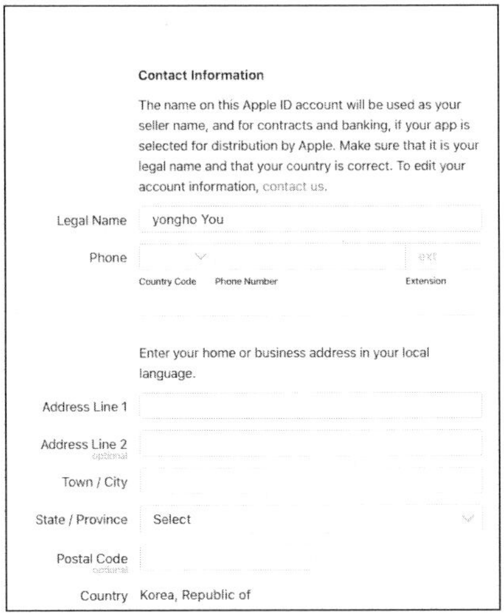

[그림 11] Contact Information

정보를 입력합니다.

[그림 12] Romanized Contact Information

영문을 이용하여 정보를 입력합니다.

[그림 11] Contact Information

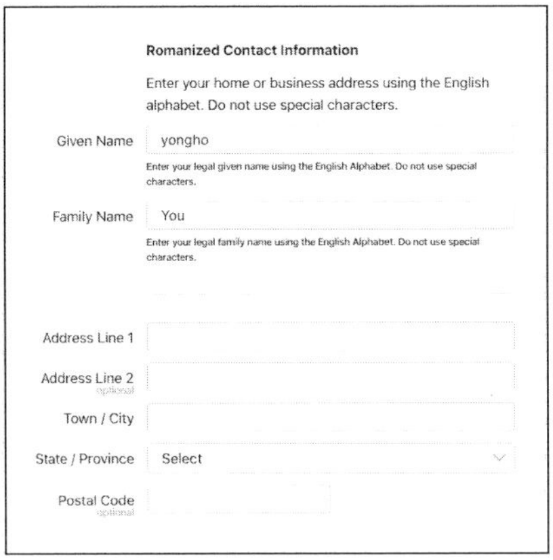

정보를 입력합니다.

[그림 12] Romanized Contact Information

영문을 이용하여 정보를 입력합니다.

6.2 애플 개발자 등록

156 알짜배기 예제로 배우는 iOS 프로그래밍

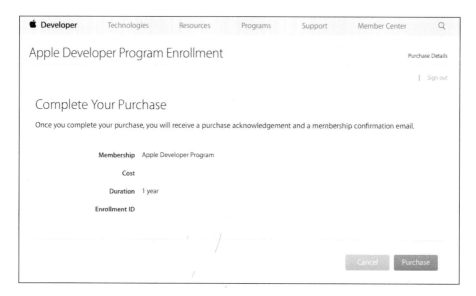

[그림 13] 요약

내용을 확인하고 Continue를 클릭합니다.

[그림 14] Purchase

Purchase를 클릭하면 구매 페이지가 작동합니다.

구매가 인증되고 승인이 끝나면 가입한 이메일 주소로 관련 이메일 내용이 도착합니다. 유료 앱 또는 인앱 결제 기능을 갖춘 앱을 출시할 경우 은행 관련 정보도 입력되어야 앱 등록이 가능합니다.

6.3 다루게 될 기능 및 파일 구조

앱을 제작하며 사용하게 될 주요 기능들을 알아보겠습니다.

UIView: 뷰 표시

UILabel: 레이블 표시

UIButton: 버튼 제작

UIImageView: 사진 표시

UITableView: 목록 표시

UITextField: 글 입력

UITextView: 글 입력

UIPageViewController: 화면 넘겨 보기

UserDefaults: 환경설정 저장

SQLite: 데이터 저장

FontAwesome: 아이콘

사실 예시 프로젝트로 쓰인 앱의 경우 위의 내용이 전부입니다. 미리 기능들을 언급하는 이유는 기능이 많지 않기 때문입니다. 몇 개의 기능과 구조, 코드를 조합해서 최종적으로 앱을 구현하게 됩니다.

다음은 프로젝트를 진행하며 작성하게 되는 파일들의 구조입니다. 각 폴더별 파일 위치를 참고하시기 바랍니다.

JustOneLine

Controllers

ConfigController.swift
LimitedRandom.swift
LineController.swift
Reachabiliity.swift
DatabaseController.swift

CustomView

CustomLabel.swift
LineCell.swift
SearchCell.swift

Models

Config.swift
Enums.swift
Line.swift
LineContainer.swift

JustOneLine

AppDelegate.swift
Info.plist
LaunchScreen.storyboard
Main.storyboard
PVCShow.swift
VCMenu.swift
VCShow.swift
VCConfig.swift
VCSearch.swift
VCWrite.swift
ViewController.swift
Localizable.strings

Resources

Bg0001.jpg
Bg0002.jpg
Bg0003.jpg
fontawesome-webfont.ttf

6.4 프로젝트 만들기

Xcode를 실행합니다.

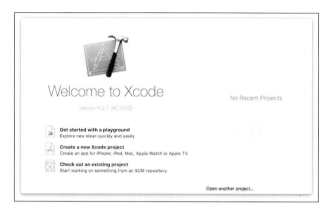

[그림 15] 프로젝트 생성 화면

Welcome to Xcode 화면에서 Create a new Xcode project 또는 File > New > Project...

를 선택합니다. Template 선택은 Single View Application을 선택합니다. Next 클릭 후
프로젝트 옵션 값을 아래와 같이 입력합니다.

```
Product Name : JustOneLine
Organization Name: mycompany
Organization identifier: com. mycompany
Bundle Identifier: com. mycompany.JustOneLine
Language: Swift
Devices: iPhone
Use Core Data: 체크 해지
Include Unit Tests: 체크 해지
Include UI Tests: 체크 해지
```

해당 프로젝트는 SQLite라는 데이터베이스를 SQL 구문을 이용하여 사용할 수 있는
라이브러리를 사용할 것이므로 Use Core Data는 체크하지 않습니다. 현재는 데이터
베이스에 대한 부분을 몰라도 예시 프로젝트의 진행에는 문제가 없습니다. Test를 위
한 체크박스는 해지하겠습니다. 테스트 주도 개발(Test-Driven Development) 관련
기능들입니다. 추후 실무 프로젝트를 진행할 경우 TDD에 대한 자료도 추가로 찾아
보기 바랍니다. Next를 클릭합니다. 프로젝트를 저장할 폴더를 선택합니다. Create를
클릭합니다.

[그림 16] General 화면

기존 예제와 마찬가지로 General 화면이 펼쳐집니다. 프로젝트를 진행하기 전 간단한 설정이 필요합니다.

```
Development Info > Deployment Target > 9.0 선택: 최하 지원 iOS 버전
Development Info > Device Orientation > Portrait 체크: iPhone의 세로모드입니다.
Development Info > Device Orientation > Upside Down 체크 해지: iPhone의 위아래 반전입니다.
Development Info > Device Orientation > Landscape Left 체크 해지: iPhone의 왼쪽 가로모드입니다.
Development Info > Device Orientation > Landscape Right 체크 해지: iPhone의 오른쪽 세로모드입니다.
Development Info > Status Bar Style > Default 선택: iPhone 상단의 상태 정보 스타일입니다.
Development Info > Status Bar Style > Hide status bar 체크: iPhone 상단의 상태 정보를 숨깁니다.
Development Info > Status Bar Style > Requires full screen 체크 해지: 전체 화면 모드를 요청합니다.
```

6.5 런치스크린(LaunchScreen) 구성하기

런치스크린을 구성하겠습니다. 런치스크린은 앱의 시작 시 본 화면이 나오기 전 사용자에게 제공되는 화면입니다. 일반적으로는 처리할 데이터가 많을 경우에 데이터를 로딩하거나, 기업 CI 등을 표시하기 위해 사용됩니다. 현재 프로젝트에서 꼭 필요한 부분은 아니지만, 학습의 의미로서 알아두겠습니다. 아래는 예제 프로젝트의 런치스크린입니다.

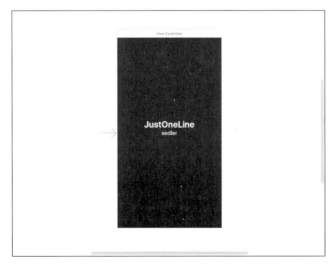

[그림 17] JustOneLine 런치스크린

프로젝트 네비게이터에서 LaunchScreen.storyboard를 클릭합니다. Main.storyboard와
동일한 뷰가 보입니다. 해당 뷰가 앱이 실행되고 나서 Main.storyboard를 표시하기
전에 표시되는 화면입니다. 간단하게 글자를 입력하고 배경색을 변경하는 정도로 하
겠습니다.

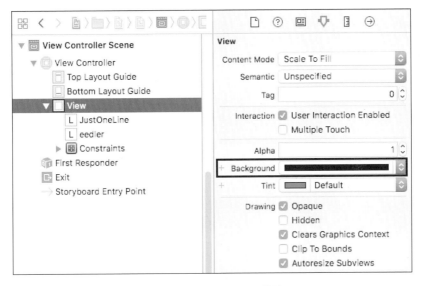

[그림 18] 런치스크린 View 클릭

화면상의 **View** 내부를 클릭합니다. 또는 왼쪽의 도큐먼트 아웃라인에서 View를 클릭
해도 됩니다. View가 선택되었다면 오른쪽의 **Attribute Inspector**를 클릭합니다. 항목
중 Background의 변경을 통해 원하는 색상을 표시할 수 있습니다. 선택을 위한 드롭
다운 목록에서 선택해도 되고, 색상 부분을 클릭할 경우 더 구체적으로 색상을 지정
할 수 있습니다. 색상 부분을 클릭하면 Colors라는 색상 지정을 위한 메뉴가 표시됩
니다.

[그림 19] 컬러 슬라이더

색상 선택을 위한 형태 중 Color Sliders를 선택합니다. 하단의 선택 상자에서 RGB Slider를 선택합니다. Hex Color # 입력란에 373737을 입력합니다. 자동으로 Red, Green, Blue란에 55가 입력됩니다. Opacity는 투명도입니다. 현재는 100%를 입력합니다. 앞으로 색상 선택 부분은 RGB Slider를 이용하겠습니다. RGB는 Red, Green, Blue를 0에서 255까지의 값으로 구성합니다. Hex는 이러한 0과 255 사이의 값을 16진수로 표현한 것입니다. 앞에서 입력한 373737에 대해서 알아보겠습니다. 37은 10진수의 55를 16진수로 변경한 수입니다. 앞에서 입력한 373737은 16진수 37을 RGB 순서대로 입력한 것입니다. 입력 형태를 RGB로 선택한 이유는 다양한 형태로 사용되기 때문입니다. 흔히 말하는 웹프로그래밍이라는 인터넷 브라우저 영역에서도 색상을 지정할 때 주로 RGB 값을 사용합니다.

[그림 20] 레이블 추가

앱의 제목을 추가하겠습니다. 오른쪽 하단의 오브젝트 라이브러리에서 레이블 (Label) 오브젝트를 찾습니다. 아래쪽의 필터(Filter) 부분에 label이라고 입력하면 찾기 쉽습니다. 레이블 오브젝트를 키보드 Ctrl 키를 누른 채로 뷰의 중앙에 드래그 앤 드롭하여 추가합니다.

레이블 오브젝트를 클릭한 후 애트리뷰트 인스펙터로 이동합니다. 아래와 같이 애트리뷰트 인스펙터 값을 입력합니다.

Text > Plain 선택: Text의 형태를 지정합니다. 들여쓰기 등의 더 구체적인 항목을 설정하고자 할 경우 Attributed를 선택합니다.

[그림 21] 제목 레이블 속성

앱 제목 레이블은 다음과 같습니다.

```
Text : JustOneLine
Color : White Color
Font > T버튼 > Font > System 선택: 시스템 글꼴을 이용합니다.
Font > T버튼 > Style > Bold 선택: 글자를 굵게 표시합니다.
Font > T버튼 > Size > 30 입력: 글자 크기입니다.
```

[그림 22] 팀 이름 레이블 속성

팀 이름 레이블은 다음과 같습니다.

```
Text : TeamName
Color: White Color
Font > T버튼 > Font > System 선택
Font > T버튼 > Style > Regular 선택
Font > T버튼 > Size > 20 입력
```

예제와 다르게 자신이 원하는 이름을 작성해도 됩니다.

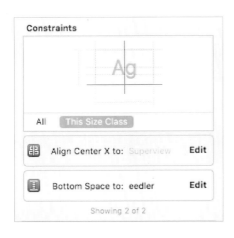

[그림 23] 오토레이아웃 설정

디바이스 크기와 상관없이 글자 위치를 고정하기 위해 오토레이아웃(Auto Layout)을 설정하겠습니다. TeamName 레이블을 클릭한 후 뷰의 여유 공간으로 키보드 Ctrl 키를 누른 채로 드래그 앤 드롭을 합니다. 팝메뉴가 표시되고 Center Horizontally in Container를 선택합니다. 다시 한 번 TeamName 레이블에서 Ctrl 키를 누른 채로 뷰의 여유 공간으로 드래그 앤 드롭합니다. 팝메뉴가 표시되고 Center Vertically in Container를 선택합니다. 팝메뉴 표시 항목들은 Ctrl 키를 누른 채로 드래그하는 방향의 영향을 받습니다. 좌우측으로 드래그 앤 드롭을 할 경우 Center Vertically in Container는 표시되나, Center Horizontally in Container는 표시되지 않습니다. 위아래 방향으로 드래그할 경우도 마찬가지입니다. TeamName의 오토레이아웃 설정이 끝났습니다. 이제 TeamName은 디바이스 크기와 상관없이 항상 화면 중앙에 표시될 것입니다.

오토레이아웃 설정 시 도큐먼트 아웃라인에서의 드래그 앤 드롭도 추천드립니다. 도큐먼트 아웃라인은 방향에 상관없이 오브젝트 간에 설정할 수 있는 모든 오토레이아웃 설정이 팝메뉴에 표시됩니다. 도큐먼트 아웃라인 내에서 다른 오브젝트로 드래그 앤 드롭이 가능하며, 도큐먼트 아웃라인에서 중앙 뷰로의 드래그 앤 드롭도 자유롭게 할 수 있습니다. 이를 응용하면 뷰에서 클릭하기 힘든 오브젝트들의 설정도 손쉽게 할 수 있습니다.

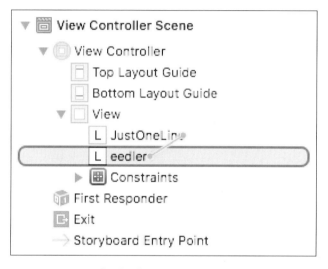

[그림 24] 도큐먼트 아웃라인

제목 레이블의 오토레이아웃 설정을 하겠습니다. 학습을 위해서 이번엔 도큐먼트 아웃라인에서 설정하겠습니다. 제목 레이블에서 뷰로 Ctrl 키를 누른 채로 드래그 앤 드롭합니다. 팝메뉴에서 Center Horizontally in Container를 선택합니다. 이제 제목 레이블은 항상 뷰의 중앙에 배치될 것입니다. 이번엔 제목 레이블에서 Ctrl 키를 누른 채로 팀 이름 레이블로 드래그 앤 드롭합니다. 팝메뉴에서 Vertical Spacing을 선택합니다. 이제 제목 레이블과 팀 이름 레이블은 항상 같은 거리에 내용을 표시할 것입니다.

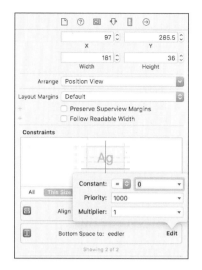

[**그림 25**] JustOneLine 사이즈 인스펙터

예제 화면과 같이 제목 레이블과 팀 이름 레이블을 붙여서 표시하겠습니다. 제
목 레이블을 선택한 후 오른쪽 Size Inspector를 클릭합니다. Constraints 부분에 설
정 상태를 볼 수 있습니다. 그 중 오브젝트 아래쪽의 가로선을 클릭하면 제목 레이
블의 아래쪽에 관련된 레이아웃 설정들이 표시됩니다. 현재는 Bottom Space to :
eedler(TeamName) Equals : XX만 존재합니다. 오른쪽의 Edit를 클릭하면 숫자를 수
정할 수 있습니다. Edit 클릭 후 Constant 수치를 0으로 수정합니다. 이제 제목 레이
블과 팀 이름 레이블은 붙어서 표시될 것입니다.

[그림 26] Update Frames

제목 레이블과 팀 이름 레이블이 현재 설정된 오토레이아웃과 다르기 때문에 경고가 표시되고 있습니다. Update Frames를 클릭합니다. 제목 레이블과 팀 이름 레이블이 오토레이아웃 설정에 맞춰서 이동되고, 경고는 사라집니다.

설정은 오토레이아웃을 설정하겠습니다. 팀 이름 레이블은 항상 뷰의 가로, 세로 중앙에 표시됩니다. 제목 레이블은 항상 뷰의 가로 중앙에 표시되며, 세로는 팀 이름 레이블의 상단에 표시됩니다. 만약 팀 이름 레이블의 세로 위치가 명확하지 않다면, 팀 이름 레이블을 기준으로 세로 위치를 설정한 제목 레이블의 세로 위치까지 모호해집니다. 오토레이아웃 설정에는 상대적인 관계를 유의하시기 바랍니다. 오토레이아웃 설정은 모호성이 있을 때 경고를 표시합니다. 경고가 있을 경우 의도했던 바와 다르게 오브젝트들이 배치될 수 있습니다. 오토레이아웃 설정 시 가로의 위치, 세로의 위치, 높이 또는 너비의 설정을 꼼꼼하게 확인하시길 바랍니다.

[그림 27] 런치스크린

시뮬레이터 디바이스를 iPhone 7, iPhone SE 등으로 변경해 가면서 실행해봅니다. 다양한 디바이스 크기에서도 각 레이블의 위치는 유지되는 것을 확인할 수 있습니다. 그런데 런치스크린이 너무도 빠르게 지나가서 내용을 잘 확인할 수 없습니다. 그럴 경우 앱이 실행된 후 일정 시간 멈추는 코드를 넣을 수 있습니다.

프로젝터 네비게이터에서 AppDelegate.swift 파일을 엽니다. 다음 함수에 구문처럼 잠시 멈추는 기능을 추가합니다.

```
func application(_ application: UIApplication, didFinishLaunchingWithOptions
launchOptions: [UIApplicationLaunchOptionsKey: Any]?) → Bool {
    // Override point for customization after application launch.
    Thread.sleep(forTimeInterval: 1.0); // 추가된 코드
    return true
}
```

이 함수는 앱이 실행되고 나서 실행됩니다.

```
Thread.sleep(forTimeInterval: 1.0)
```

위 코드는 1.0초 동안 처리를 잠시 멈추는 기능을 합니다. 이제 앱을 다시 실행해보면 런치스크린 진입 후에 1초가 지나고 나서 메인 화면으로 이동하는 것을 볼 수 있습니다.

참고

AppDelegate.swift 파일에는 다양한 함수들이 존재합니다.

앱이 실행되며, 다양한 상황을 만나게 됩니다. 전화가 오거나, 홈 버튼을 눌러 비활성 상태로 들어가기도 합니다. 그리고 비활성 상태에서 해당 앱을 다시 실행하는 경우도 있습니다. 이러한 단계들에서 처리해줘야 할 내용들을 이곳에서 제어할 수 있습니다. 예를 들어 은행 앱의 경우 백그라운드로 앱이 전환되면 전면에 별도의 이미지를 제공해서 사용 중인 앱의 화면을 백그라운드 상태에서는 보이지 않게 작업합니다. 자세한 사항은 https://developer. apple.com/reference/uikit/uiapplicationdelegate에서 확인 가능합니다.

func application(_ application: UIApplication, didFinishLaunchingWithOptions launchOptions: [UIApplicationLaunchOptionsKey: Any]?) → Bool { ... }
앱이 실행되어 초기 작업을 한 직후에 실행됩니다.

func applicationWillResignActive(_ application: UIApplication) { ... }
앱이 비활성 단계를 들어가기 직전에 실행됩니다.

func applicationDidEnterBackground(_ application: UIApplication) { ... }
앱이 백그라운드 상태에 진입했을 때 실행됩니다. 데이터가 유실되지 않도록 저장 작업이 필요할 수 있습니다.

func applicationWillEnterForeground(_ application: UIApplication) { ... }
앱이 백그라운드에서 전면으로 다시 나오기 직전에 실행됩니다.

func applicationDidBecomeActive(_ application: UIApplication) { ... }
앱이 백그라운드에서 전면으로 다시 나온 직후에 실행됩니다.

func applicationWillTerminate(_ application: UIApplication) { ... }:
앱 종료 직전에 실행됩니다.

6.6 메인 화면 구성하기

메인 화면을 구현하겠습니다. 우선 메인 화면의 구성을 살펴보도록 하겠습니다.

[그림 28] 메인 화면

화면 전체적으로 테이블을 이용해 작성된 글들을 표시합니다. 왼쪽 상단에 메뉴 버튼이 보입니다. 오른쪽 상단에는 검색 버튼, 왼쪽 하단에는 글쓰기 버튼이 있습니다. 우선 화면의 구성 요소들을 추가하겠습니다. 바탕화면의 색상 지정을 하겠습니다. 뷰를 클릭하고 애트리뷰트 인스펙터로 이동합니다. 메뉴에서 배경(Background) 색상을 #eeeeee로 지정합니다. RGB의 16진수 Hex 값입니다.

[그림 29] 메인 화면

Main.storyboard로 이동합니다. 오른쪽 하단의 오브젝트 라이브러리에서 Table View를 드래그해서 화면 중앙의 뷰에 드롭합니다. 마찬가지로 테이블뷰셀 (TableViewCell)도 드래그해서 방금 추가한 테이블뷰에 드롭합니다. 테이블뷰셀 안에 Content라는 Label, UIImageView, createAt이라는 Label을 그림과 같이 배치합니다. 중앙에 JustOneLine 글씨가 있는 뷰도 추가합니다.

오토레이아웃을 설정하겠습니다. 도큐먼트 아웃라인에서 추가된 테이블뷰를 키보드 Ctrl 키를 누른 채로 뷰에 드래그 앤 드롭합니다. 또는 마우스 우클릭을 하며 드래그 앤 드롭합니다. 팝메뉴에서 Vertical Spacing to Top Layout Guide를 클릭합니다. 같은 방식으로 Vertical Spacing to Bottom Layout Guide, Leading Spacing to Container Margin, Trailing Spacing to Container Margin을 설정합니다. 이제 테이블뷰(TableView)를 선택 후 오른쪽의 사이즈 인스펙터로 이동합니다.

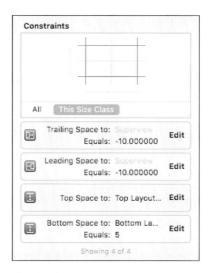

[그림 30] 테이블뷰 사이즈 인스펙터 캡처

테이블뷰에 대한 오토레이아웃 설정을 볼 수 있습니다. 각 설정의 Edit를 클릭해서 Constant 값을 아래와 같이 수정하겠습니다.

```
Top Space to : 0
Bottom Space to : 5
Leading Space to : -10
Trailing Space to : -10
```

오토레이아웃에서 Top은 위쪽, Bottom은 아래쪽, Leading은 왼쪽, Trailing은 오른쪽을 의미합니다. 기본적인 레이아웃의 설정은 Leading과 Trailing은 디바이스별로 각기 다른 여백을 가지고 있습니다. 오토레이아웃 설정을 더블클릭하게 되면 세부적인 사항을 수정할 수 있습니다. First Item과 Second Item의 선택사항을 클릭하면 마진에 대한 적용 여부도 설정할 수 있습니다. 현재는 별다른 설정 없이 기본값을 이용하겠습니다.

Update Frames를 클릭합니다. 추가한 테이블뷰가 기본 뷰에 오토레이아웃 설정에 배치됩니다. 테이블 구성 마무리를 위해 TableViewCell을 추가하겠습니다. 오른쪽의 오브젝트 라이브러리에서 테이블뷰셀(TableViewCell)을 찾은 후 테이블뷰(TableView)에 드래그 앤 드롭합니다. 테이블뷰셀은 자동으로 테이블뷰의 상단에 배치되며, 도큐먼트 아웃라인을 통해 테이블뷰에 하위로 테이블뷰셀이 추가된 것을 확인할 수 있습니다. 테이블뷰를 선택한 후 애트리뷰트 인스펙터로 이동하여 배경색을 투명으로 지정합니다. 테이블의 색상을 투명으로 지정하면 각 행의 내용을 제외한 나머지 여백은 메인뷰의 원래 색상을 그대로 표현합니다.

버튼을 추가하겠습니다. 오브젝트 라이브러리에서 버튼(Button)을 찾습니다. 찾기 어려울 경우 아래쪽의 Filter 부분에 Button을 입력하면 쉽게 찾을 수 있습니다. 버튼을 뷰로 드래그 앤 드롭합니다. 현재의 뷰 위에는 테이블뷰가 대부분의 공간을 차지하고 있으므로, 원하는 곳에 버튼을 배치하기 어렵습니다. 그럴 땐 도큐먼트 아웃라인 뷰 하위에 드래그 앤 드롭도 가능합니다. 여러 개의 오브젝트가 겹칠 때는 도큐먼트 아웃라인에서 설정하는 것이 편리합니다. 도큐먼트 아웃라인에서 오브젝트들의 표시 순서를 설정할 수 있습니다.

필요한 객체들을 추가한 도큐먼느 아웃라인은 다음과 같습니다.

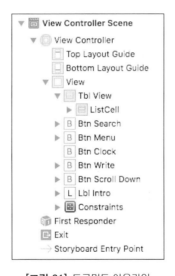

[그림 31] 도큐먼트 아웃라인

도큐먼트 아웃라인에서 아래쪽에 있는 오브젝트가 뷰에 먼저 표시됩니다. 방금 추가한 버튼을 드래그 앤 드롭해서 테이블뷰의 아래로 이동시킵니다. 테이블뷰 위에 버튼이 표시됩니다.

버튼의 오토레이아웃을 설정하겠습니다. 뷰 위에는 테이블뷰가 대부분의 공간을 차지하고 있으므로 뷰 화면상에서는 레이아웃 설정을 위한 드래그 앤 드롭이 어렵습니다. 그럴 때는 도큐먼트 아웃라인을 이용하면 편리합니다. 도큐먼트 아웃라인에서 버튼에서 Ctrl 키를 누른 채 뷰로 드래그 앤 드롭을 합니다. 버튼의 레이아웃을 아래와 같이 설정합니다. 오토레이아웃 설정을 위한 드래그 앤 드롭을 할 때 한 오브젝트 내에서 드래그 앤 드롭을 하면 너비(Width), 높이(Height), 비율(Aspect Ratio)를 설정할 수 있습니다. 글쓰기 버튼은 아이콘으로 표현할 것이므로, 정사각형으로 구현합니다. 오토레이아웃 드래그 앤 드롭을 하고 난 후 Aspect Ratio를 선택하면 비율을 설정할 수 있습니다. 1:1로 설정하면 가로와 세로 크기의 비율이 항상 일정하게 유지됩니다.

```
Trailing Space to Container Margin : 0
Vertical Spacing to Bottom Layout Guide : 30
Aspect Ratio : 1:1
```

버튼 클릭 후 Update Frames를 클릭해서 오토레이아웃대로 배치합니다. 상위의 메뉴 버튼과 검색 버튼도 배치하도록 하겠습니다. 메뉴와 검색 버튼도 추가 방법은 동일합니다. 오브젝트 라이브러리에서 드래그 앤 드롭을 이용해 도큐먼트 아웃라인에 추가하면 됩니다. 화면에 표시되는 순서를 고려해 위치를 지정하면 됩니다. 아래쪽에 있는 오브젝트가 화면 상에 위에 표시됩니다. 도큐먼트 아웃라인에서 각 버튼을 선택후 뷰쪽으로 드래그 앤 드롭합니다. 오토레이아웃의 값은 아래와 같습니다.

```
메뉴 버튼과 뷰  Btn Menu - View
Leading Space to Container Margin : 0
Vertical Spacing to Top Layout Guide : 10
Aspect Ratio : 1:1

검색 버튼과 뷰  Btn Search - View
Trailiing Space to Container Margin : 0
Aspect Ratio : 1:1

메뉴 버튼과 검색 버튼  Btn Menu - Btn Search
Center Vertically : 0
Equal Widths : 0
Equal Heights : 0
```

검색 버튼은 Top Layout Guide의 값을 설정하지 않고 메뉴 버튼과 검색 버튼의 세로 중앙 높이를 동일하게 맞추겠습니다. 메뉴 버튼은 Top에 대한 설정이 되어 있고, 검색 버튼은 그 메뉴 버튼과 세로 중앙을 동일한 높이로 설정하였으니 검색 버튼의 높이 설정도 완료된 것입니다.

[그림 32] 완성된 테이블과 버튼 레이아웃

6.7 아이콘 폰트 적용하기

현재 만들어진 버튼들은 Button이라는 글씨로 표시되어 있습니다. 우리가 원하는 건 간단한 그림으로 구성돼 있는 아이콘 형태의 버튼입니다. 아이콘 적용 방법을 알아 보겠습니다.

아이콘 적용하기

아이콘은 의미를 나타내는 기호입니다. 아이콘의 사용은 정보를 쉽고 빠르게 전달하는 데 의의가 있습니다. 검색이라는 글씨 대신 돋보기 모양의 아이콘을 사용하는 모습은 다양한 서비스에서 쉽게 확인이 가능합니다. 아이콘을 앱에 사용하는 방법은 다양합니다. 첫 번째는 지정된 이미지로 버튼을 구성할 수 있습니다. 버튼 오브젝트를 클릭 후 애트리뷰트 인스펙터로 확인해보면 Image란에서 이미지를 설정할 수 있습니다. 버튼용 이미지를 준비한 후 해당 이미지 파일을 프로젝트 네비게이터에 드래그 앤 드롭한 후 이미지란에서 선택만 해주면 설정이 가능합니다. 두 번째는 아이콘 폰트를 사용하는 것입니다. 아이콘들이 구성되어 있는 폰트를 앱 또는 웹사이트에 적용하고 나타내고자 하는 아이콘을 지정해주기만 하면 간단하게 구현 가능합니다. 대표적인 서비스로는 FontAwesome(http://fontawesome.io/)이 있습니다. 이번 예제에서는 FontAwesome을 이용하여 버튼에 아이콘을 적용하겠습니다.

FontAwesome 적용하기

[그림 33] FontAwesome 웹사이트

우선 폰트파일을 다운받기 위해 FontAwesome 웹사이트로 이동합니다. 첫 화면에 바로 Download 버튼이 있습니다. 클릭하여 다운로드합니다. 다운로드 시 font-awesome-X.X.X.zip 형태의 압축파일입니다. 적당한 위치에 다운로드 후 더블클릭하여 압축을 풉니다. 압축을 풀면 다양한 파일이 있습니다. 웹 또는 기타 애플리케이션에서 사용하기 위한 각종 파일을 제공합니다. 우리가 사용할 파일은 fonts 폴더 안에 fontawesome-webfont.ttf 파일뿐입니다. Xcode에 폰트를 추가하겠습니다.

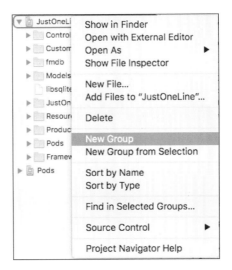

[그림 34] New Group 선택 화면

Xcode 프로젝트 네비게이터의 프로젝트 항목에서 마우스 우클릭을 하여 New Group 을 선택합니다. 네비게이터 영역에 폴더가 추가되며 폴더명을 지정하게 됩니다. 이름 은 Resources라고 하겠습니다. 그룹이 추가된다고 해서 프로젝트 자체에 실제 폴더가 추가되는 것은 아닙니다. 그룹은 관리를 위한 논리적인 분류라고 생각하면 됩니다.

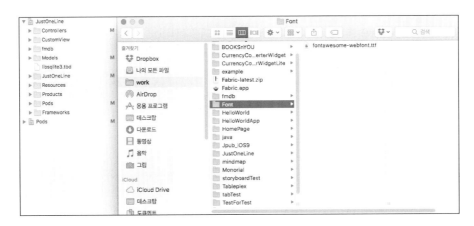

[그림 35] FontAwesome 파일 추가 화면

Finder에서 방금 다운로드한 fontawesome-webfont.ttf 파일을 Resources 폴더에 드래 그 앤 드롭합니다. 이미지를 추가하듯 Copy items if needed를 체크해주고, Add to targets에 해당 프로젝트를 체크해줍니다. 파일이 추가되었습니다.

Key	Type	Value
▼ Information Property List	Dictionary	(20 items)
Localization native development re...	String	en
Executable file	String	$(EXECUTABLE_NAME)
Bundle identifier	String	$(PRODUCT_BUNDLE_IDENTIFIER)
InfoDictionary version	String	6.0
Bundle name	String	$(PRODUCT_NAME)
Bundle OS Type code	String	APPL
Bundle versions string, short	String	1.0.4
Bundle creator OS Type code	String	????
Bundle version	String	54
Application requires iPhone enviro...	Boolean	YES
Privacy - Photo Library Usage Des...	String	For Saving Photos
▼ Fonts provided by application	Array	(1 item)
Item 0	String	fontawesome-webfont.ttf
Launch screen interface file base...	String	LaunchScreen
Main storyboard file base name	String	Main
▶ Required device capabilities	Array	(1 item)
UIRequiresFullScreen	Boolean	NO
Status bar is initially hidden	Boolean	YES
Status bar style	String	Gray style (default)
▶ Supported interface orientations	Array	(1 item)
View controller-based status bar a...	Boolean	NO

[그림 36] info.plist 수정

앱의 프로젝트 설정에 폰트를 추가해줍니다. JustOneLine 폴더의 info.plist 파일을 클릭합니다. info.plist 파일은 프로젝트의 환경을 구성하는 파일입니다. + 버튼을 눌러서 항목을 추가하고 Key 부분에 'Fonts provided by application'이라고 입력합니다. Type은 Array로 선택합니다. Key 이름 앞에 삼각형을 클릭하면 세부 항목이 펼쳐지며 + 버튼을 클릭하면 Item 0이 추가되며 세부 항목을 입력할 수 있습니다. Item 0 항목의 Value 부분에 fontawesome-webfont.ttf라고 입력합니다. 이로써 프로젝트에 아이콘이 추가되었으며, 설정이 가능합니다.

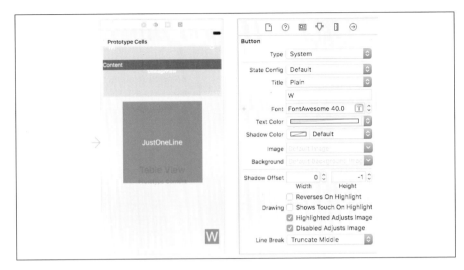

[그림 37] 스토리보드 FontAwesome 선택하기

버튼들에 대한 설정을 하겠습니다. 프로젝트 네비게이터에서 Main.storyboard로 이동합니다. 프로젝트에 추가되어 있는 쓰기 버튼을 선택합니다. 애트리뷰트 인스펙터로 이동합니다. Font의 설정 버튼을 클릭해서 다음과 같이 설정합니다.

쓰기 버튼

```
Title : W
Font: Custom
Family: FontAwesome
Style: Regular
Size: 40
Text Color: FFFFFF
Text Color-Opacity: 80%
Background: 666666
Background-Opacity: 80%
```

메뉴 버튼

```
Title : M
Font: Custom
Family: FontAwesome
Style: Regular
Size: 25
Text Color: FFFFFF
Text Color-Opacity: 90%
Background: FFFFFF
Background-Opacity: 2%
```

검색 버튼

Title : S
Font: Custom
Family: FontAwesome
Style: Regular
Size: 25
Text Color: #FFFFFF
Text Color-Opacity: 90%
Background: #FFFFFF
Background-Opacity: 2%

글씨를 설정했습니다. 폰트 설정은 했지만 글자는 아직 아이콘 모양이 아닙니다. 아이콘 모양을 위해서는 유니코드로 코드에서 글자를 지정해야 합니다. 명확한 표현은 아니지만 단순하게 유니코드는 세계 다양한 문자들을 표현하기 위한 집합체라고 생각하면 됩니다. 유니코드 표현을 위한 다양한 인코딩 방식이 있지만, 대부분의 경우 UTF-8을 사용하게 됩니다. 초심자의 경우 처음부터 철저히 학습할 필요는 없습니다. 전 세계에 글자가 다양하니 그걸 표현하는 방식들이 존재하고 그 방식 중 하나가 UTF-8이라고만 알아두면 됩니다. 이론적인 부분은 구글에서 유니코드, UTF-8을 검색하기 바랍니다. 향후 웹페이지 등을 작업할 때도 인코딩 관련 지식은 많은 도움이 됩니다. 각 버튼에 아이콘 모양을 지정하겠습니다. FontAwesome 관련 유니코드는 http://fontawesome.io/icons/에서 확인 가능합니다.

[그림 38] fontawesomeIcon 페이지

페이지에는 다양한 아이콘이 나열되어 있고, 그 중 사용하고자 하는 아이콘을 클릭하면 유니코드 값을 확인할 수 있습니다. 우리가 사용할 아이콘의 유니코드는 아래와 같습니다.

쓰기 버튼: f14b

메뉴 버튼: f0c9

검색 버튼: f002

코드에서 적용하는 방법을 알아보겠습니다. 우선은 스토리보드의 버튼들을 코드에 연결시킵니다. 보조 편집기를 클릭해서 열린 창에서 ViewController.swift를 엽니다. 연결하고자 하는 버튼을 뷰에서 Ctrl 키를 누른 채 드래그해서 ViewController.swift로 드롭합니다. 코드의 위치는 class ViewController 선언 부분과 override func viewDidLoad() 선언 부분의 사이에 놓습니다.

항목값은 아래와 같습니다.

쓰기 버튼

```
Connection : Outlet
Object : View Controller
Name : btnWrite
Type : UITableView
Storage : Strong
```

메뉴 버튼

```
Connection : Outlet
Object : View Controller
Name : btnMenu
Type : UITableView
Storage : Strong
```

검색 버튼

```
Connection : Outlet
Object : View Controller
Name : btnSearch
Type : UITableView
Storage : Strong
```

버튼이 연결된 코드는 아래와 같습니다.

```
ViewController.swift
import UIKit
class ViewController: UIViewController {

    @IBOutlet var btnSearch: UIButton!
    @IBOutlet var btnMenu: UIButton!
    @IBOutlet var btnWrite: UIButton!

    override func viewDidLoad() {
        super.viewDidLoad()
        // Do any additional setup after loading the view, typically from a nib.

    }

    override func didReceiveMemoryWarning() {
        super.didReceiveMemoryWarning()
        // Dispose of any resources that can be recreated.
    }
}
```

viewDidLoad() 메소드에 버튼들의 유니코드를 지정해줍니다. 코드가 추가된 viewDid
Load 메소드는 아래와 같습니다.

```
override func viewDidLoad() {
    super.viewDidLoad()
     // Do any additional setup after loading the view, typically from a nib.
    self.btnWrite.setTitle("\u{f14b}", for: UICtrlState())
    self.btnMenu.setTitle("\u{f0c9}", for: UICtrlState())
    self.btnSearch.setTitle("\u{f002}", for: UICtrlState())
}
```

버튼들의 타이틀을 변경하기 위해서는 setTitle 메소드를 사용하며 유니코드 값을 입
력하기 위해서는 \u{} 사이에 값을 넣어주면 됩니다. 실행하면 버튼들이 아이콘 모양
으로 표현되는 것을 확인할 수 있습니다.

[그림 39] 아이콘 적용

6.8 글쓰기 화면 만들기

글을 쓰는 화면을 작성하겠습니다. 완성된 화면은 다음과 같습니다.

[그림 40] 글쓰기

화면 전환 방식으로 프레젠트 방식을 사용하도록 하겠습니다. 우선 글쓰기를 위한 뷰콘트롤러(View Controller)를 추가하겠습니다.

[그림 41] 뷰콘트롤러 추가 화면

오른쪽 오브젝트 라이브러리에서 뷰콘트롤러(View Controller)를 중앙 편집창으로 드래그 앤 드롭합니다. 새로운 뷰가 하나 추가되었습니다. 뷰를 선택하고 다음과 같이 색상을 설정합니다.

```
Background Color: #000000
Background Opacity: 85%:
```

다음 화면과 같이 오브젝트들을 추가하겠습니다.

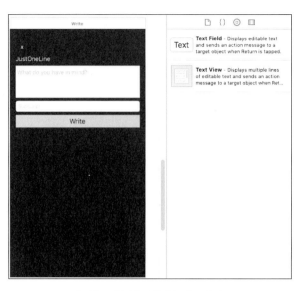

[그림 42] 글쓰기용 오브젝트 추가

오브젝트 라이브러리에서 오브젝트들을 추가합니다. 속성은 다음과 같습니다.

닫기 버튼(Button)

```
Attributes Inspector
Title : x
Font : FontAwesome 16.0
Text Color : #FFFFFF Opacity: 100%
Background : #FFFFFF Opacity: 2%
Size Inspector
Ratio : 1:1
Top space to: Top Layout Guide Equals: 10
Leading space to: Superview
```

JustOneLine(Label)

```
Attributes Inspector
Text : JustOneLine
Color : White Color
Font : System 17.0

Size Inspector
Trailing space to: Superview
Leading Space to: Superview
Align Trailing to: Txt Content
Align Leading to: Txt Content
```

Top Space to: Top Layout Guide Equals: 50
Bottom Space to: Txt content: 8

글 내용(TextView)

Attributes Inspector
Font : System 16.0
Alignment: Left
Behavior: Editable 체크
Behavior: Selectable 체크
Background: White Color

Size Inspetor
4:1 Ratio to: Txt Content
Align Trailing to: Txt Sub Content
Align Trailing to: JustOneLine
Align Trailing to: Lbl Place Holder
Align Leading to: Txt Sub Content
Align Leading to: JustOneLine
Align Leading to: Lbl Place Holder
Top Space to: Lbl Place Holder Equals: -28
Bottom space to: Txt Sub Content Equals: 8
Top Space to: JustOneLine Equals: 8

첨부글(TextField)

Attributes Inspector
Color : Default(Black Color)
Font : System 14.0
Placeholder: Subscript
Background: Default(White Color)

Size Inspetor
Align Trailing to: Txt Content
Align Trailing to: Btn Write
Align Leading to: Txt Content
Align Leading to: Btn Write
Align Leading to: Lbl Place Holder
Bottom space to: Txt Content Equals: 8
Top Space to: Btn Write Equals: 8

플레이스 홀더(Label)

Attributes Inspector
Title Text : What do you have in mind?
Text Color : #AAAAAA
Font : System 16.0

```
Size Inspector
Align Trailing to: Txt Content
Align Leading to: Txt Content
Bottom Space to: Txt Content Equals: -28
```

플레이스 홀더는 도큐먼트 아웃라인에서 TxtContent보다 아래쪽에 배치되어 있습니다.

```
Title Text : Write
Font : System 18.0
Text Color : #000000
Text Color-Opacity: 80%
```

화면 구성은 위의 내용이 전부입니다. 추가한 오브젝트들을 제어하기 위한 클래스 파일을 만들겠습니다. 파일명은 VCWrite.swift입니다. 프로젝트 네비게이터로 이동 후 JustOneLine 그룹에서 마우스 우클릭을 합니다. New File...을 클릭합니다. iOS의 Swift File을 선택하고 Next를 클릭합니다. JustOneLine 폴더를 선택한 후 파일명은 VCWrite.swift로 작성합니다. Create 버튼을 클릭하면 파일이 생성됩니다. 파일 이름과 동일하게 VCWrite 클래스를 만들겠습니다. 파일 내용은 다음과 같습니다.

VCWrite.swift
```swift
import UIKit

class VCWrite: UIViewController {

    override func viewDidLoad() {
        super.viewDidLoad()
    }

    override func didReceiveMemoryWarning() {
        super.didReceiveMemoryWarning()
    }
}
```

import Foundation은 삭제하고 import UIKit을 추가합니다. UIKit이 Foundation의 내용을 포함하고 있기 때문입니다. viewDidLoad() 메소드와 didReceiveMemoryWarning() 메소드를 추가합니다. 이제 스토리보드의 글쓰기 뷰를 엽니다. 뷰의 도크 부분을 클릭한 후 아래와 같이 설정합니다.

Identity Inspector 〉 Class : VCWrite

Identity Inspector 〉 Storyboard ID : VCWrite

정리

이제 글쓰기 화면 구성은 끝났습니다. 당연히 모든 설정을 그대로 따를 필요는 없습니다. 오히려 오브젝트의 크기, 위치, 정렬, 색상 등 개인의 취향에 맞게 조정하길 권장합니다. 게다가 오토레이아웃의 설정법은 매우 다양합니다. 시작 지점과 끝 지점을 동일하게 설정하여 같은 크기의 오브젝트를 구성할 수 있고, **Equal Widths**를 설정해 동일한 크기를 구성할 수도 있습니다. 이런 저런 시도를 통해 다양한 구성 방식을 익히길 추천합니다.

대부분의 화면 구성은 지금과 같은 구성을 크게 벗어나지 않습니다. 사용자에게 제공될 뷰를 추가하고, 뷰 위에 오브젝트를 추가한 후 알맞은 속성을 지정합니다. 그리고 추가된 뷰와 오브젝트들을 제어할 수 있는 클래스 파일을 만든 후 스토리보드에서 연결합니다. 이와 같은 과정은 현재 조금 어색할 수 있으나, 몇 차례 반복되면 괜찮아질 것입니다. 다음 장에서 메인 화면에서 글쓰기 화면으로 전환하는 코드를 작성하겠습니다.

6.9 글쓰기 화면 전환

화면 전환 방식은 앞서 학습한 바 있습니다. 초반에는 여러 가지 개념을 동시에 배워야 하므로 혼란스러울 수 있습니다. 하지만 결국 추가되는 코드는 몇 줄뿐입니다. 결과는 예상과 같이 단순한 형태입니다. 사용자가 글쓰기 버튼을 탭하면 글쓰기 화면으로 전환됩니다.

[그림 43] 메인 화면에서 글쓰기 탭

[그림 44] 글쓰기 화면

메인 화면에서 글쓰기 화면으로 전환하는 코드를 구현하겠습니다. 프로젝트 네비게 이터의 Main.storyboard로 이동합니다.

[그림 45] 보조 편집기 클릭

ViewController를 선택한 후 보조 편집기를 클릭합니다.

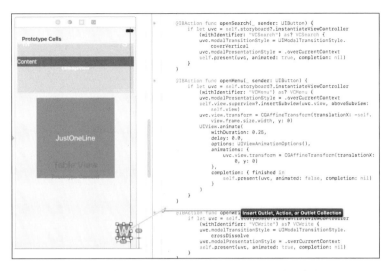

[그림 46] 글쓰기 버튼 ViewController.swift 파일로 연결

보조 편집기에 열려 있는 파일이 ViewController.swift인지 확인합니다. 아닐 경우 상단의 경로를 클릭해서 ViewController.swift로 이동합니다. 글쓰기 버튼을 키보드 Ctrl키를 누른 채로 ViewController.swift로 드래그합니다. 클래스 내부에 드롭합니다. 속성값은 아래와 같이 입력합니다.

Name : openWrite

이제 만들어진 메소드에 Present 화면 전환을 위한 코드를 추가합니다. 코드의 내용은 아래와 같습니다.

```
    @IBAction func openWrite(_ sender: UIButton) {
        if let uvc = self.storyboard?.instantiateViewController(withIdentifier: "VCWrite")
as? VCWrite {
            uvc.modalTransitionStyle = UIModalTransitionStyle.crossDissolve
            uvc.modalPresentationStyle = .overCurrentContext
            self.present(uvc, animated: true, completion: nil)
        }
    }
```

uvc.modalPresentationStyle = .overCurrentContext 구문은 기존의 화면 위에 호출된 화면을 덮어 쓴 형태로 표시하는 것입니다. 우리는 VCWrite 배경색을 지정할 때 약간의 투명도를 추가했습니다. 그로 인해 화면이 전환되어 표시되었을 때 원래의 화면이 현재 화면에 희미하게 비칠 것입니다. 이제 실행 버튼을 이용해 앱을 실행시킵니다. 메인 화면이 표시된 후 글쓰기 버튼을 눌러 화면 전환을 확인합니다. 우리는 아직 글쓰기 화면에서 어떠한 기능도 구현하지 않았습니다. 그렇기에 글쓰기 화면에서 돌아올 방법도 없으며, 어떠한 버튼을 누르더라도 반응이 없을 것입니다. 이제 닫기 버튼을 구현하도록 하겠습니다.

닫기 버튼도 다른 버튼과 마찬가지로 아이콘으로 되어 있습니다. 메인 화면에서 구현했듯이 글쓰기 화면도 시작될 때 아이콘을 위한 유니코드를 지정해서 닫기 아이콘으로 지정하겠습니다. 먼저 Main.storyboard로 이동합니다. 버튼의 상태를 변경하는 변수를 먼저 연결하겠습니다.

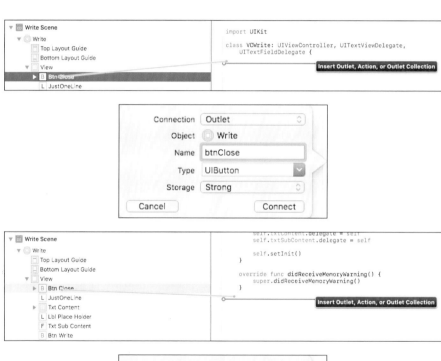

[그림 47] btnClose 연결, clickBtnClose 연결

닫기 버튼을 클릭한 후 보조 편집기를 켭니다. 파일이 VCWrite.swift인지 확인합니다. 아닐 경우 상단의 네비게이션을 이용하여 VCWrite.swift로 이동합니다. 닫기 버튼을 보조 편집기의 변수 선언 부분으로 드래그합니다. 속성은 아래와 같습니다.

```
Name : btnClose
```

변수를 추가했으니, 탭했을 때 실행하는 메소드를 구현하기 위한 연결도 합니다. 마찬가지로 닫기 버튼을 클릭 선택하고, 보조 편집기로 연결한 후 메소드를 구현합니다. 속성은 아래와 같습니다.

```
Name : clickBtnClose
```

구현한 함수는 아래와 같습니다.

```
@IBAction func clickBtnClose(_ sender: UIButton) {
    self.closeWrite()
}

func closeWrite() {
        let vc = self.presentingViewController
        vc.dismiss(animated: true, completion: nil)
}
```

앞의 예제와는 다르게 구현하였습니다. 뷰를 닫는 함수인 closeWirte()를 선언하고 clickBtnClose() 메소드는 closeWrite() 메소드를 호출만 합니다. 그러면 closeWrite() 메소드가 Present 방식으로 열려있는 현재의 뷰를 닫습니다. 한 가지 이상한 점은 closeWirte() 메소드의 내용을 왜 직접 clickBtnClose() 메소드에 넣지 않았는가 입니다. 당연히 clickBtnClose() 메소드에서 뷰를 닫는 코드를 구현해도 됩니다. 이렇게 따로 메소드를 구현한 이유는 closeWrite() 메소드는 다른 경우에도 사용되기 때문입니다. 글쓰기 화면이 닫히는 경우는 닫기 버튼을 눌렀을 때뿐만이 아닌, 글쓰기가 완료되었을 때도 있습니다. 사용자가 글을 다 작성한 후 저장 버튼을 탭하면 내용은 저장되고, 글쓰기 뷰는 닫힙니다. 그럴 때 구현되는 저장 버튼의 내용은 작성된 글을 저장하는 코드와 글쓰기 뷰를 닫는 코드를 작성해야 합니다. 이렇게 closeWrite() 메소드를 따로 작성해둠으로써 저장 시에는 단순히 closeWrite() 메소드를 호출하는 것으로 끝낼 수 있습니다. 물론 글쓰기 뷰를 닫는 시점에 어떤 동작을 해야 한다면 closeWrite() 메소드에만 코드를 추가하면 될 것입니다.

6.10 텍스트뷰(UITextView), 텍스트필드(UITextField) 추가하기

내용을 입력받는 텍스트뷰(UITextView), 텍스트필드(TextField)에 대해서 알아보겠습니다. 텍스트뷰와 텍스트필드는 사용자의 문자열을 입력받기 위해 사용됩니다. 일반적인 응용프로그램들에 있는 입력란이라고 생각하면 됩니다. 또한 플레이스 홀더에 사용될 레이블도 함께 추가하겠습니다.

우선 보조 편집기를 이용해 스토리보드 뷰의 오브젝트와 소스코드를 연결해줍니다. 연결값은 다음과 같습니다.

글 내용(TextView)

Connection: Outlet
Object: Write
Name: txtContent
Type: UITextView
Storage: Strong

첨부글(TextField)

Connection: Outlet
Object: Write
Name: txtSubContent
Type: UITextField
Storage: Strong

플레이스 홀더(Label)

Connection: Outlet
Object: Write
Name: lblPlaceHolder
Type: UILabel
Storage: Strong

텍스트뷰와 텍스트필드의 값을 입력받을 때 전달받기 위해서는 UITextViewDelegate와 UITextFieldDelegate 프로토콜을 사용해야 합니다. 구현 방식은 테이블뷰(TableView)의 델라게이트 패턴의 프로토콜과 유사합니다.

```
class VCWrite: UIViewController, UITextViewDelegate, UITextFieldDelegate {
    ...
}
```

클래스 선언에 델리게이트 프로토콜을 추가합니다.

```
override func viewDidLoad() {
        super.viewDidLoad()
        self.txtContent.delegate = self
        self.txtSubContent.delegate = self
}
```

추가된 객체들의 델리게이트를 self로 지정해줍니다.

이제 텍스트뷰와 텍스트필드를 위한 메소드를 구현합니다.

```
func textViewDidBeginEditing(_ textView: UITextView) {}
func textViewDidChange(_ textView: UITextView) {}
func textView(_ textView: UITextView, shouldChangeTextIn range: NSRange,
              replacementText text: String) → Bool {}

func textFieldDidBeginEditing(_ textField: UITextField) {}
func textField(_ textField: UITextField, shouldChangeCharactersIn range: NSRange,
               replacementString string: String) → Bool {}
func textFieldShouldReturn(_ textField: UITextField) → Bool {}
```

구현할 메소드의 종류입니다. 텍스트 입력을 위한 오브젝트들은 반드시 구현해야 하는 메소드가 있진 않습니다. 위의 메소드들은 텍스트 편집이 시작되거나 작성 중일 때 상태를 확인하기 위해 작성됩니다. 이 앱은 글을 200자까지만 입력할 수 있도록 되어 있습니다. 그에 따라 글자가 타이핑될 때마다 액세서리뷰에 현재의 글자수를 보여주도록 되어 있습니다. 또한 텍스트뷰는 플레이스 홀더(Placeholder)를 지원하지 않습니다. 플레이스 홀더란 입력란 등에 내용이 없을 경우 어떠한 내용을 넣으라고 안내하는 글입니다. 텍스트필드는 플레이스 홀더를 지원하므로, 텍스트필드를 보면 쉽게 이해가 가실 겁니다. 텍스트뷰가 플레이스 홀더를 지원하지 않음에 따라 이를 별도로 구현할 예정입니다. Label을 추가하여 글을 입력해달라는 표시를 하고, 글이 작성되기 시작하면 Label을 안 보이게 처리할 것입니다.

다음은 구현된 메소드들입니다.

VCWrite.swift

```
func textViewDidBeginEditing(_ textView: UITextView) {
        if (textView == self.txtContent) {
            self.setLengthContent()
```

```
        }
    }
    func textViewDidChange(_ textView: UITextView) {
        if (textView == self.txtContent) {
            self.setLengthContent()

            if textView.text.isEmpty {
                self.lblPlaceHolder.isHidden = false;
            } else {
                self.lblPlaceHolder.isHidden = true;
            }
        }
    }

    func textView(_ textView: UITextView, shouldChangeTextIn range: NSRange,
                  replacementText text: String) → Bool {
        if (textView == self.txtContent) {
            if (text == "\n") {
                textView.resignFirstResponder()
                self.txtSubContent.becomeFirstResponder()
            }
        }
        return true
    }


    func textFieldDidBeginEditing(_ textField: UITextField) {
        if (textField == self.txtSubContent) {
            self.setLengthSubContent()
        }
    }
    func textField(_ textField: UITextField, shouldChangeCharactersIn range: NSRange,
                   replacementString string: String) → Bool {
        if (textField == self.txtSubContent) {
            let textLength = textField.text?.utf16.count
            let length = textLength! + string.utf16.count - range.length
            self.setLengthLblAC(length, maxLength: self.maxLengthSubContent)
            self.nowLengthSubContent = length
        }
        return true
    }

    func textFieldShouldReturn(_ textField: UITextField) → Bool {
        self.view.endEditing(true)
        return false
```

```
    }
    // 이하 메소드는 액세서리뷰에 현재의 글자수를 표현하기 위한 메소드입니다.
    // 아래 메소드는 다음 장 액세서리뷰 만들기까지 진행해야 정상 작동합니다.
    func setLengthContent() {
        let length = self.txtContent.text.characters.count
        self.setLengthLblAC(length, maxLength: self.maxLengthContent)
        self.nowLengthContent = length
    }
    func setLengthSubContent() {
        let length = self.txtSubContent.text!.characters.count
        self.setLengthLblAC(length, maxLength: self.maxLengthSubContent)
        self.nowLengthSubContent = length
    }

    func setLengthLblAC(_ length: Int, maxLength: Int) {
        self.lblAC.text = "\(length) / \(maxLength)"
        if length > maxLength {
            self.lblAC.textColor = UIColor(red: 176.0/255.0, green:70.0/255.0,
                                           blue: 50.0/255.0, alpha: 1.0)
        } else {
            self.lblAC.textColor = UIColor.white
        }
    }
}
```

6.11 액세서리뷰(AccessoryView) 만들기

액세서리뷰(AccessoryView)는 일반 뷰에 추가적으로 붙는 뷰라고 생각하면 됩니다. 가장 많이 볼 수 있는 형태는 키보드 입력 시 키보드 상단에 있는 버튼들을 표현할 때 사용합니다. 자주 봤던 기능으로는 버튼 터치 시 키보드 내리기 기능입니다. 다음은 만들어야 할 액세서리뷰의 화면입니다. 예제 프로젝트는 200글자, 단 한 줄만 입력 가능한 메모장입니다. 그에 따라 현재의 글자수를 표시하고, 200자가 넘어가면 글자색의 색상 변화로 알려줍니다.

[그림 48] 액세서리뷰 예시

액세서리뷰는 다양한 프로젝트에서 다양한 형태로 사용됩니다. 예시 프로젝트에서는 간단하게 키보드 입력 중 커서 위치에 현재 날짜와 현재 시간을 삽입하는 방법과 글자 수를 표시하는 방법을 알아보도록 하겠습니다. 액세서리뷰를 추가하는 방법은 총 네 개의 단계만으로 가능합니다.

첫 번째, 액세서리뷰로 사용될 뷰와 동작될 오브젝트들을 배치합니다.

두 번째, 추가된 뷰와 오브젝트들의 속성을 지정합니다.

세 번째, 추가된 뷰와 오브젝트들을 코드와 연결합니다.

네 번째, 터치 등의 제스처에 실행될 메소드를 선언합니다.

순서에 맞게 첫 번째로 액세서리뷰로 사용될 뷰를 추가하겠습니다.

[그림 49] 액세서리뷰 추가 과정 화면

프로젝트 네비게이터에서 Main.storyboard로 이동합니다. 오브젝트 라이브러리에서 뷰(View)를 선택하여 도큐먼트 아웃라인의 VCWrite 뷰로 드래그 앤 드롭합니다.

[그림 50] 액세서리뷰 추가 결과

VCWrite 뷰 위에 조그만 뷰가 추가된 것을 확인할 수 있습니다. 이제 뷰에 추가될 버튼과 레이블을 추가합니다.

두 번째로는 추가된 오브젝트들에 속성을 지정합니다.

높이와 색상을 수정합니다. 추가된 뷰를 선택하고, 속성을 아래와 같이 설정합니다.

액세서리뷰(View)

```
Attributes Inspector
Color : #000000, Opacity: 40%
```

오브젝트 라이브러리에서 버튼을 검색 후 액세서리뷰로 드래그 앤 드롭합니다. 세 개의 버튼을 배치합니다. 속성은 아래와 같습니다.

완료 버튼

```
Attributes Inspector
Title Text : Done
Text Color : White Color
Font : System 16.0

Size Inspector
Trailing Space to: Superview Equals: 10
Bottom Space to: Superview
Leading Space to: LblAC Equals: 10
Align Center Y to: Btn DateAC
Align Center Y to: Btn TimeAC
Align Center Y to: LblAC
```

날짜 버튼

```
Attributes Inspector
Title Text : D
Text Color : White Color
Font : System 16.0

Size Inspector
Leading Space to: Superview Equals: 10
1:1 Ratio to: Btn DateAC
Trailing Space to: Btn TimeAC Equals: 10
Align Center Y to: Done
```

시간 버튼

```
Attributes Inspector
Title Text : T
Text Color : White Color
Font : System 16.0

Size Inspector
1:1 Ratio to: Btn TimeAC
Leading Space to: Btn DateAC Equals: 10
Align Center Y to: Done
```

글자수 레이블

Attributes Inspector
Text : 0 / 0
Color : White Color
Font : System 17.0

Size Inspector
Trailing Space to: Done Equals: 10
Align Center Y to: Done

세 번째 과정은 추가된 오브젝트와 코드를 연결하는 것입니다.

[그림 51] 오브젝트 코드로 연결

Main.storyboard로 이동합니다. 보조 편집기를 엽니다. 오브젝트를 VCWrite.swift로 드래그 앤 드롭하여 코드와 연결합니다. 속성은 다음과 같습니다.

액세서리뷰

Connection: Outlet
Object: Write
Name: vAC
Type: UIView
Storage: Strong

날짜 버튼

Connection: Outlet
Object: Write
Name: btnDateAC
Type: UIView

Storage: Strong

시간 버튼

Connection: Outlet
Object: Write
Name: btnTimeAC
Type: UIView
Storage: Strong

글자수 레이블

Connection: Outlet
Object: Write
Name: lblAC
Type: UIView
Storage: Strong

마지막 네 번째는 액세서리뷰를 터치할 때 실행될 메소드를 선언합니다. 글을 작성하는 란에 액세서리뷰를 연결합니다.

Done 버튼

```
@IBAction func dismissKeyboard(_ sender: UIButton) {
        self.txtContent.resignFirstResponder()
        self.txtSubContent.resignFirstResponder()
    }
```

날짜 버튼

```
@IBAction func insertDate(_ sender: UIButton) {
        let now = Date()
        let formatter = DateFormatter()
        formatter.dateFormat = self.config.dateFormat
        let nowDate = formatter.string(from: now)

        if self.txtContent.isFirstResponder == true {
            self.txtContent.insertText(nowDate)
            self.setLengthContent()
        }
        if self.txtSubContent.isFirstResponder == true {
            self.txtSubContent.insertText(nowDate)
            self.setLengthSubContent()
        }
    }
```

```swift
@IBAction func insertTime(_ sender: UIButton) {
        let now = Date()
        let formatter = DateFormatter()
        formatter.dateFormat = "HH:mm"
        let nowTime = formatter.string(from: now)

        if self.txtContent.isFirstResponder == true {
            self.txtContent.insertText(nowTime)
            self.setLengthContent()
        }
        if self.txtSubContent.isFirstResponder == true {
            self.txtSubContent.insertText(nowTime)
            self.setLengthSubContent()
        }
    }
```

이러한 순서는 반드시 지켜야 할 사항은 아닙니다. 일반적인 과정을 작성한 것입니다. 당연히 코드를 먼저 작성한 후, 속성 및 오토레이아웃을 지정해도 됩니다. 시간이 지나 익숙해지고 자신만의 작업 패턴이 생기게 되면 그에 따르면 됩니다.

VCWrite.swift 파일 전체입니다. 각 구문의 내용을 확인하겠습니다.

```swift
class VCWrite: UIViewController, UITextViewDelegate, UITextFieldDelegate {  // 텍스트뷰 델
리게이트, 텍스트 필드 델리게이트 추가
    @IBOutlet var btnClose: UIButton!        // 닫기 버튼
    @IBOutlet var txtContent: UITextView!        // 글 내용
    @IBOutlet var lblPlaceHolder: UILabel!        // 글 내용 플레이스 홀더
    @IBOutlet var txtSubContent: UITextField! // 첨부글
    @IBOutlet var btnWrite: UIButton!        // 저장 버튼

    @IBOutlet var vAC: UIView!        // 액세서리뷰
    @IBOutlet var lblAC: UILabel! // 글자수 표시 레이블

    @IBOutlet var btnDateAC: UIButton! // 날짜 삽입 버튼
    @IBOutlet var btnTimeAC: UIButton! // 시간 삽입 버튼

    let maxLengthContent: Int = 200        // 글 내용 최대 글자수
    let maxLengthSubContent: Int = 100 // 첨부글 최대 글자수

    var nowLengthContent: Int = 0        // 현재 글 내용 글자수
    var nowLengthSubContent: Int = 0        // 현재 첨부글 글자수
```

```
    var newIdx: Int = 0 // 글 작성 후 작성된 글의 인덱스 번호

    var lineContainer = LineContainer()       // LineContainer 객체 생성
    var writeType = WriteType.insert           // 현재 쓰기 모드. 열거형 insert와 update가 있습
니다. Enums.swift 작성

    let config = Config.sharedInstance        // 환경설정 싱글톤 객체

    override func viewDidLoad() {
        super.viewDidLoad()
        self.txtContent.delegate = self       // 글 내용 텍스트뷰를 위한 델리게이트 지정
        self.txtSubContent.delegate = self    // 첨부글 텍스트필드를 위한 델리게이트 지정

        self.setInit()                        // 초기화를 위한 메소드 실행
    }

    override func didReceiveMemoryWarning() {
        super.didReceiveMemoryWarning()
    }

    override func viewDidAppear(_ animated: Bool) {
        super.viewDidAppear(animated)
        self.txtContent.becomeFirstResponder()
    }

    func setInit() {
        self.btnClose.setTitle("\u{f00d}", for: UICtrlState()) // 닫기 버튼 아이콘 지정
        self.btnDateAC.setTitle("\u{f133}", for: UICtrlState()) // 날짜 삽입 버튼 아이콘
                                                          // 지정
        self.btnTimeAC.setTitle("\u{f017}", for: UICtrlState()) // 시간 삽입 버튼 아이콘
                                                          // 지정
        self.txtContent.inputAccessoryView = self.vAC     // 글 내용 텍스트뷰 액세서리뷰 설정
        self.txtSubContent.inputAccessoryView = self.vAC  // 첨부글 텍스트필드
                                                          // 액세서리뷰 설정

        if self.writeType == .update {     // 쓰기 모드가 update라면
            self.btnWrite.setTitle("Change",for: UICtrlState())     // 글쓰기 버튼을
                                                          // Change로 변경
            self.txtContent.text = self.lineContainer.line.content        // 글 내용 입력
            self.txtSubContent.text = self.lineContainer.line.subContent  // 첨부글 입력
        }

        if self.txtContent.text.isEmpty {              // 글 내용이 비어 있다면
```

```
            self.lblPlaceHolder.isHidden = false    // 플레이스 홀더 보이게 설정
        } else {                                    // 글 내용이 있다면
            self.lblPlaceHolder.isHidden = true     // 플레이스 홀더 안 보이게 설정
        }
        self.setLengthContent()      // 현재 글 내용 길이 설정
        self.setLengthSubContent()   // 현재 첨부글 길이 설정
}


@IBAction func clickBtnClose(_ sender: UIButton) {  // 닫기 버튼 클릭 시
    self.closeWrite()                               // 닫기 메소드 실행
}


func closeWrite() { // 닫기 메소드
if self.writeType == .insert { // 쓰기 모드가 insert라면
    // 프레젠트 뷰콘트롤러를 ViewController로 가져오기
    let vc = self.presentingViewController as! ViewController
    vc.dismiss(animated: true, completion: nil) // 현재 뷰 닫기
    }
if self.writeType == .update { // 쓰기 모드가 update 라면
    // 프레젠트뷰콘트롤러를 PVCShow로 가져오기
    let pvc = self.presentingViewController as! PVCShow
    pvc.dismiss(animated: true, completion: nil) // 현재 뷰 닫기
    }
}
@IBAction func writeContent(_ sender: UIButton) {    // 쓰기 버튼 클릭 시
    if self.writeType == .insert {    // 쓰기 모드가 insert 라면
        if self.insertLine() {  // insertLine() 메소드의 실행 결과가 True라면
            let vc = self.presentingViewController as! ViewController
            vc.refreshData()    // ViewController의 refreshData() 메소드 실행
            self.closeWrite()   // closeWrite() 메소드 실행 - 닫기

            if self.newIdx != 0 {    // newIdx 번호가 0이 아니라면
                vc.openShow(self.newIdx)             // ViewController의 openShow 실행
            }
        }
    }
  if self.writeType == .update { // 쓰기 모드가 update라면
  if self.updateLine() {        // updateLine() 메소드의 실행 결과가 True라면
        let lineController = LineController.sharedInstance
        // 수정된 글의 인덱스 번호를 구해옴
        let index = lineController.getIndex(self.lineContainer.idx)

        let pvc = self.presentingViewController as! PVCShow
        pvc.refresh()           // PVCShow의 refresh() 메소드 실행
```

```
                    pvc.moveToIndex(index, animated: false)    // 구해온 index 번호로 화면 이동

                    self.closeWrite()   // closeWrite() 메소드 실행 - 닫기
                }
            }
        }

    func insertLine() → Bool {     // 글 등록
        if self.chkSubmit() {        // chkSubmit() 메소드의 결과가 true라면
            let line = Line()        // Line 인스턴스 생성
            line.content = self.txtContent.text          // 글 내용 저장
            line.subContent = self.txtSubContent.text!   // 첨부글 저장

            // 싱글톤 LineController 인스턴스 가져오기
            let lineController = LineController.sharedInstance
            // insertLine 메소드 실행 후 인덱스 번호 저장
            self.newIdx = lineController.insertLine(line)

            return true     // true 반환
        } else {            // chkSubmit() 메소드의 결과가 false 라면
            return false    // false 반환
        }
    }

    func updateLine() → Bool {     // 글 수정
        if self.chkSubmit() {
            self.lineContainer.line.content = self.txtContent.text
            self.lineContainer.line.subContent = self.txtSubContent.text!

            let lineController = LineController.sharedInstance
            // 글 등록 때는 Line 인스턴스를 전달했으나, 수정 때는 LineContainer 인스턴스를
전달
            lineController.updateLine(self.lineContainer)
            return true
        } else {
            return false
        }
    }

    func chkSubmit() → Bool {
        guard self.nowLengthContent > 0 else {        // 현재 글 길이가 0보다 크지 않다면
            self.txtContent.becomeFirstResponder()    // 글 내용에 포커스 이동
            return false                              // false 반환
        }
```

```
        // 현재 글 길이가 글 내용 최대 글자수보다 작거나 같지 않을 경우
        guard self.nowLengthContent <= self.maxLengthContent else {

            self.txtContent.becomeFirstResponder()    // 글 내용에 포커스 이동
            return false

        }
        // 현재 첨부글 길이가 첨부글 최대 글자수보다 작거나 같지 않을 경우
        guard self.nowLengthSubContent <= self.maxLengthSubContent else {
            self.txtSubContent.becomeFirstResponder()    // 첨부글에 포커스 이동
            return false      // false 반환
        }
        return true         // true 반환
    }


    // TextView 프로토콜 구현 부분
    // 텍스트뷰가 편집을 시작한 경우
    func textViewDidBeginEditing(_ textView: UITextView) {
    //편집 시작된 텍스트뷰가 글 내용 텍스트뷰인 경우
    if (textView == self.txtContent) {
        self.setLengthContent()            // setLengthContent() 메소드 실행
      }
    }
    func textViewDidChange(_ textView: UITextView) {     // 텍스트뷰 내용이 수정되면
       if (textView == self.txtContent) {     // 수정된 텍스트뷰가 글 내용 텍스트라면
           self.setLengthContent()    // setLengthContent() 메소드 실행

           if textView.text.isEmpty {      // 텍스트뷰의 글이 비어 있다면
               self.lblPlaceHolder.isHidden = false    // 플레이스 홀더 보이게 설정
           } else {
               self.lblPlaceHolder.isHidden = true     // 플레이스 홀더 안 보이게 설정
           }
       }
    }

    func textView(_ textView: UITextView, shouldChangeTextIn range: NSRange,
replacementText text: String) -> Bool {
        if (textView == self.txtContent) {
           //입력된 텍스트가 \n 이라면 ( \n은 개행(엔터)을 뜻합니다)
           if (text == "\n") {
               textView.resignFirstResponder()  // 텍스트뷰 포커스 없애기
               self.txtSubContent.becomeFirstResponder()    // 첨부글에 포커스 이동
           }
        }
        return true
```

```
    }

    func textFieldDidBeginEditing(_ textField: UITextField) {
        if (textField == self.txtSubContent) {
            self.setLengthSubContent()
        }
    }
    func textField(_ textField: UITextField, shouldChangeCharactersIn range: NSRange,
                    replacementString string: String) -> Bool {
        if (textField == self.txtSubContent) {
            let textLength = textField.text?.utf16.count
            let length = textLength! + string.utf16.count - range.length
            self.setLengthLblAC(length, maxLength: self.maxLengthSubContent)
            self.nowLengthSubContent = length
        }
        return true
    }


    // 텍스트필드에서 Return 입력되면
    func textFieldShouldReturn(_ textField: UITextField) -> Bool {
        self.view.endEditing(true)     // 현재 뷰 편집 종료
        return false
    }


    //accessoryView
    @IBAction func dismissKeyboard(_ sender: UIButton) {     // 완료(Done) 버튼 클릭 시
        self.txtContent.resignFirstResponder()
        self.txtSubContent.resignFirstResponder()
    }


    func setLengthContent() {
        let length = self.txtContent.text.characters.count
        self.setLengthLblAC(length, maxLength: self.maxLengthContent)
        self.nowLengthContent = length
    }
    func setLengthSubContent() {
        let length = self.txtSubContent.text!.characters.count
        self.setLengthLblAC(length, maxLength: self.maxLengthSubContent)
        self.nowLengthSubContent = length
    }


    func setLengthLblAC(_ length: Int, maxLength: Int) {
        self.lblAC.text = "\(length) / \(maxLength)"
        if length > maxLength {  // 현재 길이가 최대 길이보다 크다면
            self.lblAC.textColor = UIColor(red: 176.0/255.0, green:70.0/255.0,
```

```
                              blue: 50.0/255.0, alpha: 1.0)
                // UIColor 클래스에 초깃값으로 RGB 값을 입력해주면 됩니다.
                // 0~255 사이 숫자를 255로 나눈 숫자를 float형으로 입력합니다.
            } else {
                self.lblAC.textColor = UIColor.white
            }
        }


    @IBAction func insertDate(_ sender: UIButton) {
        let now = Date()     // Date 객체 생성. 기본은 현재 시각을 기준으로 생성
        let formatter = DateFormatter()                    // 날짜 형식용 객체 생성
        formatter.dateFormat = self.config.dateFormat     // 환경설정에서 날짜 형식 가져오기
        let nowDate = formatter.string(from: now) // 날짜 형식 객체에서 문자열로
                                    // now 값에서 추출

        if self.txtContent.isFirstResponder == true {    // 현재 포커스가 글 내용이라면
            self.txtContent.insertText(nowDate)          // 글 내용에 newDate 값 삽입
            self.setLengthContent()
        }
        if self.txtSubContent.isFirstResponder == true {  // 현재 포커스가 첨부글이라면
            self.txtSubContent.insertText(nowDate)        // 첨부글에 newDate 값 삽입
            self.setLengthSubContent()
        }
    }

    @IBAction func insertTime(_ sender: UIButton) {
        let now = Date()
        let formatter = DateFormatter()
        formatter.dateFormat = "HH:mm"
        let nowTime = formatter.string(from: now)

        if self.txtContent.isFirstResponder == true {
            self.txtContent.insertText(nowTime)
            self.setLengthContent()
        }
        if self.txtSubContent.isFirstResponder == true {
            self.txtSubContent.insertText(nowTime)
            self.setLengthSubContent()
        }
    }
}
```

Enums.swift

```
enum Direction {
```

```
        case top
        case bottom
    }

    enum WriteType {
        case insert
        case update
    }

    enum BtnConfigForDetail {
        case sort
        case dateFormat
        case fontSize
        case textAlign
        case contentsBackground
        case filterColor
    }
```

열거형(Enumeration)이라는 형태가 있습니다. 자료형처럼 변수에 대입하여 사용하게 됩니다. 변수에 현재의 타입이 어떤 상태인지 저장 및 확인하기 위함입니다. 열거형을 설명할 때 도메인과 IP의 관계에 대해서 설명하기도 합니다. 인터넷 세상은 사실 숫자로 이루어져 있습니다. 211.123.123.123 이런 형태의 숫자 체계로 된 IP 주소가 있으며 우리는 이러한 IP를 웹브라우저에 입력해서 각 인터넷 서버에 접속할 수 있습니다. 그러나 숫자를 외운다는 것은 사실 굉장히 어려운 일이고, 몇 개만 외우더라도 무리가 될 것입니다. 그래서 우리는 www.bjpublic.co.kr 등의 도메인을 외우게 됩니다. 이러한 도메인은 숫자의 집합인 IP보다 인지하기 쉽기 때문입니다. 우리가 도메인을 인터넷 주소창에 입력하면 DNS 서버는 이러한 도메인을 숫자인 IP로 변경하여 접속을 안내합니다. 열거형도 이와 비슷합니다. 숫자나 단순히 문자열로도 상태값을 구분할 수 있지만, 내용이 많아질 경우 상당한 무리가 되기 때문입니다. 열거형의 사용은 여러 명의 개발자가 가질 수 있는 혼동도 줄여줍니다. 자동완성 기능을 지원하는 Xcode는 열거형을 지정할 때 오타의 염려도 적습니다. 작성법은 다음과 같습니다.

```
    enum 열거형 이름 {
        case 멤버1
        case 멤버2
    }
```

열거형은 개발 초기에는 필요성을 느끼지 못할 수도 있습니다. 초기에는 기억해야 하는 게 많지 않기 때문입니다. 그러나 시간이 지나고 여러 개의 프로젝트를 거치게 되면서 열거형의 도움이 크다는 것을 느낄 수 있습니다. Swift3가 되면서 열거형의 멤버가 소문자 형태로 변경되었습니다. 간혹 대문자로 작성된 열거형 멤버도 볼 수 있는데, 버전업 이전에 작성된 코드라고 생각하면 됩니다.

6.12 SQLite 소개

SQLite란 서버나 특별한 설정 없이도 자체적으로 데이터를 저장할 수 있는 데이터 베이스 엔진입니다. 다양한 데이터베이스 엔진이 있고, SQLite는 그 중 모바일에 사용하기 적합한 형태의 데이터베이스 엔진입니다. SQLite에 대한 자세한 정보는 https://sqlite.org/에서 확인할 수 있습니다.

[그림 52] SQLite 홈페이지

데이터베이스라는 개념 자체가 생소하다면 여러 개의 시트로 잘 구분된 엑셀과 비슷 하다고 생각하면 됩니다. 물론 그 안의 복잡하고 정교한 기술들은 아주 커다란 차이 가 있지만, 초기에는 열과 행별로 내용을 입력할 수 있는 엑셀을 머릿속에서 그리는 게 오히려 간단합니다.

	A	B	C	D
1	번호	이름	나이	성별
2	1	김순신	22	남
3	2	이은정	18	여
4	3	박지영	34	여
5	4	유길동	40	남
6	5	서유진	28	여

[그림 53] 엑셀 예시 화면

엑셀 시트에 각 제목에 맞게 행들을 추가하고, 읽어 오고, 수정하고, 삭제하는 기능과 유사합니다. 엑셀이 익숙하지 않다면 간단히 출석부 정도만 떠올려도 됩니다. 번호란과 이름란으로 구성된 칸에 한 줄에 한 명씩 이름이 적혀 있는 것과 비슷합니다. 공통되는 제목을 가진 내용을 행별로 입력하는 것과 다르지 않습니다. iOS에는 CoreData라는 데이터 처리를 위한 훌륭한 프레임워크가 이미 존재합니다. iOS 개발에서 구조적 데이터를 저장하게 된다면 CoreData를 사용하게 될 것입니다. 그럼에도 불구하고 SQLite를 사용하는 이유는 데이터베이스에 대한 공통된 내용을 다루고 SQL 구문의 기본적인 내용을 학습하기 위함입니다. 데이터베이스라는 개념은 굉장히 넓어서 간단히 학습할 수 있는 영역은 아닙니다. 다만 이러한 개념이 존재함을 인식하고 일부라도 학습해둔다면 앞으로 겪을 다양한 프로젝트에서 든든한 바탕이 될 것입니다.

6.13 SQL 구문

SQL(Structured Query Language)이란 데이터베이스에 사용하는 질의 언어입니다. 데이터베이스와의 대화를 위해 만들어진 언어이므로, 상당히 구조적으로 만들어져 있습니다. 구조적이라는 것은 공통된 규칙이 적용된다는 것과도 비슷한 의미입니다. 학습자 입장에서는 공통된 규칙 몇 개만 익히면 기본적인 내용은 사용할 수 있게 됩니다. SQL문을 학습하는 이유는 다양한 데이터베이스 엔진들을 사용하기 때문입니다. 오라클, MS-SQL, MySQL 등 다양한 유·무료의 데이터베이스 엔진들이 이 구조적 언어를 사용하게 되어 있으며, 따라서 한 번만 익혀두면 다양한 환경에 적응하기 수월합니다.

데이터를 다루는 일은 복잡하게 생각하면 한없이 복잡하지만, 단순히 생각하면 크게 네 가지 범위 안에 있습니다. 쓰고, 읽고, 수정하고, 삭제하는 것입니다. 사실 데이터는 이 네 가지 경우가 거의 전부입니다. 흔히 인터넷에 있는 게시판과 연결지어 생각하면 됩니다. 게시판에 글을 쓰고, 글을 읽고, 글을 수정하고, 글을 삭제한다. 물론 이러한 과정에서 회원 가입, 인증, 권한 여부 등이 필요합니다. 그러나 회원 가입이나 인증도 크게 다르지 않습니다. 회원 가입을 예로 하더라도 데이터 입장에서 보면 회원 정보를 쓰고, 읽고, 수정하고, 삭제하는 과정일 뿐입니다. 그래서 알아볼 SQL 구문도 데이터를 쓰고, 읽고, 수정하고, 삭제하는 내용뿐입니다. 이들을 일반적으로 CRUD라고 지칭합니다. CRUD는 데이터 처리 과정에서 Create(생성), Read(읽기), Update(갱신), Delete(삭제)를 묶어서 일컫는 말입니다. 예제에 사용할 임의적인 데이터입니다.

테이블명: 회원 정보

번호	이름	나이	성별
1	김순신	22	남
2	이은정	18	여
3	박지영	34	여
4	유길동	40	남
5	서유진	28	여

간단히 구문을 알아보겠습니다.

```
쓰기: INSERT INTO 테이블명 (열 이름) VALUES (값);
읽기: SELECT 열 이름 FROM 테이블명 WHERE 열 이름 = 값 ORDER BY 번호 ASC;
수정: UPDATE 테이블명 SET 열 이름 = 값 WHERE 열 이름 = 값;
삭제: DELETE FROM 테이블명 WHERE 열 이름 = 값;
```

명령어는 SQLite를 포함한 대부분의 DB 시스템에서 대소문자를 구분하지 않습니다. INSERT, Insert, insert는 동일하게 동작합니다. 대부분의 SQL 구문은 대문자로 작성하는 경우가 많습니다. 강제적인 것은 아닙니다. 물론 앞에서 언급했듯이 하나의 프로젝트에서는 하나의 규칙을 따르는 것이 좋습니다.

쓰기 구문부터 살펴보겠습니다.

```
INSERT INTO 테이블명 (열 이름) VALUES (값);
```

위의 규칙대로 구문을 작성합니다. 여러 값을 입력할 경우 쉼표(,)로 구분합니다.

INSERT INTO 회원 정보 (번호, 이름, 나이, 성별) VALUES (6, ' 김민아 ', 37, ' 여 ');

위의 구문을 실행하면 회원 정보라는 공간에 번호에는 6, 이름에는 김민아, 나이에는 37, 성별에는 여 값이 입력됩니다. 열 이름 괄호() 속의 순서와 값 괄호() 속의 순서가 일치하여 들어가게 됩니다. 열의 개수와 값의 개수가 다를 경우 오류가 발생합니다. 순서는 상관없습니다. 성별, 나이, 이름, 번호순으로 작성해도 됩니다. 값만 순서에 맞게 작성해주면 입력되는 것에 문제가 없습니다.

읽기 구문을 살펴보겠습니다.

SELECT 열 이름 FROM 테이블명 WHERE 열 이름 = 값 ORDER BY 번호 ASC;

위의 규칙대로 구문을 작성합니다. 여러 값을 입력할 경우 쉼표(,)를 입력합니다.

SELECT 번호, 이름, 성별 FROM 회원 정보 WHERE 성별 = ' 여 ' ORDER BY 이름 ASC;

위의 구문을 실행하면 성별이 '여'인 회원 정보를 이름순으로 번호, 이름, 성별 항목을 출력합니다. 표 형태로 보면 아래와 같습니다.

테이블명: 회원 정보

번호	이름	성별
3	박지영	여
5	서유진	여
2	이은정	여

SELECT 뒤에 보고 싶은 열 이름을 작성합니다. FROM 뒤에 테이블명을 작성하고 WHERE 뒤에 조건을 작성합니다. ORDER BY 뒤에 정렬의 기준이 되는 열 이름과 오름차순(ASC), 내림차순(DESC) 여부를 입력합니다. 필요하지 않을 경우 조건을 생략할 수 있습니다.

SELECT 이름, 번호 FROM 회원 정보 ORDER BY 번호 DESC;

위의 구문은 번호의 역순으로 회원 정보 테이블의 이름과 번호를 출력합니다. WHERE 구문이 없으므로 모든 데이터를 출력합니다. 표 형태로 보면 다음과 같습니다.

테이블명: 회원 정보

이름	번호
서유진	5
유길동	4
박지영	3
이은정	2
김순신	1

출력되는 순서가 상관없다면 ORDER BY 구문을 생략해도 됩니다.

```
SELECT 이름 FROM 회원 정보 WHERE 나이 > 30;
```

위의 구문은 나이가 30을 초과하는 회원 정보의 이름을 출력합니다. 숫자형 열에 사용하는 부등호(〈, 〉, =, 〈=, 〉=)는 스위프트 언어의 부등호 규칙과 동일하게 적용됩니다. ORDER BY 구문이 없으니 순서는 임의적입니다. 표 형태로 보면 아래와 같습니다.

테이블명: 회원 정보

이름
유길동
박지영

WHERE 구문도 여러 개의 조건을 적용할 수 있습니다. 각 조건의 연결은 AND와 OR를 이용합니다. AND와 OR는 스위프트의 &&, || 의 구문과 동일하게 적용되며 우선순위를 위한 괄호()도 사용 가능합니다.

```
SELECT 이름 FROM 회원 정보 WHERE 나이 >= 22 AND 성별 = '여';
```

위의 구문은 나이가 22 이상이며, 성별 '여'인 데이터들을 추출합니다. 표 형태로 보면 아래와 같습니다.

테이블명: 회원 정보

번호	이름	나이	성별
3	박지영	34	여
5	서유진	28	여

1번 김순신 회원은 나이가 22지만 성별이 '남'이므로 목록에서 제외됩니다.

ORDER BY 또한 다수의 조건이 적용 가능합니다. 각 항목을 쉼표(,)로 구분하면 됩니다.

```
SELECT 이름 FROM 회원 정보 ORDER BY 성별 ASC, 나이 ASC;
```

위의 구문을 실행하면 1차로 성별 오름차순으로 데이터를 추출합니다. 만일 성별이 동일하다면 2차로 나이 오름차순으로 데이터를 정렬하여 추출합니다. 표 형태로 보면 아래와 같습니다.

테이블명: 회원 정보

번호	이름	나이	성별
1	김순신	22	남
4	유길동	40	남
2	이은정	18	여
5	서유진	28	여
3	박지영	34	여

수정 구문을 살펴보겠습니다.

```
UPDATE 테이블명 SET 열 이름 = 값 WHERE 열 이름 = 값;
```

위의 규칙대로 구문을 작성합니다. 여러 값을 입력할 경우 쉼표(,)를 입력합니다.

```
UPDATE 회원 정보 SET 나이 = 20, 성별 = ' 여 ' WHERE 이름 = ' 김순신 ';
```

위의 구문을 실행하면 이름이 '김순신'인 회원 정보를 나이를 20으로, 성별을 여로 수정합니다. 수정 후 SELECT를 이용해 회원 정보를 출력해보면 수정된 내용이 확인 가능합니다. 표 형태로 보면 아래와 같습니다.

```
SELECT 번호, 이름, 나이, 성별 FROM 회원 정보 WHERE 이름 = ' 김순신 ';
```

테이블명: 회원 정보

번호	이름	나이	성별
1	김순신	20	여

UPDATE 구문도 SELECT와 마찬가지로 WHERE 구문이 없다면 테이블의 전체 정보를 수정하게 됩니다.

```
UPDATE 회원 정보 SET 나이 = 20, 성별 = '여';
```

위와 같이 WHERE 구문을 입력하지 않으면 회원 정보 테이블의 전체 데이터가 수정됩니다.

이는 UPDATE를 사용할 때 매우 주의해야 합니다.

삭제 구문을 살펴보겠습니다.

```
DELETE FROM 테이블명 WHERE 열 이름 = 값;
```

위의 규칙대로 구문을 작성합니다.

```
DELETE FROM 회원 정보 WHERE 번호 = 1;
```

위의 구문을 실행하면 번호가 1인 회원 정보를 삭제합니다. 삭제 후 SELECT를 이용해 회원 정보를 출력해보면 삭제된 내용이 확인 가능합니다. 표 형태로 보면 아래와 같습니다.

```
SELECT 번호, 이름, 나이, 성별 FROM 회원 정보 ORDER BY 번호 ASC;
```

테이블명: 회원 정보

번호	이름	나이	성별
2	이은정	18	여
3	박지영	34	여
4	유길동	40	남
5	서유진	28	여

다른 구문과 마찬가지로 WHERE에 AND와 OR를 이용해 추가적인 조건을 적용할 수 있습니다. UPDATE와 마찬가지로 WHERE 구문을 입력하지 않으면 테이블 전체 데이터가 삭제됩니다.

이는 DELETE를 사용할 때 매우 주의해야 합니다.

정리

SQL은 상당히 다양한 구문으로 구성되어 있습니다. 다만 처음부터 모든 구문을 억지로 외울 필요는 없습니다. INSERT, SELECT, UPDATE, DELETE 구문이 익숙하면 나머지는 사용하면서 차근히 늘려 가면 됩니다. 예제를 진행하며 iOS 앱에서 어떻게 SQL 구문을 사용하고, 데이터 관리에 이용하는지 살펴보겠습니다.

6.14 SQLite 사용 준비

SQLite는 이미 내장되어 있지만, C 언어 기반의 SQLite API 사용을 위해선 다소 복잡한 문제를 해결해야 합니다. 이를 위한 방법으로는 래퍼(Wrapper)를 이용하는 것입니다. 예제에서 선택한 래퍼는 FMDB입니다. SQLite API를 보다 쉽게 사용할 수 있도록 미리 클래스들을 구성해놓은 것이며, 우리는 이러한 클래스의 사용법만 익히면 됩니다. 물론 우리가 학습하고자 하는 SQL 구문을 그대로 사용할 수 있습니다. 래퍼를 사용하기 위해서는 동적 라이브러리를 추가해야 합니다. 동적 라이브러리 추가부터 FMDB 설치까지 차례로 진행하겠습니다.

Xcode는 프로젝트를 생성할 때 기본적으로 필요한 클래스들의 집합들을 읽어 옵니다. 그러나 SQLite를 위한 동적 라이브러리는 기본적으로 추가가 안 됩니다. 따라서 SQLite 사용을 위해 동적 라이브러리를 추가해야 합니다.

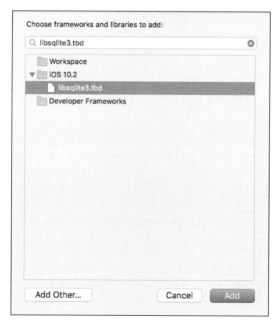

[그림 54] libsqlite3.tbd 추가

프로젝트 네비게이터에서 상단의 프로젝트명을 선택합니다. Targets의 프로젝트명을 클릭합니다. Build Phases 탭으로 이동합니다. Link Binary with Libraries 항목을 선택합니다. + 버튼을 클릭 후 libsqlite3.tbd 선택 후 Add 버튼을 클릭합니다.

이번엔 FMDB 설치 및 연결입니다. FMDB의 소스코드는 GitHub 저장소에 있습니다. Xcode에는 Git 저장소에 있는 코드를 바로 체크아웃할 수 있는 기능이 있습니다. 상단 메뉴의 Source Ctrl > Check Out... 메뉴를 클릭합니다.

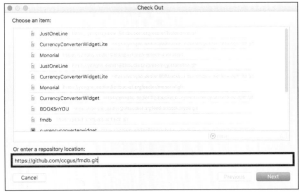

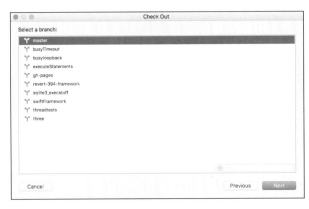

[그림 55] fmdb 체크아웃 화면

enter a repository location: 항목에 FMDB의 git 주소 https://github.com/ccgus/fmdb. git을 입력합니다. Next를 클릭하면 화면에 브랜치 목록이 표시됩니다. master를 선택하고 Next를 클릭합니다. 파일이 저장될 위치를 선택하면 됩니다. 프로젝트 작업 공간에 FMDB라는 폴더를 생성 후 Check Out 버튼을 클릭하면 소스파일이 다운로드되고 Xcode는 FMDB 프로젝트를 열게 됩니다.

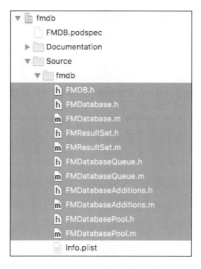

[그림 56] FMDB 파일 드래그 앤 드롭

Source 폴더의 fmdb 폴더로 이동하여 .h, .m으로 되어 있는 모든 파일을 선택한 후 작업 중인 프로젝트 네비게이터에 fmdb라는 그룹을 만들고 그 폴더 아래로 드래그 앤 드롭합니다.

[그림 57] FMDB Create Bridging Header

추가한 소스코드의 Bridging Header를 만들 것인지 묻는 대화창이 표시됩니다. Create Bridging Header를 클릭합니다. 그러면 JustOneLine-Bridging-Header.h 등과

같이 프로젝트명 -Bridging-Header.h라는 파일이 프로젝트상에 생성됩니다. 마지막으로 방금 생성된 Bridging-Header 파일에 다음과 같은 구문을 추가하면 됩니다.

```
#import " FMDB.h"
```

이것으로 프로젝트에서 FMDB를 이용해 SQLite를 사용하도록 만드는 구성이 완료되었습니다. 이제는 직접적으로 SQL 구문을 이용하여 데이터를 쓰고, 읽고, 수정하고, 삭제하도록 하겠습니다.

6.15 싱글톤 패턴이란 무엇인가

앞 부분에서 델리게이트 패턴을 학습했습니다. 앱을 만들기 위해서 많은 디자인 패턴을 알아야 하는 것은 아니지만 최소한 델리게이트 패턴, 싱글톤 패턴은 알아야 합니다. 이번 장에서는 여러 프로젝트에서 자주 사용되는 싱글톤 패턴에 대해서 알아보겠습니다. 이는 특정 클래스에 대해서 객체가 하나만 생성되도록 보장하는 방법입니다. 특정 클래스의 값을 여러 클래스에서 공유해야 한다거나, 하나씩 순서대로 처리할 때 주로 사용됩니다. 사용자 설정값은 여러 객체에서 각각의 값을 저장하기 보다는 앱 전체에서 하나의 값으로 관리되어야 합니다. 싱글톤 패턴 작성 방법에 대해서 알아봅니다.

```
class Singleton {
    static let sharedInstance = Singleton()
    fileprivate init() {
    }
}
```

싱글톤 패턴 작성은 이게 전부입니다. 짧은 구문에 다소 복잡한 의미가 포함되어 있습니다만, 구문은 위 코드가 전부입니다. 정적(static) 상수(let)로서 sharedInstance를 선언하고 그곳에 Singleton 클래스 생성을 선언하게 됩니다. static은 어느 곳에서든 하나의 값만 존재한다고 생각하면 됩니다. 클래스는 객체가 생성될 때 각각의 인스턴스가 만들어지는데, static 키워드가 붙은 요소들은 전체에서 하나의 값만 존재하며 객체들 간에 공유합니다. 또한 static은 인스턴스를 생성하지 않고 사용할 수 있습니다.

```
let a = ClassName()
a.normalVar
a.normalLet
a.normalFunction()
```

```
ClassName.staticVar
ClassName.staticLet
ClassName.staticfunction()
```

정적 상수 fileprivate init() {} 생성자는 반드시 fileprivate로 지정되어야 합니다. 클래스 내부에서만 생성이 가능해야 하기 때문입니다. 이것에 대한 사용법은 다음과 같습니다.

```
let singleton = Singleton.sharedInstance
```

이 한 줄로 싱글톤 패턴으로 구현된 클래스의 객체를 사용할 수 있습니다. 객체를 따로 생성할 필요 없이 Singleton.sharedInstance 상수를 원하는 변수에 대입하면 됩니다. static으로 선언된 상수, 또는 메소드는 객체 인스턴스 생성 없이 클래스명.변수 형태로 바로 사용 가능합니다.

```
class Singleton {
        static let sharedInstance = Singleton()

        let height: Int
        let weight: Int

        private init() {
                self.height = 100
                self.weight = 200
        }
}
```

위와 같은 클래스가 있다면 사용법은 단순합니다.

```
let singleton = Singleton.sharedInstance
```

singleton 상수에 Singleton 클래스의 객체를 대입합니다.

```
print(" \(singleton.height), \(singleton.weight)")    // 출력 100, 200
```

싱글톤 패턴의 좋은 점은 현재의 객체를 보고 있는 다른 클래스에서도 싱글톤 객체 가 공유되는 것입니다. 싱글톤 패턴으로 구현된 환경설정 클래스에서 설정된 값을 변경할 경우가 있습니다. 이런 때 싱글톤 패턴으로 환경설정 클래스가 구성되어 있 다면 다른 곳에서 변경된 값을 여러 객체에서 공유하게 됩니다. 지금 시점에서 싱글 톤 패턴을 설명하는 이유는 앞으로 소개될 코드가 싱글톤 패턴을 다수 포함하고 있 기 때문입니다. 그리 많은 수의 클래스는 아니지만 싱글톤 패턴의 클래스 안에서 다 른 싱글톤 패턴의 클래스 값을 사용하는 형태도 존재합니다. 앞으로 예제 프로젝트 가 진행되면, 싱글톤 패턴의 다양한 쓰임을 볼 수 있을 것입니다.

6.16 SQLite 내용 저장하기

본격적으로 데이터를 처리하는 작업을 진행합니다. 우선 작성한 글을 저장하는 부분 을 진행합니다. 이미 Main.storyboard를 통해 글 작성 화면은 구성되어 있습니다.

[그림 58]

이제 화면에서 글을 작성한 후 저장 버튼을 탭할 때 데이터가 저장되는 과정을 구현 하도록 하겠습니다. 우리는 SQLite를 이용해 데이터를 저장하기로 하였습니다. 이를 위해 한 줄 메모를 위한 Line이라는 클래스와 그 클래스를 데이터베이스에서 조회, 입력, 수정, 삭제하는 클래스를 만들도록 하겠습니다.

구현 예정인 클래스의 종류를 알아보도록 하겠습니다. 아래는 이번 장에서 작성해야 할 클래스들입니다.

Line 클래스: 사용자가 작성한 한 줄의 내용을 저장할 때 사용

LineContainer 클래스: Line의 글 내용뿐만이 아닌 글의 위치, 폰트 사이즈, 글자 색 등 저장 데이터 이 외에 사용자에게 제공될 다양한 데이터를 저장할 때 사용

LineController 클래스: Line 클래스와 LineContainer 클래스를 데이터베이스 간의 조회, 입력, 수정, 삭제를 처리. 일반적인 MVC패턴에서는 DB와의 관계를 모델 클래스, DAO 클래스 등에서 운영하지만 해당 예제는 단순화를 위해 Controller에서 처리합니다.

DatabaseController 클래스: 데이터베이스에 데이터를 조회, 입력, 수정, 삭제 처리할 때 사용

LimitedRandom 클래스: LineContainer에 들어갈 다양한 임의값들을 생성할 때 사용

Config 클래스: 앱에서 저장되고 사용될 다양한 환경설정을 관리할 때 사용

첫 번째로 글의 내용을 저장할 Line 클래스를 작성합니다. 프로젝트 네비게이터에서 마우스 우클릭하여 New Group을 선택합니다. 새로운 폴더가 생성됩니다. 해당 폴더 이름은 Models라고 입력합니다. Models 폴더에서 마우스 우클릭하여 New File...을 선택합니다. iOS의 Swift File을 선택하고 Next를 클릭합니다. JustOneLine 폴더를 선택한 후 파일명은 Line.swift로 작성합니다. Create 버튼을 클릭하면 파일이 생성됩니다. 이제 이 파일에 Line 클래스를 작성합니다. 아래는 Line.swift 파일의 내용입니다.

```
Line.swift

import Foundation

class Line {
    var content: String     // 글 내용 저장 변수
    var subContent: String  // 첨부글 내용 저장 변수
    var createdAt: Date     // 글 등록일시 저장 변수

    init() {
        self.content = ""
```

```
            self.subContent = ""
            self.createdAt = Date()
        }
    }
```

Line이라는 이름의 클래스를 만들었습니다.

Line 객체의 내용뿐만이 아닌 화면에 표시될 다양한 값들을 저장할 LineContainer.
swift 파일을 작성합니다. 마찬가지로 Models 폴더에서 New File...을 선택하여
LineContainer.swift 파일을 만듭니다. 다음은 LineContainer.swift의 파일 내용입니다.

6.16 SQLite 내용 저장하기

LineContainer.swift
```
import UIKit

class LineContainer {
    ① var line: Line                              // 글정보 클래스 저장 변수
    ② var idx: Int                                // 글 일련번호 저장 변수
    ③ var imgBg: UIImage                          // 배경이미지 저장 변수
    ④ var filterColor: UIColor                    // 필터 색상 저장 변수
    ⑤ var fontSize: CGFloat                       // 폰트 크기 저장 변수
    ⑥ var fontAlign: NSTextAlignment              // 글 정렬 저장 변수
    ⑦ var vContentBackgroundColor: UIColor        // 글 배경 색상 저장 변수
    ⑧ var constTopVContent: CGFloat               // 상단부터 글 위치까지의 거리 저장 변수

    ⑨ init() {      // 인스턴스가 생성될 때 실행
        let ltdRnd = LimitedRandom.sharedInstance           // 클래스 싱글톤 공용인스턴스

        self.line = Line()                                   // 빈 Line 인스턴스를 입력
        self.idx = 0                                         // 일련번호 0 입력
        self.imgBg = ltdRnd.getRandomImage()                 // 임의 이미지 가져와서 저장
        self.filterColor = ltdRnd.getRandomFilterColor()     // 임의 필터 색상 가져와서 저장
        self.fontSize = ltdRnd.getRandomFontSize()           // 임의 폰트 크기 가져와서 저장
        self.fontAlign = ltdRnd.getRandomAlign() // 임의 글 정렬 가져와서 저장
        //글 배경 색상가져와서 저장
        self.vContentBackgroundColor = ltdRnd.getRandomVContentBgColor()
        self.constTopVContent= 0            // 상단부터 글 위치까지의 거리 0 입력
        self.constTopVContent = 0                           // 상단부터 글 위치까지의 거리
0 입력
    }

    init(idx: Int, line: Line) {  일련번호와 Line 인스턴스를 입력하면서 인스턴스 생성
        ⑩ let ltdRnd = LimitedRandom.sharedInstance
```

```
            self.line = line
            self.idx = idx
     ⑪ self.imgBg = ltdRnd.getRandomImage()
        self.filterColor = ltdRnd.getRandomFilterColor()
        self.fontSize = ltdRnd.getRandomFontSize()
        self.fontAlign = ltdRnd.getRandomAlign()
        self.vContentBackgroundColor = ltdRnd.getRandomVContentBgColor()
        self.constTopVContent = 0
    }
}
```

보지 못했던 구문이 다소 포함되어 있습니다. 변수 선언 부분부터 확인하겠습니다.

① var line: Line ― Line 클래스의 데이터 타입을 가지는 line이라는 변수를 선언합니다.

② var idx: Int ― idx는 데이터베이스에서 가지고 있는 일련번호를 저장할 때 사용됩니다.

③ var imgBg: UIImage ― UIImage는 iOS에서 이미지를 다루기 위한 클래스입니다. 이 변수는 글의 배경 이미지를 저장할 때 사용됩니다.

④ var filterColor: UIColor ― UIColor는 iOS에서 색상을 다루기 위한 클래스입니다. 이 변수는 필터 색을 저장할 때 사용됩니다. 여기에서의 필터는 일반적인 사진 필터와는 다르게 간단히 사진 위에 투명한 색상의 커버를 씌우는 형태입니다. 일반적으로 사진 필터를 구현하고자 할 때는 Core Image 프레임워크를 사용합니다. Core Image의 보다 자세한 사항은 http://developer.apple.com/ documentation/coreimage 에서 확인 가능합니다.

⑤ var fontSize: CGFloat ― CGFloat는 iOS에서 Core Graphics, UIKit에서 사용하기 위한 특별한 형태의 실수용 타입입니다.

⑥ var fontAlign: NSTextAlignment― 텍스트의 정렬을 다루기 위한 클래스입니다. 이 변수는 글의 좌, 우, 가운데 정렬 값을 저장하기 위해 사용됩니다.

⑦ var vContentBackgroundColor: UIColor ― 글의 배경색을 저장하기 위한 변수입니다.

⑧ var constTopVContent: CGFloat   ― 글이 시작하는 높이를 저장하기 위한
변수입니다.

다음으로는 초기화 메소드를 살펴봅니다.

```
⑨  init() {
        let ltdRnd = LimitedRandom.sharedInstance // LimitedRandom 클래스 싱글톤 공용
    인스턴스

        self.line = Line()
        self.idx = 0
        self.imgBg = ltdRnd.getRandomImage()
        self.filterColor = ltdRnd.getRandomFilterColor()
        self.fontSize = ltdRnd.getRandomFontSize()
        self.fontAlign = ltdRnd.getRandomAlign()
        self.vContentBackgroundColor = ltdRnd.getRandomVContentBgColor()
        self.constTopVContent = 0
    }
```

못 보던 구문이 있습니다. 아래의 코드입니다.

⑩ let ltdRnd = LimitedRandom.sharedInstance   ― LimitedRandom 클래스의
sharedInstance라는 속성을 ltdRnd 상수에 대입합니다.

LimitedRandom 클래스를 작성해야 합니다. 아래와 같이 코드들이 LimitedRandom
의 메소드들을 사용하고 있습니다.

```
⑪ self.imgBg = ltdRnd.getRandomImage()
  self.filterColor = ltdRnd.getRandomFilterColor()
  self.fontSize = ltdRnd.getRandomFontSize()
  self.fontAlign = ltdRnd.getRandomAlign()
  self.vContentBackgroundColor = ltdRnd.getRandomVContentBgColor()
```

LimitedRandom 클래스 파일은 Controllers 폴더 아래에 위치합니다. Controllers 폴
더에서 마우스 우클릭 후 New File...을 클릭하여 파일을 추가합니다. 파일명은
LimitedRandom.swift입니다. LimitedRandom 클래스는 환경설정에서 사용하겠다고
설정한 값들을 배열에 저장한 후 필요할 때 임의적으로 하나의 값을 추출하는 메소
드들로 구성되어 있습니다. 아래는 LimitedRandom 클래스의 내용입니다.

```
import UIKit

class LimitedRandom {
    ① static let sharedInstance = LimitedRandom()      // 싱글톤 패턴용 정적 상수 선언

        var images = Array<UIImage>()      // 이미지 저장용 배열
        var filterColors = Array<UIColor>()      // 필터 색상 저장용 배열
        var fontSizes = Array<CGFloat>()      // 폰트 크기 저장용 배열
        var txtAligns = Array<NSTextAlignment>()// 글 정렬 방향 저장용 배열
        var vContentBgColors = Array<UIColor>() // 글 배경 색상 저장용 배열

        let config = Config.sharedInstance      // 환경설정 값 싱글톤 패턴 인스턴스

    fileprivate init() {
        // image list
        let fm = FileManager.default      // 파일 관리를 위해서 사용하는 객체
        let path = Bundle.main.resourcePath!      // 앱의 최상위 경로를 저장
        let items = try! fm.contentsOfDirectory(atPath: path)  // 경로에서 파일의 목록을 저장
        for item in items { // 파일 목록만큼 반복구문을 실행
            // 파일의 시작이 bg0으로 시작하고, 확장자가 .jpg일 경우
            if item.hasPrefix("bg0") && item.hasSuffix(".jpg") {
                // UIImage 객체로 만들어 images 배열에 저장
                self.images.append(UIImage(named: item)!)
            }
        }

        self.setFontSizes()          // 폰트 크기 설정 실행
        self.setFilterColors()          // 필터 색상 설정 실행
        self.setTextAligns()          // 글 정렬 방향 설정 실행
        self.setVContentBgColors()          // 글 배경 색상 설정 실행
    }

    func setFontSizes() {          // 폰트 크기 설정 메소드
        self.fontSizes = Array<CGFloat>() // self.fontSizes 배열을 빈 값으로 초기화

        // self.config 인스턴스의 fontSizeMin부터 fontSizeMax까지의 값만큼 반복구문 실행
        for index in Int32(self.config.fontSizeMin)...Int32(self.config.fontSizeMax) {
            self.fontSizes.append(CGFloat(index)) // 값을 fontSizes 배열에 저장
        }
    }

    func setFilterColors() {                 // 필터 색상 설정 메소드
        self.filterColors = Array<UIColor>()  // self.filterColors 배열을 빈 값으로 초기화
```

```
            if config.filterColorClear == true {   // config.filterColorClear(투명)이 true라면
                self.filterColors.append(self.config.fcClear)  // self.filterColors 배열에 추가
            }
            if config.filterColorRed == true {      // config.filterColorRed(빨강)이 true라면
                self.filterColors.append(self.config.fcRed)     // self.filterColors 배열에 추가
            }
            if config.filterColorOrange == true {  // 주황
                self.filterColors.append(self.config.fcOrange)
            }
            if config.filterColorYellow == true {    // 노랑
                self.filterColors.append(self.config.fcYellow)
            }
            if config.filterColorGreen == true {     // 초록
                self.filterColors.append(self.config.fcGreen)
            }
            if config.filterColorBlue == true {      // 파랑
                self.filterColors.append(self.config.fcBlue)
            }
            if config.filterColorIndigo == true {    // 남색
                self.filterColors.append(self.config.fcIndigo)
            }
            if config.filterColorViolet == true {    // 보라
                self.filterColors.append(self.config.fcViolet)
            }
            if config.filterColorWhite == true {     // 흰색
                self.filterColors.append(self.config.fcWhite)
            }
            if config.filterColorBlack == true {     // 검정
                self.filterColors.append(self.config.fcBlack)
            }
        }

    func setTextAligns() {                          // 글 정렬 설정 메소드
        self.txtAligns = Array<NSTextAlignment>()
        if config.textAlignLeft == true {
            self.txtAligns.append(NSTextAlignment.left)
        }
        if config.textAlignCenter == true {
            self.txtAligns.append(NSTextAlignment.center)
        }
        if config.textAlignRight == true {
            self.txtAligns.append(NSTextAlignment.right)
        }
    }
```

```swift
func setVContentBgColors() {                      // 글 배경 색상 설정 메소드
    self.vContentBgColors = Array<UIColor>()
    if config.backgroundContentClear == true {
        self.vContentBgColors.append(UIColor.clear)
    }
    if config.backgroundContentBlack == true {
        self.vContentBgColors.append(UIColor(red: 0, green: 0, blue: 0, alpha: 0.4))
    }
}

func getRandomImage() → UIImage {         // 임의 이미지 반환
    // images 배열 크기 중 랜덤하게 숫자 반환
    let randomNo = Int(arc4random_uniform(UInt32(self.images.count)));
    return self.images[randomNo]         // 배열 중 임의 이미지 반환
}

func getRandomFilterColor() → UIColor { // 임의 필터 색상 반환
    // 필터 색상 배열 크기 중 랜덤하게 숫자 반환
    let randomNo = Int(arc4random_uniform(UInt32(self.filterColors.count)));
    return self.filterColors[randomNo]  // 배열 중 임의 필터 색상 반환
}

func getRandomFontSize() → CGFloat {
    let randomNo = Int(arc4random_uniform(UInt32(self.fontSizes.count)));
    return self.fontSizes[randomNo]
}

func getRandomAlign() → NSTextAlignment {
    let randomNo = Int(arc4random_uniform(UInt32(self.txtAligns.count)));
    return self.txtAligns[randomNo]
}

func getRandomVContentBgColor() → UIColor {
    let randomNo = Int(arc4random_uniform(UInt32(self.vContentBgColors.count)));
    return self.vContentBgColors[randomNo]
}

func getRandomConstContent(_ contentHeight: CGFloat) → CGFloat {    // 글 내용 표시
                                                                   // 시작 위치
    let screenHeight = UIScreen.main.bounds.height     // 스크린 전체 높이를 저장
    let marginHeight = Int32(screenHeight - contentHeight)    // 스크린 전체 높이에서
                                                              // 콘텐츠의 높이 빼기

    var constHeight: CGFloat = 0
```

```
        if marginHeight <= 20 {      // marginHeight가 20 이하일 경우
            constHeight = 20         // 높이 20
    } else { // marginHeight가 20을 초과할 경우
        // 임의의 높이
        constHeight = CGFloat( arc4random_uniform( UInt32(marginHeight-20) ) + 20);
        }
        return constHeight
    }
  }
```

중요하게 살펴볼 내용은 클래스의 선언 부분입니다.

```
class LimitedRandom {
 ① static let sharedInstance = LimitedRandom()

  var images = Array<UIImage>()
  var filterColors = Array<UIColor>()
  var fontSizes = Array<CGFloat>()
  var txtAligns = Array<NSTextAlignment>()
  var vContentBgColors = Array<UIColor>()

  let config = Config.sharedInstance
 ...
```

static let sharedInstance = LimitedRandom() 구문은 싱글톤 패턴을 위한 구문입니다. 그런데 코드의 아래쪽을 보니 let config = Config.sharedInstance 구문이 또 존재합니다. 이것 역시 Config 클래스가 싱글톤으로 구현되어 있는 것을 알 수 있습니다. Config는 앱의 여러 가지 설정을 관리하는 클래스입니다. 다음은 Config 클래스의 코드입니다. Config 클래스는 Models 폴더에 위치합니다. 또한 Config를 제어하기 위한 ConfigController 클래스도 함께 살펴봅니다. Controller 폴더에 위치합니다.

```
Config.swift
import UIKit

class Config {
    static let sharedInstance = Config()

    var sort: Int                    // 정렬 방향
    var dateFormat: String           // 날짜 형식
```

```
    var fontSizeMin: Int                        // 폰트 크기 최저값
    var fontSizeMax: Int                        // 폰트 크기 최댓값

    var textAlignLeft: Bool                     // 글 내용 왼쪽 정렬 사용 여부
    var textAlignCenter: Bool                   // 글 내용 가운데 정렬 사용 여부
    var textAlignRight: Bool                    // 글 내용 오른쪽 정렬 사용 여부

    var backgroundContentClear: Bool            // 글 배경 색상에 투명 사용 여부
    var backgroundContentBlack: Bool            // 글 배경 색상에 검은색 사용 여부

    var filterColorClear: Bool                  // 필터 색상에 투명 사용 여부
    var filterColorRed: Bool                    // 필터 색상에 빨강 사용 여부
    var filterColorOrange: Bool                 // 필터 색상에 오렌지 사용 여부
    var filterColorYellow: Bool                 // 필터 색상에 노랑 사용 여부
    var filterColorGreen: Bool                  // 필터 색상에 초록 사용 여부
    var filterColorBlue: Bool                   // 필터 색상에 파랑 사용 여부
    var filterColorIndigo: Bool                 // 필터 색상에 남색 사용 여부
    var filterColorViolet: Bool                 // 필터 색상에 보라 사용 여부
    var filterColorWhite: Bool                  // 필터 색상에 흰색 사용 여부
    var filterColorBlack: Bool                  // 필터 색상에 검정 사용 여부

    var activeBtnInShow: Bool                   // 글보기 화면에서 버튼 표시 여부 저장용

// 색상 저장용 상수들
let codeColor333: UIColor
let codeColor444: UIColor
let codeColor666: UIColor

let codeColor1: UIColor
let codeColor2: UIColor
let codeColor3: UIColor
let codeColor4: UIColor
let codeColor5: UIColor

// Button Color
let bcRed: UIColor
let bcOrange: UIColor
let bcYellow: UIColor
let bcGreen: UIColor
let bcBlue: UIColor
let bcIndigo: UIColor
let bcViolet: UIColor
let bcWhite: UIColor
let bcBlack: UIColor
```

```swift
// Filter Color
let fcClear: UIColor
let fcRed: UIColor
let fcOrange: UIColor
let fcYellow: UIColor
let fcGreen: UIColor
let fcBlue: UIColor
let fcIndigo: UIColor
let fcViolet: UIColor
let fcWhite: UIColor
let fcBlack: UIColor

fileprivate init() {     // 객체 생성 시 초기화 실행

    self.sort = 1
    self.dateFormat = "YYYY-MM-dd"

    self.fontSizeMin = 16
    self.fontSizeMax = 24

    self.textAlignLeft = true
    self.textAlignCenter = true
    self.textAlignRight = true

    self.backgroundContentClear = true
    self.backgroundContentBlack = true

    self.filterColorClear = true
    self.filterColorRed = true
    self.filterColorOrange = true
    self.filterColorYellow = true
    self.filterColorGreen = true
    self.filterColorBlue = true
    self.filterColorIndigo = true
    self.filterColorViolet = true
    self.filterColorWhite = true
    self.filterColorBlack = true

    self.activeBtnInShow = true

    self.codeColor333 = UIColor(red: 33.0/255.0, green: 33.0/255.0, blue: 33.0/255.0,
                                alpha: 1.0)
    self.codeColor444 = UIColor(red: 44.0/255.0, green: 44.0/255.0, blue: 44.0/255.0,
```

```
                                      alpha: 1.0)
self.codeColor666 = UIColor(red: 66.0/255.0, green: 66.0/255.0, blue: 66.0/255.0,
                            alpha: 1.0)


self.codeColor1 = UIColor(red: 253.0/255.0, green: 253.0/255.0, blue: 253.0/255.0,
                          alpha: 1.0)
self.codeColor2 = UIColor(red: 219.0/255.0, green: 240.0/255.0, blue: 249.0/255.0,
                          alpha: 1.0)
self.codeColor3 = UIColor(red: 128.0/255.0, green: 186.0/255.0, blue: 195.0/255.0,
                          alpha: 1.0)
self.codeColor4 = UIColor(red: 22.0/255.0, green: 127.0/255.0, blue: 165.0/255.0,
                          alpha: 1.0)
self.codeColor5 = UIColor(red: 4.0/255.0, green: 39.0/255.0, blue: 49.0/255.0,
                          alpha: 1.0)

// alpha는 불투명도입니다. 1.0이면 불투명 0.0이면 투명
self.bcRed = UIColor(red: 255.0/255.0, green: 0/255.0, blue: 0/255.0, alpha: 0.7)
self.bcOrange = UIColor(red: 255.0/255.0, green: 127.0/255.0, blue: 0/255.0,
                        alpha: 0.7)
self.bcYellow = UIColor(red: 255.0/255.0, green: 255.0/255.0, blue: 0/255.0,
                        alpha: 0.7)
self.bcGreen = UIColor(red: 0/255.0, green: 255.0/255.0, blue: 0/255.0, alpha: 0.7)
self.bcBlue = UIColor(red: 0/255.0, green: 0/255.0, blue: 255.0/255.0, alpha: 0.7)
self.bcIndigo = UIColor(red: 75.0/255.0, green: 0/255.0, blue: 130.0/255.0,
                        alpha: 0.7)
self.bcViolet = UIColor(red: 148.0/255.0, green: 0/255.0, blue: 211.0/255.0,
                        alpha: 0.7)
self.bcWhite = UIColor(red: 255.0/255.0, green: 255.0/255.0, blue: 255.0/255.0,
                       alpha: 0.7)
self.bcBlack = UIColor(red: 0, green: 0, blue: 0, alpha: 0.7)

self.fcClear = UIColor(red: 0.0, green: 0.0, blue: 0.0, alpha: 0.0)
self.fcRed = UIColor(red: 150.0/255.0, green: 60.0/255.0, blue: 43.0/255.0,
                     alpha: 0.27)
self.fcOrange = UIColor(red: 179.0/255.0, green: 123.0/255.0, blue: 44.0/255.0,
                        alpha: 0.27)
self.fcYellow = UIColor(red: 179.0/255.0, green: 179.0/255.0, blue: 44.0/255.0,
                        alpha: 0.27)
self.fcGreen = UIColor(red: 69.0/255.0, green: 129.0/255.0, blue: 49.0/255.0,
                       alpha: 0.27)
self.fcBlue = UIColor(red: 0/255.0, green: 103.0/255.0, blue: 163.0/255.0,
                      alpha: 0.27)
self.fcIndigo = UIColor(red: 75.0/255.0, green: 0/255.0, blue: 130.0/255.0,
                        alpha: 0.22)
```

```
            self.fcViolet = UIColor(red: 148.0/255.0, green: 0/255.0, blue: 211.0/255.0,
                                alpha: 0.22)
            self.fcWhite = UIColor(red: 255.0/255.0, green: 255.0/255.0, blue: 255.0/255.0,
                                alpha: 0.22)
            self.fcBlack = UIColor(red: 0, green: 0, blue: 0, alpha: 0.26)
        }
    }
```

```
import UIKit

class ConfigController {
    static let sharedInstance = ConfigController()     // 싱글톤 패턴용 정적 상수 선언
    let defaults = UserDefaults.standard     // UserDefaults는 환경설정을 저장할 때 사용
    let config = Config.sharedInstance    // 환경설정 값을 갖고 있는 Config 싱글톤 인스턴스

    fileprivate init() {
        if self.defaults.object(forKey: "sort") != nil {      // sort라는 키를 가진 객체가
nil이 아니라면(존재한다면)
            self.config.sort = self.defaults.integer(forKey: "sort")     //  sort에 값 저장
defaults.integer 정수로 값 추출
        }
        if let value = self.defaults.string(forKey: "dateFormat") {     // dateFormat라는
문장열이 있다면 value에 대입
            self.config.dateFormat = value      // dateFormat에 값 저장.
        }

        if self.defaults.object(forKey: "fontSizeMin") != nil {
            self.config.fontSizeMin = self.defaults.integer(forKey: "fontSizeMin")
        }

        if self.defaults.object(forKey: "fontSizeMax") != nil {
            self.config.fontSizeMax = self.defaults.integer(forKey: "fontSizeMax")
        }

        if self.defaults.object(forKey: "textAlignLeft") != nil {
            self.config.textAlignLeft = self.defaults.bool(forKey: "textAlignLeft")
        }

        if self.defaults.object(forKey: "textAlignCenter") != nil {
            self.config.textAlignCenter = self.defaults.bool(forKey: "textAlignCenter")
        }

        if self.defaults.object(forKey: "textAlignRight") != nil {
```

```
        self.config.textAlignRight = self.defaults.bool(forKey: "textAlignRight")
    }

    if self.defaults.object(forKey: "backgroundContentClear") != nil {
        self.config.backgroundContentClear = self.defaults.bool(forKey:
"backgroundContentClear")
    }

    if self.defaults.object(forKey: "backgroundContentBlack") != nil {
        self.config.backgroundContentBlack = self.defaults.bool
                            (forKey:"backgroundContentBlack")
    }

    if self.defaults.object(forKey: "filterColorClear") != nil {
        self.config.filterColorClear = self.defaults.bool(forKey: "filterColorClear")
    }

    if self.defaults.object(forKey: "filterColorRed") != nil {
        self.config.filterColorRed = self.defaults.bool(forKey: "filterColorRed")
    }

    if self.defaults.object(forKey: "filterColorOrange") != nil {
        self.config.filterColorOrange = self.defaults.bool
                        (forKey:"filterColorOrange")
    }

    if self.defaults.object(forKey: "filterColorYellow") != nil {
        self.config.filterColorYellow = self.defaults.bool
                        (forKey:"filterColorYellow")
    }

    if self.defaults.object(forKey: "filterColorGreen") != nil {
        self.config.filterColorGreen = self.defaults.bool(forKey: "filterColorGreen")
    }

    if self.defaults.object(forKey: "filterColorBlue") != nil {
        self.config.filterColorBlue = self.defaults.bool(forKey: "filterColorBlue")
    }

    if self.defaults.object(forKey: "filterColorIndigo") != nil {
        self.config.filterColorIndigo = self.defaults.bool
                                (forKey: "filterColorIndigo")
    }
```

```
        if self.defaults.object(forKey: "filterColorViolet") != nil {
            self.config.filterColorViolet = self.defaults.bool
                                        (forKey: "filterColorViolet")
        }

        if self.defaults.object(forKey: "filterColorWhite") != nil {
            self.config.filterColorWhite = self.defaults.bool(forKey: "filterColorWhite")
        }

        if self.defaults.object(forKey: "filterColorBlack") != nil {
            self.config.filterColorBlack = self.defaults.bool(forKey: "filterColorBlack")
        }

    }

    func updateConfig() {
        // 환경설정 저장 defaults.set 메소드 사용
        self.defaults.set(self.config.sort, forKey: "sort")
        self.defaults.set(self.config.dateFormat, forKey: "dateFormat")

        self.defaults.set(self.config.fontSizeMin, forKey: "fontSizeMin")
        self.defaults.set(self.config.fontSizeMax, forKey: "fontSizeMax")

        self.defaults.set(self.config.textAlignLeft, forKey: "textAlignLeft")
        self.defaults.set(self.config.textAlignCenter, forKey: "textAlignCenter")
        self.defaults.set(self.config.textAlignRight, forKey: "textAlignRight")

        self.defaults.set(self.config.backgroundContentClear,
                        forKey: "backgroundContentClear")
        self.defaults.set(self.config.backgroundContentBlack,
                        forKey: "backgroundContentBlack")

        self.defaults.set(self.config.filterColorClear, forKey: "filterColorClear")
        self.defaults.set(self.config.filterColorRed, forKey: "filterColorRed")
        self.defaults.set(self.config.filterColorOrange, forKey: "filterColorOrange")
        self.defaults.set(self.config.filterColorYellow, forKey: "filterColorYellow")
        self.defaults.set(self.config.filterColorGreen, forKey: "filterColorGreen")
        self.defaults.set(self.config.filterColorBlue, forKey: "filterColorBlue")
        self.defaults.set(self.config.filterColorIndigo, forKey: "filterColorIndigo")
        self.defaults.set(self.config.filterColorViolet, forKey: "filterColorViolet")
        self.defaults.set(self.config.filterColorWhite, forKey: "filterColorWhite")
        self.defaults.set(self.config.filterColorBlack, forKey: "filterColorBlack")
    }
```

```
    func setActiveBtnInShow(_ bool: Bool) {
        self.config.activeBtnInShow = bool
    }

    func getDateTimeFormat(_ dateTime: Date) → String {
        let formatter = DateFormatter()
        formatter.dateFormat = self.config.dateFormat + " HH:mm"
        return "\(formatter.string(from: dateTime))"
    }

    func getDateFormat(_ dateTime: Date ) → String {
        let formatter = DateFormatter()
        formatter.dateFormat = self.config.dateFormat
        return "\(formatter.string(from: dateTime))"
    }

    func getTimeFormat(_ dateTime: Date ) → String {
        let formatter = DateFormatter()
        formatter.dateFormat = "HH:mm"
        return "\(formatter.string(from: dateTime))"
    }
}
```

다음은 작성된 글을 저장하는 Line 클래스, 그 Line 클래스와 함께 화면에 표시되는 글의 양식들을 함께 저장하는 LineContainer 클래스, 그 LineContainer 클래스를 제어하는 LineController 클래스입니다.

Line.swift

```
import Foundation

class Line {
    var content: String    // 글
    var subContent: String    // 첨부 글
    var createdAt: Date    // 작성일자

    init() {
        self.content = ""
        self.subContent = ""
        self.createdAt = Date()
    }
}
```

LineContainer.swift

```swift
import UIKit

class LineContainer {
    var line: Line
    var idx: Int
    var imgBg: UIImage
    var filterColor: UIColor
    var fontSize: CGFloat
    var fontAlign: NSTextAlignment
    var vContentBackgroundColor: UIColor
    var constTopVContent: CGFloat

    init() {
        let ltdRnd = LimitedRandom.sharedInstance

        self.line = Line()
        self.idx = 0
        self.imgBg = ltdRnd.getRandomImage()
        self.filterColor = ltdRnd.getRandomFilterColor()
        self.fontSize = ltdRnd.getRandomFontSize()
        self.fontAlign = ltdRnd.getRandomAlign()
        self.vContentBackgroundColor = ltdRnd.getRandomVContentBgColor()
        self.constTopVContent = 0
    }

    init(idx: Int, line: Line) {
        let ltdRnd = LimitedRandom.sharedInstance

        self.line = line
        self.idx = idx
        self.imgBg = ltdRnd.getRandomImage()
        self.filterColor = ltdRnd.getRandomFilterColor()
        self.fontSize = ltdRnd.getRandomFontSize()
        self.fontAlign = ltdRnd.getRandomAlign()
        self.vContentBackgroundColor = ltdRnd.getRandomVContentBgColor()
        self.constTopVContent = 0
    }
}
```

LineController.swift

```swift
import UIKit

class LineController {
    static let sharedInstance = LineController()
```

```swift
let config = Config.sharedInstance

var lineContainers = Array<LineContainer>()

fileprivate init() {
    self.setAllData()
}

func initData() {
    self.lineContainers = Array<LineContainer>()
}

func setAllData() {
    self.setSelectedData()
}

func searchData(_ searchKey: String) {           // 검색어 처리 메소드
    if searchKey == "" {
        self.initData()
    } else {
        self.setSelectedData(searchKey)
    }
}

func setSelectedData(_ searchKey: String = "") { // 검색어에 따라 DB 검색 메소드
    let fmdb = DatabaseController.sharedInstance
    let db = FMDatabase(path: fmdb.dbPath)

    var sql = ""
    var paramDictionary = [AnyObject]()
    if searchKey == "" {
        sql = self.getSelectQuery()
    } else {
        sql = self.getSelectQuery(searchKey: true)
        let searchKeyForWhere = "%" + searchKey + "%"
        paramDictionary = [AnyObject]()
        paramDictionary.append(searchKeyForWhere as AnyObject)
        paramDictionary.append(searchKeyForWhere as AnyObject)
    }

    if (db?.open())! {
        let results: FMResultSet = db!.executeQuery
                            (sql, withArgumentsIn: paramDictionary)
```

```
                let dateFormatter = DateFormatter()
                dateFormatter.dateFormat = "yyyy-MM-dd HH:mm:ss"

                self.lineContainers = Array<LineContainer>()
                while results.next() == true {
                    let line = Line()
                    line.content = results.string(forColumn: "content")
                    line.subContent = results.string(forColumn: "subContent")
                    line.createdAt = dateFormatter.date(from: results.string(forColumn:
    "createdAt"))!

                    let lineContainer = LineContainer(idx: Int(results.string(forColumn:
    "idx"))!, line: line)
                    self.lineContainers.append(lineContainer)
                }
            }
            db?.close()
        }

        func getSelectQuery(searchKey: Bool = false) -> String {    // SQL 쿼리 생성 메소드
            var sql = " SELECT "
                + "     idx, "
                + "     content, "
                + "     subContent, "
                + "     createdAt "
                + " FROM "
                + "     Lines "

            let sqlWhere = " WHERE "
                + "     content LIKE ? "
                + "     OR subContent LIKE ? "

            if searchKey == true {
                sql = sql + sqlWhere
            }

            var sqlOrder = ""
            if self.config.sort == 1 {
                sqlOrder = " ORDER BY idx ASC "
            } else {
                sqlOrder = " ORDER BY idx DESC "
            }

            sql = sql + sqlOrder
```

```
        return sql
}

func insertLine(_ line: Line) → Int {                    // 글 등록 메소드
    let newLine = Line()
    newLine.content = line.content
    newLine.subContent = line.subContent
    newLine.createdAt = Date()

    var newIdx: Int = 0

    let fmdb = DatabaseController.sharedInstance
    let db = FMDatabase(path: fmdb.dbPath)

    let sql = ""
        + " INSERT INTO Lines ( "
        + "      content "
        + "      ,subContent "
        + "      ,createdAt "
        + " ) VALUES ( "
        + "      ? "
        + "      ,? "
        + "      ,? "
        + " ) "

    let dateFormatter = DateFormatter()
    dateFormatter.dateFormat = "yyyy-MM-dd HH:mm:ss"

    // SQL문에 ?에 대체될 값들을 설정
    var paramDictionary = [AnyObject]()
    paramDictionary.append(newLine.content as AnyObject)
    paramDictionary.append(newLine.subContent as AnyObject)
    paramDictionary.append(dateFormatter.string
                        (from: newLine.createdAt as Date) as AnyObject)

    // SQL 실행
    if (db?.open())! {
        if (db?.executeUpdate(sql, withArgumentsIn: paramDictionary))! {
            let results:FMResultSet = db!.executeQuery
                        ("SELECT last_insert_rowid() AS insert_idx ",
                        withArgumentsIn: nil)
            if results.next() == true {
                newIdx = Int(results.int(forColumn: "insert_idx"))
                let lineContainer = LineContainer(idx: Int(newIdx), line: newLine)
```

```
                    if self.config.sort == 1 {
                        self.lineContainers.append(lineContainer)
                    } else {
                        self.lineContainers.insert(lineContainer, at: 0)
                    }
                }
            }
        }
        db?.close()

        return newIdx
    }

    func updateLine(_ lineContainer: LineContainer) {        // 글 수정 메소드
        let newLine = Line()
        newLine.content = lineContainer.line.content
        newLine.subContent = lineContainer.line.subContent
        newLine.createdAt = Date()

        let fmdb = DatabaseController.sharedInstance
        let db = FMDatabase(path: fmdb.dbPath)

        let sql = " UPDATE Lines SET "
        + "    content = ? "
        + "    ,subContent = ? "
        + " WHERE "
        + "    idx = ? "

        var paramDictionary = [AnyObject]()
        paramDictionary.append(newLine.content as AnyObject)
        paramDictionary.append(newLine.subContent as AnyObject)
        paramDictionary.append(lineContainer.idx as AnyObject)

        if (db?.open())! {
            if (db?.executeUpdate(sql, withArgumentsIn: paramDictionary))! {
                let idxNo = self.getIndex(lineContainer.idx)
                self.lineContainers[idxNo].line.content = newLine.content
                self.lineContainers[idxNo].line.subContent = newLine.subContent
            }
        }
        db?.close()
    }
```

```swift
func deleteLineByIdx(_ lineContainer: LineContainer) { // 글 삭제 메소드
    let fmdb = DatabaseController.sharedInstance
    let db = FMDatabase(path: fmdb.dbPath)

    let sql = " DELETE FROM Lines WHERE idx = ? "

    var paramDictionary = [AnyObject]()
    paramDictionary.append(lineContainer.idx as AnyObject)

    if (db?.open())! {
        if (db?.executeUpdate(sql, withArgumentsIn: paramDictionary))! {
            let idxNo = self.getIndex(lineContainer.idx)
            self.lineContainers.remove(at: idxNo)
        }
    }
    db?.close()
}

func getIndex(_ idx: Int) → Int { // index 값으로 글 읽어보는 메소드
    var index: Int = 0
    for lineContainer in self.lineContainers {
        if lineContainer.idx == idx {
            return index
        }
        index = index + 1
    }
    return -1
}
}
```

마지막으로 이러한 객체들이 데이터베이스를 제어할 수 있도록 도와주는 Database Controller 클래스입니다.

DatabaseController.swift

```swift
import Foundation

class DatabaseController {                // Database 제어 클래스
    static let sharedInstance = DatabaseController()
    let dbPath: String
    let fileName: String = "JustOneLine.sqlite"

    fileprivate init() {                  // 초기화
        let filemgr = FileManager.default
        let dirPaths = filemgr.urls(for: .documentDirectory, in: .userDomainMask)
```

```
        self.dbPath = dirPaths[0].appendingPathComponent(self.fileName).path

        if !filemgr.fileExists(atPath: self.dbPath) {
            self.initDB()
        }
    }

    func initDB() {
        let db = FMDatabase(path: self.dbPath)
        if db == nil {
            NSLog("DB Create Error: \(db?.lastErrorMessage())")
        }

        if (db?.open())! {
            // DB에 테이블이 없을 경우 생성
            let sql_lines = "CREATE TABLE IF NOT EXISTS Lines "
            + " (idx INTEGER PRIMARY KEY AUTOINCREMENT "
            + " ,content TEXT "
            + " ,subContent TEXT "
            + " ,createdAt TEXT) "
            if !(db?.executeStatements(sql_lines))! {
                NSLog("DB Execute Error: \(db?.lastErrorMessage())")
            }

            db?.close()
        } else {
            NSLog("DB Open Error: \(db?.lastErrorMessage())")
        }
    }
```

6.17 UITableView, CustomCell 만들기

저장되어 있는 글을 화면에 표시하겠습니다. 완성된 화면은 아래와 같습니다. 오브
젝트들의 구성은 앞서 완료되었고, 이제 코드로 화면에 내용을 표시하도록 하겠습니
다. 앞서 작성된 LineController.swift, ConfigController.swift도 함께 이용하게 됩니다.

[그림 59] 메인 목록 화면 화면

목록에 사진이 나오고 한 장의 사진마다 작성된 글이 표시됩니다.

우선 사진이 표시되기 위해 프로젝트에 사진을 추가합니다. 파인더(Finder)에서 사용될 이미지들을 선택합니다. 앞서 FontAwesome 파일을 저장하기 위해서 만들었던 Resources 그룹에 사용될 이미지들을 추가하겠습니다. 이미지는 bg0000.jpg 형태의 이름으로 숫자가 올라가며 구성되도록 파일명을 지었습니다.

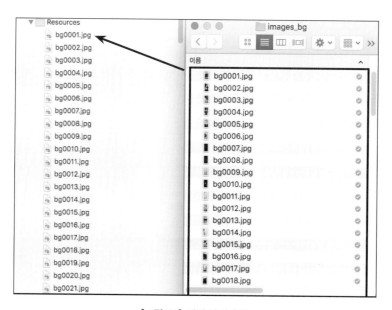

[그림 60] 배경 사진 추가

파일 이름을 통일한 것은 파일명 중 임의의 파일명 하나를 구해 와서 화면에 표시할 때 손쉽게 추출하기 위함입니다. 예제의 진행을 위해서 임의의 사진을 추가하시기 바랍니다.

다음은 화면에 목록을 표시하기 위한 코드들입니다.

ViewController.swift

```swift
import UIKit

class ViewController: UIViewController, UITableViewDelegate, UITableViewDataSource {

    @IBOutlet var btnSearch: UIButton!
    @IBOutlet var btnMenu: UIButton!
    @IBOutlet var btnClock: UIButton!
    @IBOutlet var btnWrite: UIButton!
    @IBOutlet var tblView: UITableView!
    @IBOutlet var lblIntro: UILabel!

    var timer = Timer()
    let configController = ConfigController.sharedInstance
    let lineController = LineController.sharedInstance

    override func viewDidLoad() {
        super.viewDidLoad()
        // Do any additional setup after loading the view, typically from a nib.

        self.setInit()
        self.refreshData()
        if self.configController.config.sort == 1 {
            self.moveScroll(.bottom)
        }
        /*
        for lineContainer in self.lineController.lineContainers {
            print("\(lineContainer.line.content) / \(lineContainer.line.subContent) /
                \(lineContainer.line.createdAt)")
        }*/
    }

    override func didReceiveMemoryWarning() {
        super.didReceiveMemoryWarning()
        // Dispose of any resources that can be recreated.
    }
```

```
override func viewDidAppear(_ animated: Bool) {
    super.viewDidAppear(animated)
    self.timer.invalidate()
    // 시계 표시를 위한 스케줄러 등록
    self.timer = Timer.scheduledTimer(timeInterval: 1, target: self,
            selector: # selector(ViewController.setClock), userInfo: nil,
            repeats: true)
}

override func viewDidDisappear(_ animated: Bool) {
    super.viewDidDisappear(animated)
    self.timer.invalidate()
}

func setInit() {
    self.btnMenu.setTitle("\u{f0c9}", for: UICtrlState())
    self.btnSearch.setTitle("\u{f002}", for: UICtrlState())
    self.btnWrite.setTitle("\u{f14b}", for: UICtrlState())

    self.setClock()
    self.tblView.tableFooterView = UIView(frame:CGRect.zero)
}

func refreshData() {
    self.tblView.reloadData()
    if self.lineController.lineContainers.count > 0 {
        self.lblIntro.isHidden = true
    } else {
        self.lblIntro.isHidden = false
    }
}

func setClock() {
    let date = Date()
    let formatter = DateFormatter()
    formatter.dateFormat = "HH:mm"
    let nowTime = formatter.string(from: date)
    self.btnClock.setTitle(nowTime, for: UICtrlState())
}

func moveScroll(_ direction: Direction) { // 스크롤용 메소드
    if direction == Direction.top {
        self.tblView.setContentOffset(CGPoint.zero, animated: true)
    }
```

```
        if direction == Direction.bottom {
            let tblHeight = self.tblView.contentSize.height
                        - self.tblView.bounds.size.height
            if tblHeight > 0 {
                let bottomPoint: CGPoint = CGPoint(x: 0, y: tblHeight)
                self.tblView.setContentOffset(bottomPoint, animated: true)
            }
        }
    }
}

func tableView(_ tableView: UITableView, numberOfRowsInSection section: Int) -> Int {
    //return self.lines.count
    return 1
}

func numberOfSections(in tableView: UITableView) -> Int {
    return self.lineController.lineContainers.count
}

func tableView(_ tableView: UITableView, heightForHeaderInSection section: Int) ->
                CGFloat {
    return 10.0
}

func tableView(_ tableView: UITableView, viewForHeaderInSection section: Int) ->
                UIView? {
    let headerView = UIView()
    headerView.backgroundColor = UIColor.clear
    return headerView
}

func tableView(_ tableView: UITableView, cellForRowAt indexPath: IndexPath) ->
                UITableViewCell {
    let row = self.lineController.lineContainers[(indexPath as NSIndexPath).section]
    let cell = tableView.dequeueReusableCell(withIdentifier: "ListCell") as! LineCell

    cell.layer.borderWidth = 1.0
    cell.layer.borderColor = UIColor.clear.cgColor
    cell.layer.cornerRadius = 3.0
    cell.backgroundColor = UIColor.clear

    cell.lblContent.text? = row.line.content
    cell.imgView.image = row.imgBg
```

```
        cell.lblCreatedAt.text? = self.configController.getDateTimeFormat
                            (row.line.createdAt)

        return cell
    }

    func tableView(_ tableView: UITableView, didSelectRowAt indexPath: IndexPath) {
        let row = self.lineController.lineContainers[(indexPath as NSIndexPath).section]
        self.openShow(row.idx)
    }

    func openShow(_ idx: Int) { // 글보기
        if let uvc = self.storyboard?.instantiateViewController
                    (withIdentifier: "PVCShow") as? PVCShow {
            uvc.modalTransitionStyle = UIModalTransitionStyle.crossDissolve
            uvc.modalPresentationStyle = .overCurrentContext
            uvc.idx = idx
            self.present(uvc, animated: true, completion: nil)
        }
    }

    @IBAction func clickBtnClock(_ sender: UIButton) { // 시계 탭
        self.moveScroll(.top)
    }

    @IBAction func openSearch(_ sender: UIButton) { // 검색
        if let uvc = self.storyboard?.instantiateViewController
                    (withIdentifier: "VCSearch") as? VCSearch {
            uvc.modalTransitionStyle = UIModalTransitionStyle.coverVertical
            uvc.modalPresentationStyle = .overCurrentContext
            self.present(uvc, animated: true, completion: nil)
        }
    }

    @IBAction func openMenu(_ sender: UIButton) {  // 메뉴
        if let uvc = self.storyboard?.instantiateViewController
                    (withIdentifier: "VCMenu") as? VCMenu {
            uvc.modalPresentationStyle = .overCurrentContext
            self.view.superview?.insertSubview(uvc.view, aboveSubview: self.view)
            uvc.view.transform = CGAffineTransform
                            (translationX: -self.view.frame.size.width, y: 0)
            UIView.animate(
                withDuration: 0.25,
                delay: 0.0,
```

```
                options: UIViewAnimationOptions(),
                animations: {
                    uvc.view.transform = CGAffineTransform(translationX: 0, y: 0)
                },
                completion: { finished in
                    self.present(uvc, animated: false, completion: nil)
                }
            )
        }
    }

    @IBAction func openWrite(_ sender: UIButton) { // 글쓰기
        if let uvc = self.storyboard?.instantiateViewController
                    (withIdentifier: "VCWrite") as? VCWrite {
            uvc.modalTransitionStyle = UIModalTransitionStyle.crossDissolve
            uvc.modalPresentationStyle = .overCurrentContext
            self.present(uvc, animated: true, completion: nil)
        }
    }

    @IBAction func clickBtnScrollDown(_ sender: UIButton) { // 스크롤 내리기
        self.moveScroll(.bottom)
    }
}
```

애니메이션을 구현하는 구문은 아래와 같습니다.

```
UIView.animate(      // 애니메이션 메소드 실행
    withDuration: 0.25,  // 0.25초 동안 실행
    delay: 0.0,      // 지연 시간 없이 바로 실행
    options: UIViewAnimationOptions(),      // 반복 여부 등의 옵션 지정
    animations: {      // 실행될 애니메이션
        uvc.view.transform = CGAffineTransform(translationX: 0, y: 0)
    },
    completion: { finished in      // 애니메이션이 완료되고 나면 실행
        self.present(uvc, animated: false, completion: nil)
    }
)
```

6.18 SQLite 내용 읽어 오기

데이터베이스에 저장되어 있는 데이터를 읽어 오는 과정을 진행하겠습니다. 대부분
의 경우 데이터베이스의 내용을 읽어 온 후 배열에 저장합니다. 그리고 배열에 저장

되어 있는 데이터를 테이블 또는 각 오브젝트에 표시하는 과정을 구현하게 됩니다. 우선은 배열에 저장하는 부분까지 진행하겠습니다. 앱 화면상의 변화는 없고, 배열에 있는 데이터를 콘솔창에 표시하겠습니다.

앞 장에서 추가된 LineController.swift 파일의 내용을 살펴보겠습니다.

6.18 SQLite 내용 읽어오기

LineController.swift

```swift
    func setSelectedData(_ searchKey: String = "") {
        let fmdb = DatabaseController.sharedInstance  // 싱글톤 패턴으로 구현된
DatabaseController 인스턴스
        let db = FMDatabase(path: fmdb.dbPath)         // FMDB를 이용한 DB용 객체 생성

        var sql = "" // sql 구문을 저장하기 위한 변수
        var paramDictionary = [AnyObject]() // 매개변수 저장용 배열
        if searchKey == "" {  // 검색어가 없을 경우
           sql = getSelectQuery() // 검색어가 없는 경우의 SQL 생성 메소드
        } else {
           sql = getSelectQuery(searchKey: true)  // 검색어가 있는 경우의 SQL 생성 메소드
           let searchKeyForWhere = "%" + searchKey + "%"
           paramDictionary = [AnyObject]()
           paramDictionary.append(searchKeyForWhere as AnyObject)
           paramDictionary.append(searchKeyForWhere as AnyObject)
        }

        if (db?.open())! {
            let results: FMResultSet = db!.executeQuery(sql,
                                            withArgumentsIn: paramDictionary)

            let dateFormatter = DateFormatter()            // 날짜 형식 지정용 클래스
            dateFormatter.dateFormat = "yyyy-MM-dd HH:mm:ss"  // 날짜 형식 지정

            self.lineContainers = Array<LineContainer>()  // LineContainer 객체
                                                // 저장용 배열에 빈 배열 적용
            while results.next() == true {
              let line = Line() // Line 객체 생성
              // content 컬럼의 값을 저장
              line.content = results.string(forColumn: "content")

              // subContent 컬럼의 값을 저장
              line.subContent = results.string(forColumn: "subContent")

              // createdAt 컬럼의 값을 저장
```

```
                line.createdAt = dateFormatter.date(from: results.string(forColumn:
    "createdAt"))!
                // LineContainer 클래스 생성 후 Line 객체 대입
                let lineContainer = LineContainer
                            (idx: Int(results.string(forColumn: "idx"))!, line:line)
                // LineContainer 객체 저장용 배열에 생성된 lineContainer 객체 추가
                self.lineContainers.append(lineContainer)
            }
        }
        db?.close()                // db 닫기
    }

    func getSelectQuery(searchKey: Bool = false) → String {
        var sql = " SELECT "         // SELECT 구문 작성
            + "       idx, "
            + "       content, "
            + "       subContent, "
            + "       createdAt "
            + " FROM "
            + "       Lines "

        let sqlWhere = " WHERE "   //  WHERE 구문 작성
            + "       content LIKE ? "
            + "       OR subContent LIKE ? "

        if searchKey == true {  // 검색어가 존재한다면
                        // SELECT를 위한 SQL 구문에 WHERE 구문을 덧붙임.
            sql = sql + sqlWhere
        }

        var sqlOrder = ""
        if self.config.sort == 1 {// 환경설정의 sort 값이 1일 경우 ORDER BY 작성.
            sqlOrder = " ORDER BY idx ASC "
        } else {  //                 // 환경설정의 sort 값이 1이 아닐 경우 ORDER BY 작성.
            sqlOrder = " ORDER BY idx DESC "
        }

        sql = sql + sqlOrder       // SQL 구문에 ORDER BY 구문 덧붙임.
        return sql
    }
```

이미 선언되어 있던 메소드에 내용을 추가했습니다. 데이터베이스에 적절한 SQL 구문을 전달한 후 해당 결괏값을 얻으면 그 내용을 배열에 저장하는 단계입니다. 아래

는 읽어 온 데이터를 사용하는 코드입니다. 메인 화면에서 읽어 온 내용을 콘솔창에 표시합니다.

```
ViewController.swift
let lineController = LineController.sharedInstance

    override func viewDidLoad() {
        super.viewDidLoad()
        // Do any additional setup after loading the view, typically from a nib.

        self.setInit()
        for lineContainer in self.lineController.lineContainers {  // 싱글톤으로 구현된
            lineController의 객체 내의 lineContainers 배열을 순차적으로 lineContainer에 대입.
            print("\(lineContainer.line.content) / \(lineContainer.line.subContent) /
            \(lineContainer.line.createdAt)")
        }
    }
```

앱을 실행하면 아래와 같이 작성했던 데이터가 디버그 영역에 표시됩니다.

한 줄로 써 보세요. / #justoneline / 2017-01-01 10:00:00 +0000

6.19 테이블뷰(UITableVeiw)에 내용 표시하기

데이터베이스의 내용을 읽어 왔다면 이제 목록 화면에 이미지와 함께 내용을 표시할 차례입니다. 이미 추가되어 있는 UITableView에 데이터베이스에서 읽어 온 내용을 표시하도록 하겠습니다. 완성된 모습은 아래와 같습니다.

[그림 61] 목록 화면

앞에서 데이터베이스를 읽어 온 내용을 배열을 이용해 콘솔창에 출력하는 과정을 알아봤습니다. 이제는 콘솔창이 아닌 테이블뷰에 표시하는 과정을 진행하겠습니다. 이미 작성되어 있는 ViewController.swift 파일의 테이블 관련 메소드들에 내용을 추가하겠습니다. 코드는 아래와 같습니다.

```swift
ViewController.swift

func tableView(_ tableView: UITableView, numberOfRowsInSection section: Int) → Int {
    return 1
}

func numberOfSections(in tableView: UITableView) → Int {
    return self.lineController.lineContainers.count
}

func tableView(_ tableView: UITableView, heightForHeaderInSection section: Int) →
                CGFloat {
    return 10.0
}

func tableView(_ tableView: UITableView, viewForHeaderInSection section: Int) →
                UIView? {
    let headerView = UIView()
    headerView.backgroundColor = UIColor.clear
```

```
            return headerView
    }

    func tableView(_ tableView: UITableView, cellForRowAt indexPath: IndexPath) →
                UITableViewCell {
        let row = self.lineController.lineContainers[(indexPath as NSIndexPath).section]
        let cell = tableView.dequeueReusableCell(withIdentifier: "ListCell") as! LineCell

        cell.layer.borderWidth = 1.0
        cell.layer.borderColor = UIColor.clear.cgColor
        cell.layer.cornerRadius = 3.0
        cell.backgroundColor = UIColor.clear

        cell.lblContent.text? = row.line.content
        cell.imgView.image = row.imgBg
        cell.lblCreatedAt.text? = self.configController.getDateTimeFormat
                            (row.line.createdAt)

        return cell
    }
```

추가돼 있는 메소드에 내용 부분을 채웠습니다. Cell과 Cell 사이의 간격을 추가하기
위해서 일반 테이블과 약간 다르게 구성했습니다. 아래는 테이블의 표시 내용을 정
의하는 구문입니다.

```
func tableView(_ tableView: UITableView, numberOfRowsInSection section: Int) → Int {  //
한 섹션 안의 행 수입니다.
    return 1  // 1을 반환해서 행의 개수는 1입니다.
}

func numberOfSections(in tableView: UITableView) → Int {  // 섹션의 개수.
    return self.lineController.lineContainers.count    // 실제로 화면에 표시될 내용의 개수.
}

func tableView(_ tableView: UITableView, heightForHeaderInSection section: Int) → CGFloat
{  // 섹션의 헤더 높이를 설정합니다.
    return 10.0
}

    func tableView(_ tableView: UITableView, viewForHeaderInSection section: Int) →
                UIView? { // 섹션의 헤더에 표시될 UIView를 설정합니다.
        let headerView = UIView()
        headerView.backgroundColor = UIColor.clear
        return headerView  // 배경이 투명한 비어 있는 UIView를 반환합니다.
```

6.19 테이블뷰(UITableVeiw)에 내용 표시하기

```
        }

        func tableView(_ tableView: UITableView, cellForRowAt indexPath: IndexPath) →
            UITableViewCell {
        // 화면에 표시되는 row를 가져옵니다.
        let row = self.lineController.lineContainers[(indexPath as NSIndexPath).section]
        let cell = tableView.dequeueReusableCell(withIdentifier: "ListCell") as! LineCell

         cell.layer.borderWidth = 1.0                // 테두리 두께를 설정합니다.
         cell.layer.borderColor = UIColor.clear.cgColor  // 테두리 색상을 투명으로 설정합니다.
         cell.layer.cornerRadius = 3.0               // 테두리 가장자리를 둥글게 처리합니다.
         cell.backgroundColor = UIColor.clear        // 배경 색상을 투명하게 설정합니다.
         cell.lblContent.text? = row.line.content    // 글 내용을 대입합니다.
         cell.imgView.image = row.imgBg              // 글 배경 이미지를 대입합니다.
         cell.lblCreatedAt.text? = self.configController.getDateTimeFormat
                          (row.line.createdAt)  // 글 쓴 시각을 대입합니다.

         return cell                                 // 설정을 마친 테이블셀을 반환합니다.
        }
```

6.20 글 내용 보여주기

메인 화면에서 특정 글을 탭했을 때 글의 내용을 크게 보여줘야 합니다. 글보기 화면
은 한 장의 이미지와 함께 적절한 글의 배치로 한 장의 카드 형태로 표시됩니다. 좌
우로 스와이프할 경우 한 장씩 넘기면서 볼 수 있습니다. 또한 화면을 탭할 때마다
공유, 다운로드, 수정, 삭제를 위한 버튼들이 나타났다 사라집니다. 완성된 화면은 다
음과 같습니다.

[그림 62] 글보기

좌우로 스와이프할 때 한 장씩 넘어가는 기능은 이미 iOS 내에 제공되고 있습니다. 가장 대표적인 기능은 사진 갤러리입니다. 한 장의 사진이 전체 화면을 보여주고, 손가락으로 쓸어 넘기기할 때 사진을 한 장씩 넘기며 보여줍니다. 다양한 앱에서 첫 실행 시 사용법이나 소개글을 보여주기 위해 사용되기도 합니다. 이 기능의 이름은 페이지뷰콘트롤러(Page View Controller)입니다. 이 기능을 위해서는 두 개의 기능이 필요합니다. 화면을 넘길 때 사용하는 페이지뷰콘트롤러와 화면의 내용을 보여줄 뷰콘트롤러입니다. 뷰콘트롤러는 내용을 화면에 표시하고 페이지뷰콘트롤러는 뷰콘트롤러를 한 장씩 넘기는 역할을 합니다. 글보기 기능은 페이지뷰콘트롤러와 뷰콘트롤러의 협업이라고 생각하면 좋습니다. 우선 페이지뷰콘트롤러 기능을 이용해서 화면을 쓸어 넘기는 기능을 구현하겠습니다. 페이지뷰콘트롤러의 구현 과정은 다음과 같습니다.

1. 페이지뷰콘트롤러 추가
2. 페이지뷰에 표시될 내용 정의
3. 페이지뷰에 델리게이트와 데이터소스 연결
4. 페이지뷰콘트롤러 메소드 구현
5. 이러한 과정은 테이블뷰를 구현하는 것과 유사합니다.

첫 번째 과정은 페이지뷰콘트롤러를 추가하는 것입니다. 우선은 페이지뷰콘트롤러에 사용될 클래스 파일을 추가하겠습니다. 메뉴 File > New > File...을 클릭해서

Swift File을 선택한 후 생성될 파일 위치를 설정해줍니다. 파일명은 PVCShow.swift
로 하겠습니다. Create를 클릭하면 파일이 생성됩니다. 다음은 초기에 작성되어야 할
PVCShow.swift 파일의 내용입니다.

```
PVCShow.swift
import UIKit

class PVCShow: UIPageViewController, UIPageViewControllerDataSource {
    override func viewDidLoad() {
        super.viewDidLoad()

        self.dataSource = self

        self.setData()
        self.show()
    }

    func setData() {
    }

    func show() {
        // 페이지뷰콘트롤러가 시작할 때 보여지는 배열 세팅
    }

    func closePVCShow() {
        // 페이지를 닫습니다.
        self.presentingViewController?.dismiss(animated: true, completion: nil)
    }

    func pageViewController(_ pageViewController: UIPageViewController,
                            viewControllerBefore viewController: UIViewController) →
                            UIViewController? {

    }

    func pageViewController(_ pageViewController: UIPageViewController,
                            viewControllerAfter viewController: UIViewController) →
                            UIViewController? {
    }
}
```

클래스 선언은 다른 클래스와 다르지 않습니다. UIPageViewControllerDataSource 델

리게이트 프로토콜들을 추가하는 것도 테이블뷰를 사용하는 법과 비슷합니다. 페이지뷰콘트롤러에 필요한 메소드는 두 개입니다.

```
func pageViewController(_ pageViewController: UIPageViewController,
                        viewControllerBefore viewController: UIViewController) →
                        UIViewController? {
    // 현재 표시되고 있는 페이지뷰콘트롤러를 전달받아서,
    // 이전 페이지의 뷰콘트롤러를 반환합니다. 반환할 페이지가 없는 경우 nil을 반환하면 됩니다.
    }

    func pageViewController(_ pageViewController: UIPageViewController,
                            viewControllerAfter viewController: UIViewController) →
                            UIViewController? {
// 현재 표시되고 있는 페이지뷰콘트롤러를 전달받아서,
// 다음 페이지의 뷰콘트롤러를 반환. 반환할 페이지가 없는 경우 nil 반환함.
    }
```

아래는 실제로 구현된 메소드입니다.

```
func pageViewController(_ pageViewController: UIPageViewController,
                        viewControllerBefore viewController: UIViewController) →
                        UIViewController? {
        guard let viewControllerIndex = self.vCs.index(of: viewController as! VCShow) else
{
            return nil
        }
        let previousIndex = viewControllerIndex - 1

        guard previousIndex >= 0 else {
            return nil
        }

        guard self.vCs.count > previousIndex else {
            return nil
        }
        return self.vCs[previousIndex]
    }

    func pageViewController(_ pageViewController: UIPageViewController,
                            viewControllerAfter viewController: UIViewController) →
                            UIViewController? {
        guard let viewControllerIndex = self.vCs.index(of: viewController as! VCShow) else
{
```

```
        return nil
    }
    let nextIndex = viewControllerIndex + 1
    let count = self.vCs.count

    guard count != nextIndex else {
        return nil
    }

    guard count > nextIndex else {
        return nil
    }
    return self.vCs[nextIndex]
}
```

이전 페이지를 반환하는 메소드 viewControllerBefore는 이전 페이지의 인덱스가 0 미만일 경우 nil을 반환합니다. 다음 페이지를 반환하는 메소드는 현재의 인덱스 번호가 전체 배열 크기보다 클 경우에 nil을 반환합니다. 현재로서는 self.vCs라는 곳에 어떠한 내용이 들어 있는지 알 수 없으므로, 여기서는 간단히 self.vCs라는 배열 안에 화면에 보이기 위한 내용이 들어 있고, 그 내용이 페이지를 넘길 때마다 앞뒤 페이지를 읽어 온다는 정도로 알고 있으면 됩니다.

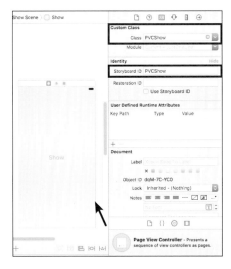

[그림 63] PVCShow 스토리보드 추가

이제 스토리보드에서 페이지뷰콘트롤러를 추가합니다. 그림과 같이 Class는 PVC

Show, Storyboard ID는 PVCShow로 설정합니다.

표시를 위한 VCShow 클래스를 구현하겠습니다.

이제 VCShow 클래스를 만들어서 뷰와 연결할 순서입니다.

File > New > File...을 클릭해서 Swift File을 선택하고 Next를 클릭합니다. 파일명은 VCShow.swift로 입력하고 아래와 같은 구성의 클래스를 만듭니다.

```
VCShow.swift
import UIKit

class VCShow: UIViewController {

    override func viewDidLoad() {
        super.viewDidLoad()
    }

    override func didReceiveMemoryWarning() {
        super.didReceiveMemoryWarning()
    }
}
```

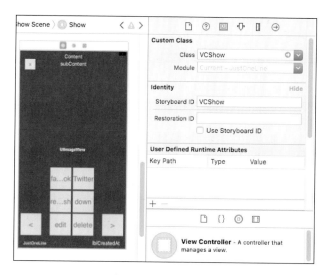

[그림 64] VCShow 뷰

스토리보드에서 추가된 VCShow의 모습입니다. 그림과 같이 뷰콘트롤러를 스토리보드에 추가하고 Class는 VCShow, Storyboard ID는 VCShow로 설정합니다. 또한 위 그림으로는 계층의 구분이 힘듭니다. 그에 대한 계층 구조는 아래와 같습니다.

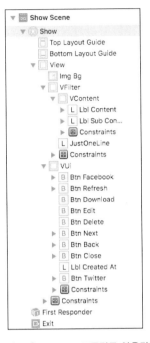

[그림 65] VCShow 도큐먼트 아웃라인

도큐먼트 아웃라인의 순서는 화면에 표시되는 순서를 표시합니다. 아래쪽에 배치되는 오브젝트가 위쪽에 배치된 오브젝트보다 사용자에게 우선적으로 표시됩니다. 사용자에게도 만일 같은 위치에 같은 크기의 오브젝트가 존재할 경우 도큐먼트 아웃라인 계층에서 보다 아래쪽에 있는 오브젝트가 사용자에게 보입니다.

아래 항목은 추가된 대표적인 오브젝트들의 속성입니다. 다음 항목을 참고해서 속성과 오토레이아웃을 설정할 수 있습니다.

```
ImgBg (ImageView)
Autolayout
Align Center X to: Superview
Equal Width to: Superview
Align Trailing to: VFilter
Align Leading to: VFilter
Align Bottom to: VFilter
Bottom Space to: Bottom Layout Guide
Top Space to: Top Layout Guide Equals: -20
```

Align Top to: VFilter

VFilter (View)

Attributes
Background : #000000, Opacity: 0%
Autolayout
Align Trailing to: VUi
Align Trailing to: Img Bg
Align Leading to: VUi
Align Leading to: Img Bg
Align Bottom to: VUi
Align Bottom to: Img Bg
Align Top to: VUi
Align Top to: Img Bg

VUi (View)

Attributes
Background : #000000, Opacity: 0%
Autolayout
Align Top to: VFilter
Align Bottom to: VFilter
Align Leading to: VFilter
Align Trailing to: VFilter

VContent (View)

Attributes
Background : #000000, Opacity: 0%
Autolayout
Top Space to: Suerperview
Leading Space to: Superview
Trailing Space to: Superview

LblContent (Label)

Autolayout
Top Space to: Superview Equals: 10
Leading Space to: Superview Equals: 20
Trailing Space to: Superview Equals: 20
Height >= 0
Align Leading to: Lbl Sub Content
Align Trailing to: Lbl Sub Content
Bottom Space to: Lbl Sub Content Equals: 4

LblSubContent (Label)

Autolayout

Bottom Space to: Superview Equals: 10
Height >= 0
Align Leading to: Lbl Content
Align Trailing to: Lbl Content
Top Space to: Lbl content Equals: 4

JustOneLine (Label)

Attributes
Text: JustOneLine
Color: #FFFFFF
Font: System 14.0

Autolayout
Leading Space to: Superview Equals: 20
Bottom Space to: Superview Equals: 10

BtnFacebook

Attributes
Text: facebook
Color: #FFFFFF Opacity: 100%
Font: FontAwesome 24.0
Autolayout
1:1 Ratio to: Btn Facebook
Align Leading to: Btn Refresh
Align Center Y to: Btn Twitter
Bottom Space to: Btn Refresh Equals: 5
Equal Width to: Btn Refresh
Equal Height to: Btn Refresh

BtnNext

Attributes
Text: >
Font: FontAwesome 24.0
Autolayout
1:1 Ratio to: Btn Next
Leading Space to: Btn Delete Equals: 30
Trailing Space to: Superview Equals: 10
Align Center Y to: Btn Back
Equal width to: Btn Refresh

BtnClose

Attributes
Text: x
Font: FontAwesome 16.0

```
Autolayout
1:1 Ratio to: Btn Close
Leading Space to: Superview Equals: 20
Top Space to: Superview Equals: 30
```

LblCreatedAt

```
Attributes
Color: #FFFFFF Opacity: 100%
Font: System 17.0
Autolayout
Trailing Space to: Superview Equals: 20
Bottom Space to: Superview Equals: 10
```

아래는 완성된 PVCShow.swift, VCShow.swift 입니다.

PVCShow.swift

```swift
import UIKit

class PVCShow: UIPageViewController, UIPageViewControllerDataSource {

    var idx: Int = 0
    let lineController = LineController.sharedInstance
    var vCs = Array<VCShow>()

    override func viewDidLoad() {
        super.viewDidLoad()

        self.dataSource = self

        self.setData()
        self.show()
    }

    func setData() {
        self.vCs = Array<VCShow>()
        for lineContainer in self.lineController.lineContainers {
            self.vCs.append(self.getVCShow(lineContainer))
        }
    }

    func show() {
        let index = self.lineController.getIndex(self.idx)
        setViewControllers([self.vCs[index]], direction: .forward, animated: true,
        completion: nil)
```

```
    }

    func getVCShow(_ lineController: LineContainer) → VCShow {
        let uvc = self.storyboard?.instantiateViewController
                    (withIdentifier: "VCShow") as! VCShow
        uvc.lineContainer = lineController
        return uvc
    }

    func refresh() {
        self.setData()
        if self.lineController.lineContainers.count == 0 {
            self.closePVCShow()
            return
        }
    }

    func moveBack() {
        let index = self.lineController.getIndex(self.idx)
        if index > 0 {
            setViewControllers([self.vCs[index-1]], direction: .reverse, animated: true,
            completion: nil)
        }
    }

    func moveNext() {
        let index = self.lineController.getIndex(self.idx)
        if index + 1 <= self.lineController.lineContainers.count - 1 {
            setViewControllers([self.vCs[index+1]], direction: .forward, animated: true,
            completion: nil)
        }
    }

    func moveToIndex(_ index: Int, animated: Bool = true) {
        if index >= 0 && index <= self.vCs.count-1 {
            var drt : UIPageViewControllerNavigationDirection
            let nowIndex = self.lineController.getIndex(self.idx)
            if nowIndex > index {
                drt = .reverse
            } else {
                drt = .forward
            }
            setViewControllers([self.vCs[index]], direction: drt, animated: animated,
            completion: nil)
```

```
        }
    }

    func closePVCShow() {
        self.presentingViewController?.dismiss(animated: true, completion: nil)
    }

    func pageViewController(_ pageViewController: UIPageViewController,
                        viewControllerBefore viewController: UIViewController) →
                        UIViewController? {
        guard let viewControllerIndex = self.vCs.index(of: viewController as! VCShow) else
{
            return nil
        }
        let previousIndex = viewControllerIndex - 1

        guard previousIndex >= 0 else {
            return nil
        }

        guard self.vCs.count > previousIndex else {
            return nil
        }
        return self.vCs[previousIndex]
    }

    func pageViewController(_ pageViewController: UIPageViewController,
                        viewControllerAfter viewController: UIViewController) →
                        UIViewController? {
        guard let viewControllerIndex = self.vCs.index(of: viewController as! VCShow) else
{
            return nil
        }
        let nextIndex = viewControllerIndex + 1
        let count = self.vCs.count

        guard count != nextIndex else {
            return nil
        }

        guard count > nextIndex else {
            return nil
        }
        return self.vCs[nextIndex]
```

```
            }

    }
```

```
import UIKit
import Social

class VCShow: UIViewController {

    @IBOutlet var imgBg: UIImageView!

    @IBOutlet var vFilter: UIView!
    @IBOutlet var vContent: UIView!
    @IBOutlet var lblContent: UILabel!
    @IBOutlet var lblSubContent: UILabel!
    @IBOutlet var constTopVContent: NSLayoutConstraint!
    @IBOutlet var constTopContent: NSLayoutConstraint!
    @IBOutlet var constGapContentSubContent: NSLayoutConstraint!

    @IBOutlet var vUi: UIView!
    @IBOutlet var btnClose: UIButton!
    @IBOutlet var btnBack: UIButton!
    @IBOutlet var btnNext: UIButton!
    @IBOutlet var btnFacebook: UIButton!
    @IBOutlet var btnTwitter: UIButton!
    @IBOutlet var btnRefresh: UIButton!
    @IBOutlet var btnDownload: UIButton!
    @IBOutlet var btnEdit: UIButton!
    @IBOutlet var btnDelete: UIButton!
    @IBOutlet var lblCreatedAt: UILabel!

    let configController = ConfigController.sharedInstance

    var boxView = UIView()
    let lineController = LineController.sharedInstance
    var lineContainer = LineContainer()

    override func viewDidLoad() {
        super.viewDidLoad()
        self.setInit()
        self.setContent()
        self.setBtnColor()
    }
```

```
override func didReceiveMemoryWarning() {
    super.didReceiveMemoryWarning()
}

override func viewDidAppear(_ animated: Bool) {
    super.viewDidAppear(animated)

    let pvc = self.parent as! PVCShow
    pvc.idx = self.lineContainer.idx

    let nowIndex = lineController.getIndex(self.lineContainer.idx)
    let maxIndex = lineController.lineContainers.count-1

    if nowIndex == 0 {
        self.btnBack.setTitleColor(UIColor.gray, for: UICtrlState())
    } else {
        self.btnBack.setTitleColor(self.btnRefresh.currentTitleColor,
                               for: UICtrlState())
    }

    if nowIndex == maxIndex {
        self.btnNext.setTitleColor(UIColor.gray, for: UICtrlState())
    } else {
        self.btnNext.setTitleColor(self.btnRefresh.currentTitleColor,
                           for:UICtrlState())
    }

    if configController.config.activeBtnInShow == true {
        self.vUi.isHidden = false
    } else {
        self.vUi.isHidden = true
    }
}

override func viewDidDisappear(_ animated: Bool) {
    super.viewDidDisappear(animated)
        self.vUi.isHidden = true
}

func setInit() {
    self.btnClose.setTitle("\u{f00d}",for: UICtrlState())    // 닫기 버튼 적용
    self.btnBack.setTitle("\u{f04a}", for: UICtrlState())    // 뒤로 가기 버튼 적용
    self.btnNext.setTitle("\u{f04e}", for: UICtrlState())    // 앞으로 가기 버튼 적용
```

```
        self.btnFacebook.setTitle("\u{f09a}", for: UICtrlState())// 페이스북 버튼 적용
        self.btnTwitter.setTitle("\u{f099}", for: UICtrlState()) // 트위터 버튼 적용
        self.btnRefresh.setTitle("\u{f021}", for: UICtrlState()) // 새로고침 버튼 적용
        self.btnDownload.setTitle("\u{f019}", for: UICtrlState())// 다운로드 버튼 적용
        self.btnEdit.setTitle("\u{f044}", for: UICtrlState())    // 수정 버튼 적용
        self.btnDelete.setTitle("\u{f014}", for: UICtrlState())  // 삭제 버튼 적용

        let tap = UITapGestureRecognizer(target: self, action: #selector(VCShow.hideBtn))
        self.vUi.addGestureRecognizer(tap) // 제스처 추가
        let tap1 = UITapGestureRecognizer(target: self, action: #selector(VCShow.
                                          activeBtn))
        self.vFilter.addGestureRecognizer(tap1)
        let swipeDown = UISwipeGestureRecognizer(target: self, action: #selector(VCShow.
                                          setRandom))
        swipeDown.direction = .down
        self.vFilter.addGestureRecognizer(swipeDown)

        self.vUi.isHidden = true
    }

    func setContent() { // 글 적용
      self.lblContent.text = self.lineContainer.line.content // 글 내용 적용
      self.lblSubContent.text = self.lineContainer.line.subContent // 첨부글 내용 적용
      self.lblCreatedAt.text = configController.getDateTimeFormat
                    (self.lineContainer.line.createdAt) // 글 작성일시 적용

      self.imgBg.image = self.lineContainer.imgBg // 배경 이미지 적용
      self.vFilter.backgroundColor = self.lineContainer.filterColor // 필터 색상 적용
      self.vContent.backgroundColor = self.lineContainer.vContentBackgroundColor
                                          // 글 배경색 적용

      let fontSize = self.lineContainer.fontSize  // 글자 크기 적용
      self.lblContent.font = self.lblContent.font.withSize(fontSize)
      self.lblSubContent.font = self.lblSubContent.font.withSize(fontSize - 4)

      self.lblContent.textAlignment = self.lineContainer.fontAlign // 정렬 적용
      self.lblSubContent.textAlignment = self.lineContainer.fontAlign

      if self.lblSubContent.text == "" {          // 첨부글이 없을 경우
          self.constGapContentSubContent.constant = 0 // 글과 첨부글 사이 간격
      } else {
          self.constGapContentSubContent.constant = 4
      }
```

```
        if self.lineContainer.constTopVContent == 0 {
            //let heightContents: CGFloat = self.vContent.frame.height
            let heightContents: CGFloat = 30 + self.lblContent.requiredHeight()
                            + self.constGapContentSubContent.constant
                                + self.lblSubContent.requiredHeight()
                                    // 글 표시 높이

            let ltdRnd = LimitedRandom.sharedInstance
            // 글 표시 시작 높이
            let constTopVContent = ltdRnd.getRandomConstContent(heightContents)
self.lineContainer.constTopVContent = constTopVContent
        }
        // 글 표시 시작 높이 적용
        self.constTopVContent.constant = self.lineContainer.constTopVContent
    }

    func setRandom() { // 임의 값 재적용
        let ltdRnd = LimitedRandom.sharedInstance
        self.lineContainer.imgBg = ltdRnd.getRandomImage()
        self.lineContainer.filterColor = ltdRnd.getRandomFilterColor()
        self.lineContainer.vContentBackgroundColor = ltdRnd.getRandomVContentBgColor()
        self.lineContainer.fontSize = ltdRnd.getRandomFontSize()
        self.lineContainer.fontAlign = ltdRnd.getRandomAlign()
        self.lineContainer.constTopVContent = 0

        self.setContent()
    }

    func setBtnColor() { // 버튼 색상 지정
        let color = self.configController.config.codeColor444
        self.btnClose.setTitleColor(color, for: UICtrlState())
        self.btnBack.setTitleColor(color, for: UICtrlState())
        self.btnNext.setTitleColor(color, for: UICtrlState())
        self.btnFacebook.setTitleColor(color, for: UICtrlState())
        self.btnTwitter.setTitleColor(color, for: UICtrlState())
        self.btnRefresh.setTitleColor(color, for: UICtrlState())
        self.btnDownload.setTitleColor(color, for: UICtrlState())
        self.btnEdit.setTitleColor(color, for: UICtrlState())
        self.btnDelete.setTitleColor(color, for: UICtrlState())
    }

    func hideBtn() { // 버튼 숨김
        self.vUi.isHidden = true
        configController.setActiveBtnInShow(false)
```

```
        }

        func activeBtn() { // 버튼 보임
            self.vUi.isHidden = false
            configController.setActiveBtnInShow(true)
        }

        @IBAction func clickBtnClose(_ sender: UIButton) { // 닫기 버튼 탭
            self.closeVCShow()
        }

        func closeVCShow() { // 뷰 닫기
            if let vc = self.presentingViewController as? ViewController {
                vc.refreshData()
            }
            if let svc = self.presentingViewController as? VCSearch {
                svc.refreshData()
            }
            self.presentingViewController?.dismiss(animated: true, completion: nil)
        }

        @IBAction func clickBtnBack(_ sender: UIButton) {      // 뒤로가기 버튼 탭
            let pvc = self.parent as! PVCShow
            pvc.moveBack()
        }

        @IBAction func clickBtnNext(_ sender: UIButton) {      // 앞으로 가기 버튼 탭
            let pvc = self.parent as! PVCShow
            pvc.moveNext()
        }

        @IBAction func clickBtnRefresh(_ sender: UIButton) { // 새로고침 버튼 탭
            self.setRandom()
        }

        @IBAction func clickBtnDownload(_ sender: UIButton) {// 사진 다운로드 버튼 탭
            self.btnDownload.isEnabled = false
            self.saveScreenShot() // 화면 캡쳐
            self.showAlert("The photo was saved")
            self.btnDownload.isEnabled = true
        }

        @IBAction func clickEdit(_ sender: UIButton) { // 글 수정 버튼 탭
        if let uvc = self.storyboard?.instantiateViewController(withIdentifier: "VCWrite")
```

```
        as? VCWrite {
        uvc.modalTransitionStyle = UIModalTransitionStyle.crossDissolve
        uvc.modalPresentationStyle = .overCurrentContext
        uvc.writeType = WriteType.update
        uvc.lineContainer = self.lineContainer
        self.present(uvc, animated: true, completion: nil)
    }
}


@IBAction func clickDelete(_ sender: UIButton) {      // 글 삭제 버튼 탭
    self.deleteLine()
}


func deleteLine() { // 글 삭제 처리
    let actionSheetController: UIAlertController = UIAlertController(title: nil,
                                                message: nil,
                                                preferredStyle:.actionSheet)
// 취소 탭 처리 action → Void in
let cancelAction: UIAlertAction = UIAlertAction(title: "Cancel", style:.cancel) {
}
    actionSheetController.addAction(cancelAction)
    // 삭제 탭 처리 action → Void in
    let actDelete: UIAlertAction = UIAlertAction(title: "Delete", style: .default) {
        let lineController = LineController.sharedInstance
        let index = self.lineController.getIndex(self.lineContainer.idx)
        lineController.deleteLineByIdx(self.lineContainer) // 글 삭제

        if lineController.lineContainers.count == 0 { // 글이 없다면
            self.closeVCShow()
        } else { // 글이 있다면
            let pvc = self.parent as! PVCShow
            pvc.refresh() // 새로고침

            if index <= lineController.lineContainers.count - 1 { // index 번호로 이동
                pvc.moveToIndex(index)
            } else {
                pvc.moveToIndex(lineController.lineContainers.count-1)
            }
        }
    }
    actionSheetController.addAction(actDelete)
    self.present(actionSheetController, animated: true, completion: nil) // 확인창 표시
}
```

```
@IBAction func clickFacebook(_ sender: UIButton) { // 페이스북 버튼 탭
    if SLComposeViewController.isAvailable(forServiceType: SLServiceTypeFacebook){
        let screenshot = self.getScreenShot()
        let facebookSheet:SLComposeViewController = SLComposeViewController(forService
                                                        Type: SLServiceTypeFacebook)

        let initialText = "#justoneline"
        facebookSheet.setInitialText(initialText)
        facebookSheet.add(screenshot)
        self.present(facebookSheet, animated: true, completion: nil)
    } else {
        let lsChkFb = NSLocalizedString("Check Facebook", comment: "Check Facebook")
        let lsOK = NSLocalizedString("OK", comment: "OK")
        let alert = UIAlertController(title: "Accounts", message: lsChkFb,
                            preferredStyle: UIAlertControllerStyle.alert)
        alert.addAction(UIAlertAction(title: lsOK, style: UIAlertActionStyle.default,
                            handler: nil))
        self.present(alert, animated: true, completion: nil)
    }
}

@IBAction func clickTwitter(_ sender: UIButton) { // 트위터 버튼 탭
    if SLComposeViewController.isAvailable(forServiceType: SLServiceTypeTwitter){
        let screenshot = self.getScreenShot()
        let twitterSheet:SLComposeViewController = SLComposeViewController
                                        (forServiceType:SLServiceTypeTwitter)

        let initialText = "#justoneline"
        twitterSheet.setInitialText(initialText)
        twitterSheet.add(screenshot)
        self.present(twitterSheet, animated: true, completion: nil)
    } else {
        let lsChkTwitter = NSLocalizedString("Check Twitter",
                                        comment: "Check Twitter")
        let lsOK = NSLocalizedString("OK", comment: "OK")
        let alert = UIAlertController(title: "Accounts", message: lsChkTwitter,
                            preferredStyle: UIAlertControllerStyle.alert)
        alert.addAction(UIAlertAction(title: lsOK, style: UIAlertActionStyle.default,
                            handler: nil))
        self.present(alert, animated: true, completion: nil)
    }
}

func getScreenShot() → UIImage { // 화면 캡쳐
    self.vUi.isHidden = true
    let layer = UIApplication.shared.keyWindow!.layer
```

```
        let scale = UIScreen.main.scale
        UIGraphicsBeginImageContextWithOptions(layer.frame.size, false, scale);
        layer.render(in: UIGraphicsGetCurrentContext()!)
        let screenshot = UIGraphicsGetImageFromCurrentImageContext()
        self.vUi.isHidden = false

        return screenshot!
    }

    func saveScreenShot() {           // 캡처 사진 저장
        let screenshot = self.getScreenShot()
        UIGraphicsEndImageContext()
        UIImageWriteToSavedPhotosAlbum(screenshot, nil, nil, nil)
    }

    func showAlert(_ message: String) {// 1초 후 자동으로 사라지는 알람 메시지 표시
        let alert = UIAlertController(title: nil, message: message,
                                preferredStyle: UIAlertControllerStyle.alert)
        self.present(alert, animated: true, completion: {(_) in} )

        let delay = 1.0 * Double(NSEC_PER_SEC)
        let time = DispatchTime.now() + Double(Int64(delay)) / Double(NSEC_PER_SEC)
        DispatchQueue.main.asyncAfter(deadline: time, execute: {
            alert.dismiss(animated: true, completion: {(_) in})
        })
    }
}

extension UILabel{ // extension은 클래스에 추가적인 내용 정의할 때 사용
    func requiredHeight() → CGFloat{
        func requiredHeight() → CGFloat{
            let label:UILabel = UILabel(frame: CGRect(x: 0, y: 0,
                                        width: self.frame.width,
                                                height: CGFloat.
greatestFiniteMagnitude))
    label.numberOfLines = 0
        label.numberOfLines = 0
        label.lineBreakMode = NSLineBreakMode.byWordWrapping
        label.font = self.font
        label.text = self.text
        label.sizeToFit()
        return label.frame.height
    }
}
```

포토 라이브러리에 사진을 저장하기 위해서는 앱이 권한을 가지고 있어야 합니다.
그럴 경우 사용자에게 메시지로 권한에 대해서 묻게 됩니다. 권한을 얻을 때 사용할
메시지를 작성합니다. 내용은 info.plist에 설정합니다.

Key		Type	Value
▼ Information Property List		Dictionary	(20 items)
Localization native development region	⇕	String	en
Executable file	⇕	String	$(EXECUTABLE_NAME)
Bundle identifier	⇕	String	$(PRODUCT_BUNDLE_IDENTIFIER)
InfoDictionary version	⇕	String	6.0
Bundle name	⇕	String	$(PRODUCT_NAME)
Bundle OS Type code	⇕	String	APPL
Bundle versions string, short	⇕	String	1.0.4
Bundle creator OS Type code	⇕	String	????
Bundle version	⇕	String	54
Application requires iPhone environment	⇕	Boolean	YES
Privacy - Photo Library Usage Description	⇕	String	For Saving Photos
▼ Fonts provided by application	⇕	Array	(1 item)
Item 0		String	fontawesome-webfont.ttf
Launch screen interface file base name	⇕	String	LaunchScreen
Main storyboard file base name	⇕	String	Main
▶ Required device capabilities	⇕	Array	(1 item)
UIRequiresFullScreen	⇕	Boolean	NO
Status bar is initially hidden	⇕	Boolean	YES
Status bar style	⇕	String	Gray style (default)
▶ Supported interface orientations	⇕	Array	(1 item)
View controller-based status bar appeara...	⇕	Boolean	NO

[그림 66] info.plist

Key: Privacy - Photo Library Usage Description

Type: String

Value: For Saving Photos

포토 라이브러리에 저장을 해야 할 때 info.plist에 해당 키가 없을 경우 오류가 발생
합니다. 주의하시기 바랍니다. 위와 같이 설정하게 되면 사진 저장 시 사용자에게 메
시지 창을 통해 권한을 묻게 됩니다.

[그림 67] 사진 저장 권한

참고

오토레이아웃 설정도 코드에 연결하여 이벤트에 따라 수치를 변경할 수 있습니다.

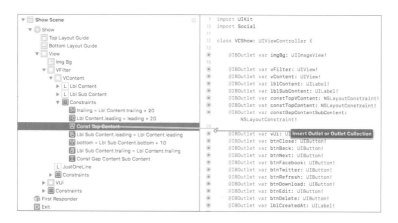

다른 오브젝트들과 마찬가지로 도큐먼트 아웃라인에서 보조 편집기로 연결이 가능합니다. 연결 시 타입은 NSLayoutConstraint 이며, 추가된 변수의 constant 속성을 이용해 값을 조정 가능합니다.

정리

화면을 캡처하는 메소드라던지, 소셜 채널에 공유하기 위한 메소드는 상당히 어색할 수 있습니다. 이러한 함수는 평소에 외워서 사용한다기보다는 필요한 시기마다 찾아서 사용한다고 생각하면 됩니다. 또한 싱글톤 패턴을 이용한 글 내용 가져오기, 환경설정 가져오기 등도 처음 볼 때는 매우 어색할 수 있습니다. 그렇기에 되도록 각 기능별 메소드로 나눠서 작성하였으므로, 지금은 넘어가고 나중에 전체 앱을 조합 후에 기능별로 다시 살펴봐도 좋습니다. 페이지뷰콘트롤러의 자세한 설명은 https://developer.apple.com/reference/uikit/uipageviewController에서 확인 가능합니다.

6.21 제스처 인식하기

제스처란 사용자가 디바이스에게 보내는 신호입니다. 대표적인 신호는 탭이 있습니다. 버튼 등은 기본적으로 이 신호를 받아 이벤트를 처리하도록 되어 있습니다. 그러나 이미지, 뷰 등은 기본적으로 탭, 스와이프 등의 이벤트를 처리하지 않습니다. 우리는 뷰 등을 탭했을 때 특정 이벤트가 실행되길 원할 때가 있습니다. 이번 장에서는 앱에 제스처가 있을 때 해당 신호를 인식하고 특정 메소드를 실행하는 방법을 알아보겠습니다. 아래는 화면에 탭 제스처를 추가하고 터치하면 버튼이 표시되거나, 표시되지 않는 기능을 보여줍니다.

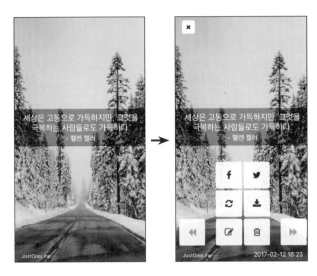

[그림 68] VCShow 제스처 인식

제스처를 인식하는 클래스의 기본 클래스는 UIGestureRecognizer입니다. 자세한 내용은 아래 주소에서 확인 가능합니다.

https://developer.apple.com/reference/uikit/uigesturerecognizer

코드 작성을 할 때는 제스처별로 구체화된 서브 클래스들을 사용하게 됩니다. 가령 탭을 인식하기 위해서는 UITapGestureRecognizer을 사용하게 됩니다.

```
UITapGestureRecognizer: 화면을 탭할 때 사용됩니다.
UIPanGestureRecognizer: 터치, 드래그 앤 드롭에 사용됩니다.
UIPinchGestureRecognizer: 두 터치 사이 거리 변화를 인식합니다. 주로 확대, 축소 등에 사용됩니다.
UISwipeGestureRecognizer: 상하좌우로 쓸어 넘기기에 사용됩니다.
UIRotationGestureRecognizer: 두 터치와 화면 간의 회전을 인식합니다. 주로 객체의 회전 등에 사용됩니다.
UILongPressGestureRecognizer: 탭을 길게 할 때 사용됩니다.
UIScreenEdgePanGestureRecognizer: 화면 가장자리에서의 드래깅 인식에 사용됩니다.
```

코드 예제는 아래와 같습니다.

```
class ViewController {
    let tap = UITapGestureRecognizer(target: self, action: #selector(VCShow.hideBtn))
    self.vUi.addGestureRecognizer(tap)

    func hideBtn() {
            print("화면을 탭했습니다.")
    }
    }
```

제스처를 인식하는 과정은 대부분 세 단계의 과정을 거치게 됩니다.

첫 번째는 제스처 이벤트를 인식하면 어떠한 메소드를 실행할지 선언하는 과정입니다. 두 번째는 제스처 이벤트를 인식할 오브젝트를 연결하는 과정입니다. 세 번째는 실행될 메소드의 구체적인 기능을 구현하는 과정입니다.

let tap = UITapGestureRecognizer(target: self, action: #selector(VCShow.hideBtn))

UITapGestureRecognizer 클래스를 생성합니다. target은 action에서 실행된 메시지를 받는 객체입니다. action은 제스처가 인식될 때 실행되는 메소드입니다. 위 코드는 탭(Tap)이 인식되면 VCShow 클래스의 hideBtn 메소드를 실행합니다. 객체를 만든 후에 tap이라는 상수에 대입합니다. 이제 tap이라는 제스처 객체를 제스처를 인식하기 원하는 객체에 추가하면 됩니다. 위 코드에서는 self.vUi.addGestureRecognizer(tap)라는 구문이 있습니다. vUi라는 객체에 addGestureRecognizer 메소드를 이용해 tap 객체를 추가합니다. 이제 vUi는 탭이 인식될 때마다 CSShow.hideBtn() 메소드를 실행할 것입니다. 버튼 등의 입력을 위한 오브젝트가 아니라면 탭이라는 제스처를 바로 인식하진 않습니다. 그래서 제스처를 추가해줘야 합니다. 이번 프로젝트에서 제스처가 추가가 필요한 이유는 내용을 표시하는 뷰에 탭을 이용해 버튼을 표시하기 위함입니다. 아래의 코드만으로 제스처를 추가할 수 있습니다.

6.22 글 검색하기

글 내용의 검색은 여러 프로젝트를 진행할 때마다 대부분 들어가는 기능입니다. 이번 예제를 이용해 데이터베이스에서 내용을 검색하고 해당 내용을 화면에 표시하는 기능을 구현하겠습니다. 내용을 가져오는 부분은 앞 장에서 실습했듯이 SQL 구문을 이용합니다. 내용을 가져오는 SELECT라는 SQL 구문을 이용할 것입니다. 아래는 검색 기능이 추가된 앱의 화면입니다.

[그림 69] 검색 화면

[그림 70] 검색 결과

메인 화면에서 검색 버튼을 클릭하면 검색을 위한 뷰가 아래에서 위로 올라옵니다. 검색어 부분에 글자를 입력하게 되면 글자를 입력할 때마다 검색 결과가 아래 테이블 부분에 표시됩니다. 검색 결과를 탭하면 해당 내용이 표시되며, 취소 버튼을 클릭하면 검색 뷰가 내려가며 메인 화면이 표시됩니다.

데이터베이스의 내용을 검색하기 위한 SELECT 구문은 WHERE절에 LIKE문을 사용하게 됩니다. 예시 구문은 아래와 같습니다.

```
SELECT idx, content, subContent, createdAt FROM Line WHERE content LIKE ' %검색어% ';
```

WHERE 구문 뒤에 원하는 조건을 입력하면 됩니다. 위의 구문은 Line이라는 테이블에서 content 필드에 '검색어'라는 단어가 포함된 내용을 가져오는 것입니다. AND와 OR를 이용해 여러 조건을 조합할 수 있습니다. 우리가 실질적으로 사용할 구문은 아래와 같습니다.

```
SELECT idx, content, subContent, createdAt FROM Line WHERE content LIKE ' %검색어% ' OR
```

```
subContent LIKE '%검색어%';
```

WHERE 구문 뒤에 원하는 조건을 OR로 연결했습니다. Line이라는 테이블에서 content 필드에 '검색어'라는 단어가 포함되어 있거나, subContent 필드에 '검색어'라는 단어가 포함되어 있는 내용을 가져오는 것입니다. '%검색어%' 구문의 %의 의미를 알아보겠습니다. LIKE 구문은 뒤에 %를 이용해 포함 여부를 결정하여 내용을 검색할 수 있습니다. %는 구문에서 0번 이상의 낱말이 존재함을 의미합니다. 그래서 '%검색어%'라는 구문은 '검색어'라는 단어의 앞, 뒤에 어떠한 내용이 있던지, 없던지 모두 포함됩니다. 예를 들어 '검색어%'라는 구문은 시작이 '검색어'로 시작하며 뒷쪽에 어떠 존재하는 내용을 가리킵니다. '%검색어%'라는 단어를 '검색어'라고 입력하면 앞뒤에 어떠한 내용도 없는 '검색어'라는 항목을 찾게 됩니다. 그에 따라 내용 전체가 '검색어'와 일치하는 내용만을 읽어 옵니다.

검색을 위한 뷰를 추가하겠습니다.

메인 화면에 검색창을 여는 버튼은 이미 프로젝트 초기에 추가했습니다. 이제 검색 버튼을 누르면 표시될 뷰를 추가하겠습니다. 우선 오브젝트 라이브러리에서 메인 편집창으로 뷰콘트롤러(ViewController)를 드래그 앤 드롭으로 추가합니다. 이제 추가된 뷰 위에 추가적으로 필요한 오브젝트들을 추가합니다.

추가해야 할 오브젝트는 다음과 같습니다. 화면을 위한 뷰콘트롤러, 검색어 입력을 위한 텍스트필드, 화면을 닫기 위한 취소 버튼, 검색 결과를 표시할 테이블뷰입니다.

오브젝트 라이브러리에서 뷰콘트롤러를 선택 후 편집기창으로 드래그하여 추가합니다. 추가한 뷰에 속성을 아래와 같이 설정합니다. VCSearch.swift 파일이 추가되어 있어야 Class에서 선택이 가능합니다. 아래는 검색 뷰콘트롤러의 도큐먼트 아웃라인입니다. 테이블뷰의 추가 후 테이블셀 추가 시 구조를 확인하고 추가하기 바랍니다. 오브젝트 라이브러리에서 도큐먼트 아웃라인으로 드래그 앤 드롭으로 추가하는 것도 가능합니다. 뷰 안에서 여러 오브젝트들 사이로 오브젝트 추가 시 편리합니다.

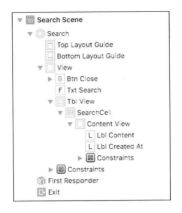

[그림 71] 검색 도큐먼트 아웃라인

검색 뷰콘트롤러(ViewController)

Class: VCSearch
storyboard ID : VCSearch

뷰(View)

Background : #000000, Opacity: 80%

검색어 입력(TextField)

Attributes Inspector
Color: #000000 Opacity: 80%
Font: System 14.0
Placeholder: Search...

Size Inspector
Leading Space to: Superview
Trailing Space to: Btn Close Equals: 10
Align Center Y to: Btn Close
Bottom Space to: Tbl View Equals: 10
Top Space to: Top Layout Guide Equals: 10

닫기 버튼(Button)

Attributes Inspector
Title text: Cancel
Font: System 16.0
Color: #FDFDFD

Size Inspector
2:1 Ratio to: Btn Close
Trailing Space to: Superview Equals: -10

Leading Space to: Txt Search Equals: 10
Align Center Y to: Txt Searh

Attributes Inspector
Title text: Cancel
Font: System 16.0
Color: #FDFDFD

Size Inspector
2:1 Ratio to: Btn Close
Trailing Space to: Superview Equals: -10
Leading Space to: Txt Search Equals: 10
Align Center Y to: Txt Searh

검색을 위한 코드를 추가하겠습니다. 다음은 VCSearch.swift의 내용입니다.

```swift
import UIKit

class VCSearch: UIViewController, UITextFieldDelegate, UITableViewDelegate,
UITableViewDataSource {

    @IBOutlet var btnClose: UIButton!
    @IBOutlet var txtSearch: UITextField!
    @IBOutlet var tblView: UITableView!

    var lineController = LineController.sharedInstance
    let configController = ConfigController.sharedInstance

    override func viewDidLoad() {
        super.viewDidLoad()
        self.setInit()
    }

 ① override func didReceiveMemoryWarning() {
        super.didReceiveMemoryWarning()
    }


 ② func setInit() {
     ③ self.txtSearch.delegate = self
     ④ self.tblView.tableFooterView = UIView(frame:CGRect.zero)
```

```
        ⑤ self.tblView.separatorColor = UIColor.white
        ⑥ self.txtSearch.addTarget(self, action: #selector(VCSearch.
                        txtSearchDidChange(_:)),
                                for: UICtrlEvents.editingChanged)

        ⑦ self.lineController.initData()
    }

    ⑧ override func viewDidAppear(_ animated: Bool) {
        super.viewDidAppear(animated)
        ⑨ self.txtSearch.becomeFirstResponder()
    }

    @IBAction func closeSearch(_ sender: UIButton) {
        ⑩ self.closeView()
    }

    func closeView() {
        ⑪ self.lineController.setAllData()
        ⑫ let vc = self.presentingViewController as! ViewController
        ⑬ vc.tblView.reloadData()
        ⑭ vc.dismiss(animated: true, completion: nil)
    }

    ⑮ func txtSearchDidChange(_ textField: UITextField) {
        ⑯ if (textField == self.txtSearch) {
            ⑰ self.refreshData()
        }
    }

    func refreshData() {
        ⑱ self.lineController.searchData(self.txtSearch.text!)
        ⑲ self.tblView.reloadData()
    }

    ⑳ func tableView(_ tableView: UITableView, numberOfRowsInSection section: Int)
                → Int {return self.lineController.lineContainers.count
    }

    ㉑ func tableView(_ tableView: UITableView, cellForRowAt indexPath: IndexPath) →
            UITableViewCell {
        ㉒ let row = self.lineController.lineContainers[(indexPath as NSIndexPath).row]
        ㉓ let cell = tableView.dequeueReusableCell(withIdentifier: "SearchCell") as!
                SearchCell
```

```
   ㉔ cell.backgroundColor = UIColor.clear
   ㉕ cell.lblContent.text? = row.line.content
   ㉖ cell.lblCreatedAt.text? = self.configController.getDateTimeFormat
                                (row.line.createdAt)


      return cell
   }

   ㉗ func tableView(_ tableView: UITableView, didSelectRowAt indexPath: IndexPath) {
       ㉘ let row = self.lineController.lineContainers[(indexPath as NSIndexPath).row]
       ㉙ self.openShow(row.idx)
   }

   ㉚ func openShow(_ idx: Int) {
   ㉛    if let uvc = self.storyboard?.instantiateViewController(withIdentifier: "PVCShow")
                  as? PVCShow {
          uvc.modalTransitionStyle = UIModalTransitionStyle.crossDissolve
          uvc.modalPresentationStyle = .overCurrentContext
          uvc.idx = idx
          self.present(uvc, animated: true, completion: nil)
      }
   }
}
```

SearchCell.swift

```
class SearchCell: UITableViewCell {
    @IBOutlet var lblContent: UILabel!
    @IBOutlet var lblCreatedAt: UILabel!
}
```

사용되는 메소드를 알아보겠습니다.

① func viewDidLoad() {...}

뷰가 로딩되고 나면 메소드가 실행됩니다. 이 함수에서 작성된 내용은 self.
setInit() 한 줄입니다. setInit()이라는 또 다른 메소드를 실행시키는 것입니다. 물론
viewDidLoad() 메소드 안에 초기화에 필요한 코드를 작성해도 됩니다. 굳이 setInit()
메소드를 선언해서 따로 작성한 이유는 다른 위치에서 초기화를 위한 코드를 실행시
킬 때 setInit() 메소드를 호출하기 위해서입니다.

② func setInit() {...}

③self.txtSearch.delegate = self – txtSearch(검색어 입력 필드)의 델리게이트를 self로 지정합니다.

④self.tblView.tableFooterView = UIView(frame:CGRect.zero) – 테이블 뷰는 보여지는 결과가 없더라도 빈 값으로 행을 표시합니다. 가로줄이 표시되는 것을 제거하고 싶을 때 사용합니다.

⑤self.tblView.separatorColor = UIColor.white – 결과 테이블뷰의 행과 행 사이의 색상을 흰색으로 지정합니다.

⑥self.txtSearch.addTarget(self, action: #selector(VCSearch.txtSearchDidChange(_:)), for: UICtrlEvents.editingChanged) – txtSearch(검색어 입력 필드)에 값이 변경되면 VCSearch.txtShearchDidChange() 메소드를 실행합니다.

⑦self.lineController.initData() – lineContorller 객체의 initData() 메소드를 실행합니다. 메소드는 읽어 온 글 목록을 빈 값으로 적용합니다.

⑧func viewDidAppear() {...}

viewDidAppear(...) 메소드는 뷰가 화면에 표시되면 실행되는 메소드입니다.

⑨self.txtSearch.becomeFirstResponder() – txtSearch(검색어 입력 필드)에 포커스를 이동시킵니다.

func closeSearch() {...}

검색 뷰에서 닫기 버튼을 탭하면 실행됩니다.

⑩self.closeView() – 뷰를 닫는 메소드를 실행합니다. 마찬가지로 여러 곳에서 사용할 수 있도록 closeSearch()에서 직접 구현하는 것이 아닌 closeView() 메소드를 따로 구현하였습니다.

```
func closeView() {...}
```

뷰를 닫아줍니다.

⑪self.lineController.setAllData() – lineController의 setAllData()를 실행합니다. 데이터

베이스에 있는 모든 내용을 메인 화면에 표시하기 위함입니다.

⑫let vc = self.presentingViewController as! ViewController // Present 형태로 검색 뷰가 표시되었으므로, 뷰를 닫기 위한 구문입니다. PresentingViewController에는 UIViewController 클래스 객체로 되어 있기에 메인 화면 클래스인 ViewController의 메소드를 사용하기 위해 as! ViewController 구문으로 캐스팅을 해준 후 상수 vc에 대입합니다.

⑬ vc.tblView.reloadData() - ViewController(여기서는 vc)의 tblView 객체의 reloadData() 메소드를 실행합니다.

⑭vc.dismiss(animated: true, completion: nil) - dismiss 메소드를 이용해 뷰를 닫습니다. animated: true를 입력했으므로, 검색 화면 진입 시 아래부터 위로 올라가던 애니메이션이 반대로 실행되어, 위에서 아래로 뷰가 내려가며 사라집니다.

⑮func txtSearchDidChange(_ textField: UITextField) {...}

setInit() 메소드에서 작성했듯이 txtSearch(검색어 입력 필드)의 입력값이 변경이 있으면 실행됩니다. 입력값에 변화가 있는 UITextField 객체를 매개변수로 함께 전달합니다.

⑯if (textField == self.txtSearch) { - 입력 변화가 있는 객체가 self.txtSearch라면 구문을 실행합니다. 화면에 있는 UITextField가 여러 개일 수 있기 때문에 추가된 구문입니다.

⑰self.refreshData() - 데이터를 갱신하는 메소드를 실행합니다.

　　}

func refreshData() {...}

화면의 검색 결과를 갱신합니다.

⑱ self.lineController.searchData(self.txtSearch.text!) - 입력된 검색어를 lineController의 searchData 메소드를 이용해 갱신합니다.

⑲ self.tblView.reloadData() - 검색 결과 테이블의 내용을 갱신합니다.

func tableView() {...}

테이블뷰 객체의 메소들을 이용해 검색 결과를 화면에 표시합니다.

⑳ func tableView(_ tableView: UITableView, numberOfRowsInSection section: Int) → Int {

return self.lineController.lineContainers.count - 표시할 검색 결과의 개수를 반환합니다.

   }

㉑ func tableView(_ tableView: UITableView, cellForRowAt indexPath: IndexPath) → UITableViewCell {

㉒ let row = self.lineController.lineContainers[(indexPath as NSIndexPath).row] - lineController.lineContainers 배열의 값에서 표시될 내용을 row 상수에 대입합니다.

㉓ let cell = tableView.dequeueReusableCell(withIdentifier: "SearchCell") as! SearchCell - SearchCell 클래스로 Cell을 변환해서 대입합니다.

㉔ cell.backgroundColor = UIColor.clear - 테이블 셀의 배경을 투명하게 합니다.

㉕ cell.lblContent.text? = row.line.content - 테이블 셀에 글 내용을 대입합니다.

㉖ cell.lblCreatedAt.text? = self.configController.getDateTimeFormat(row.line.createdAt) - row.line.createdAt 값에는 글을 저장한 날짜와 시간이 저장되어 있습니다. 이를 configController의 DataTimeFormat 메소드를 이용해 설정되어 있는 날짜 형식으로 변환하여 반환합니다.

return cell // 작성된 cell을 반환합니다.

   }

㉗ func tableView(_ tableView: UITableView, didSelectRowAt indexPath: IndexPath) {

㉘ let row = self.lineController.lineContainers[(indexPath as NSIndexPath).row]   // 검색 결과 중 탭된 lineContainer 객체를 row에 대입합니다.

㉙ self.openShow(row.idx)   // lineContainer의 idx 속성을 전달하며 openShow 메소드를 실행합니다.

    }

㉚ func openShow(_ idx: Int) {...}

입력받은 idx 번호를 이용해 글보기를 실행합니다.

㉛ if let uvc = self.storyboard?.instantiateViewController(withIdentifier: "PVCShow") as? PVCShow {
        uvc.modalTransitionStyle = UIModalTransitionStyle.crossDissolve
        uvc.modalPresentationStyle = .overCurrentContext
        uvc.idx = idx
        self.present(uvc, animated: true, completion: nil)
    }

검색을 위한 뷰 작성을 마쳤습니다. 예제에서는 부담을 줄이고자 이미 학습한 텍스트필드와 버튼, 테이블뷰를 통해 검색 기능을 구현했습니다. 일반적인 형태의 검색, 검색어를 입력하고 그에 따른 결과를 화면에 표시하는 기능이라면 UISearchController 클래스를 사용하면 편리합니다. UISearchController는 검색어 입력을 위한 SearchBar, 결과 로딩 중 화면, 검색 결과의 표시, 검색 기능의 비활성화 등의 기능을 손쉽게 구현할 수 있도록 도와줍니다. 자세한 정보는 https://developer.apple.com/reference/uikit/uisearchController에서 확인 가능합니다.

6.23 SQLite 내용 삭제하기

작성된 글을 삭제하는 기능을 추가하겠습니다. 글 내용 보기에서 이미 버튼을 추가 했습니다. 이제는 해당 버튼에 기능을 구현하도록 하겠습니다.

[그림 72] 삭제 버튼, 삭제 여부 확인

다음은 글보기 화면 중 글 삭제 버튼에 연결된 메소드입니다.

```
VCShow.swift
   @IBAction func clickDelete(_ sender: UIButton) {
       self.deleteLine()
   }

   func deleteLine() {
   ① let actionSheetController: UIAlertController = UIAlertController
                                       (title: nil, message: nil,
                                        preferredStyle: .actionSheet)
   ② let cancelAction: UIAlertAction = UIAlertAction(title: "Cancel", style: .cancel) {
                                       action → Void in
       }
   ③ actionSheetController.addAction(cancelAction)
   ④ let actDelete: UIAlertAction = UIAlertAction(title: "Delete", style: .default) {
                                       action → Void in
       ⑤ let lineController = LineController.sharedInstance
       ⑥ let index = self.lineController.getIndex(self.lineContainer.idx)
```

```
⑦ lineController.deleteLineByIdx(self.lineContainer)

⑧ if lineController.lineContainers.count == 0 {
    ⑨ self.closeVCShow()
⑩ } else {
    ⑪ let pvc = self.parent as! PVCShow
    ⑫ pvc.refresh()

    ⑬ if index <= lineController.lineContainers.count - 1 {
        ⑭ pvc.moveToIndex(index)
    ⑮ } else {
        ⑯ pvc.moveToIndex(lineController.lineContainers.count-1)
    }
  }
}
⑰ actionSheetController.addAction(actDelete)
⑱ self.present(actionSheetController, animated: true, completion: nil)
}
```

```
@IBAction func clickDelete(_ sender: UIButton) {...}
```

삭제 버튼을 탭하면 실행되는 메소드입니다. 이 함수에서 작성된 내용은 self.
deleteLine() 한 줄입니다. deleteLine()이라는 또 다른 메소드를 실행시키는 것입니
다. 물론 clickDelete() 메소드 안에 삭제에 필요한 코드를 작성해도 됩니다. 굳이
deleteLine() 메소드를 선언해서 따로 작성한 이유는 다른 위치에서 삭제를 위한 코
드를 실행시킬 때 deleteLine() 메소드를 호출하기 위해서입니다.

```
func deleteLine() {...}
```

삭제 여부를 확인하고 실제로 삭제를 실행하는 메소드입니다.

① let actionSheetController: UIAlertController = UIAlertController(title: nil, message:
nil, preferredStyle: .actionSheet) – 삭제를 위한 확인을 하기 위해 UIAlertController을
선언합니다.

② let cancelAction: UIAlertAction = UIAlertAction(title: "Cancel", style: .cancel) {
action → Void in

   } – 아무런 처리도 하지 않는 취소(Cancel) 버튼을 생성합니다.

③ actionSheetController.addAction(cancelAction) − 생성한 취소 버튼을 action SheetController에 추가합니다.

④ let actDelete: UIAlertAction = UIAlertAction(title: "Delete", style: .default) { action → Void in

−삭제(Delete) 버튼이 탭되면 실행되는 구문을 작성합니다.

⑤ let lineController = LineController.sharedInstance − LineController의 객체를 생성합니다.

⑥ let index = self.lineController.getIndex(self.lineContainer.idx) − 현재 보이는 LineContainer의 배열이 몇 번째 값인지 찾아서 index 상수에 대입합니다.

⑦ lineController.deleteLineByIdx(self.lineContainer) − lineContainer 값을 이용해 실제로 데이터베이스에서 데이터를 삭제합니다. 자세한 구문은 LineController 클래스 설명을 참고하세요.

⑧ if lineController.lineContainers.count == 0 { − lineContainers의 값이 0 이라면, 작성된 글이 없다면

⑨ self.closeVCShow() − VCShow 뷰를 닫습니다.

⑩ } else { − 작성된 글이 남아있는 경우

⑪ let pvc = self.parent as! PVCShow − PageViewController 를 가져옵니다.

⑫ pvc.refresh() − PageViewController의 refresh() 메소드를 실행합니다.

⑬ if index <= lineController.lineContainers.count − 1 { − 삭제된 인덱스 번호가 전체 글 개수보다 적거나 같을 경우

⑭ pvc.moveToIndex(index) − 현재의 인덱스 번호로 페이지를 이동합니다.

⑮ } else { − 삭제된 인덱스 번호가 배열의 마지막 번호였다면

⑯ pvc.moveToIndex(lineController.lineContainers.count−1) − 마지막 인덱스 번호로 이동합니다.

⑰ actionSheetController.addAction(actDelete) − 생성한 삭제 버튼을 actionSheet Controller에 추가합니다.

⑱ self.present(actionSheetController, animated: true, completion: nil) − 화면에 삭제확인 메시지창을 표시합니다.

    }

참고

실무에서는 많은 경우 SQL의 DELETE 구문을 사용하지 않고, 테이블에 상태를 저장하는 열을 추가하여 사용합니다. 상태 저장용 열에 값을 1, 0 또는 True, False 등으로 관리합니다. 데이터가 활성화되어 있을 때는 상태값을 1 또는 True로 입력하고, 데이터를 삭제하는 명령어가 입력되면 상태값을 0 또는 False로 UPDATE하는 것입니다. 그리고 일반적인 SELECT를 실행할 때는 상태 열의 값이 1 또는 True인 데이터만 추출해서 표시합니다. 이러한 경우 삭제된 데이터를 유지하기 때문에 당연히 저장 공간의 낭비를 가져옵니다. 그러나 DELETE를 이용하여 데이터를 삭제했다면 해당 데이터를 다시는 복원할 수 없는 상황이 올 수 있습니다. 상태값을 이용할 때는 문제가 있어 삭제된 데이터를 복원해야 할 경우 상태 열의 값을 1 또는 True로 UPDATE해줌으로써 간단히 데이터를 복원할 수 있다는 이점이 있습니다. 때론 두 가지 방식을 함께 사용하기도 합니다. 삭제 명령 시 상태값을 UPDATE로 변경하도록 처리하고, 한 달 또는 두 달 등 삭제 시간이 일정 기간 경과한 데이터는 DELETE를 이용해 삭제하기도 합니다. 각 프로젝트의 상황에 맞게 저장에 대한 비용, 데이터를 유실했을 때의 경중 등을 따져서 방식을 결정하면 됩니다.

6.24 환경설정 만들기

환경설정은 사용자별로 자신의 입맛에 맞게 앱의 환경을 저장해놓는 것이라고 할 수 있습니다. 환경설정은 저장하면 디바이스에 그대로 남아 있어, 다음 번 실행 때에도 그 내용이 유지됩니다. 아래는 예제 프로젝트의 환경설정 화면입니다.

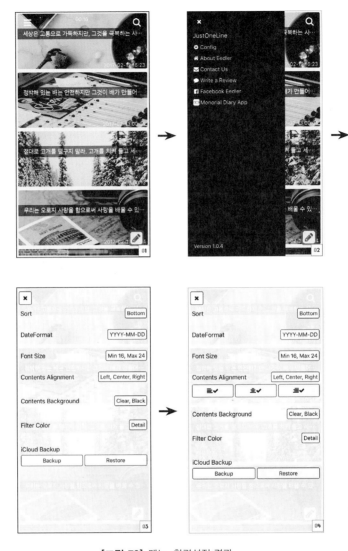

[그림 73] 메뉴, 환경설정 결과

환경설정을 위한 화면 구성을 보겠습니다. 목록 화면에서 메뉴 버튼을 탭하면 좌측에서 메뉴가 표시됩니다. Config 버튼을 탭하면 환경설정 화면이 표시됩니다. 목록에서 메뉴가 보여지기 위한 코드는 ViewController.swift에 작성되어 있습니다.

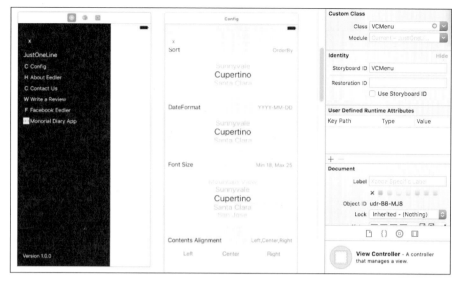

[그림 74] 메뉴, 환경설정

위 그림은 스토리보드에 메뉴와 환경설정, 뷰콘트롤러가 추가된 모습입니다.
메뉴 버튼을 탭하면 왼쪽에서 오른쪽 메뉴 모습이 이동되며 나타납니다.

```
Reachability.swift

import Foundation

class Reachability {
    static func isConnectedToNetwork() → Bool {
        let url = URL(string: "https://google.com/")
        let data: Data? = try? Data(contentsOf: url!)
        if data == nil {
            return false
        } else {
            return true
        }
    }
}
```

Reachability 클래스는 현재 인터넷이 작동 중인지 확인하는 클래스입니다. 메소드
선언 앞에 static은 정적 메소드를 이야기합니다. 이렇게 선언한 메소드는 어디에서
든 공통된 값을 공유하며, 클래스의 인스턴트 생성 없이도 사용 가능합니다. 그래서
ConfigController.swift에서는 아래와 같이 사용할 수 있었습니다.

```
if Reachability.isConnectedToNetwork() == true {
        let idocument = IDocument.sharedInstance
        if idocument.isCloudEnabled() {
            idocument.backupDocument()
            self.showAlert(lsBackupComplete)
        } else {
            self.alertMessage(lsCheckIcloud, message: lsCheckIcloudMessage)
        }
    } else {
        self.alertMessage(lsCheckInternet, message: lsCheckInternetMessage)
    }
```

앞서 내용은 아이클라우드(iCloud)에 sqlite 파일을 추가하는 과정입니다. 그에 따라 iCloud에 파일을 저장하는 기능이 필요하며, 그 내용은 다음과 같습니다.

IDocument.swift

```
import UIKit

class IDocument {
    static let sharedInstance = IDocument()

    struct DocumentsDirectory {
        static let localDocumentsURL: URL? = FileManager.default.urls(for: FileManager.
SearchPathDirectory.documentDirectory, in: .userDomainMask).last! as URL // 디바이스 저장
주소
        static var iCloudDocumentsURL: URL? = FileManager.default.url(forUbiquityContainer
Identifier: nil)
    }

    func isCloudEnabled() → Bool { // icloud 사용 가능 여부 확인
        DocumentsDirectory.iCloudDocumentsURL = FileManager.default.url(forUbiquityContain
erIdentifier: nil)
        if DocumentsDirectory.iCloudDocumentsURL != nil { return true }
        else { return false }
    }

    func backupDocument() { // icloud에 DB 파일 백업
        let databaseController = DatabaseController.sharedInstance
        let fileName = databaseController.fileName

        let fileManager = FileManager.default
        let enumerator = fileManager.enumerator(atPath: DocumentsDirectory.
localDocumentsURL!.path)
```

```
            while let file = enumerator?.nextObject() as? String {
                if file == fileName {
                    let ubiquityURL = DocumentsDirectory.iCloudDocumentsURL!.
appendingPathComponent(file)
                    let localURL = DocumentsDirectory.localDocumentsURL!.
appendingPathComponent(file)
                    //NSLog("\(localURL)")
                    if fileManager.fileExists(atPath: ubiquityURL.path) {
                        do {
                            try fileManager.removeItem(at: ubiquityURL)
                        } catch let error as NSError {
                            NSLog("Failed to remove file to iCloud dir : \(error.
localizedDescription)")
                        }
                    } else {
                        //NSLog("Not Exists: \(ubiquityURL.path!)")
                    }
                    do {
                        try fileManager.copyItem(at: localURL, to: ubiquityURL)
                    } catch let error as NSError {
                        NSLog("Failed to copy file to iCloud dir : \(error.
localizedDescription)")
                    }
                }
            }
        }

    func restoreDocument() { // icluod에서 DB 파일 복원
        let databaseController = DatabaseController.sharedInstance
        let fileName = databaseController.fileName

        let fileManager = FileManager.default
        let enumerator = fileManager.enumerator(atPath: DocumentsDirectory.
iCloudDocumentsURL!.path)

        while let file = enumerator?.nextObject() as? String {
            if file == fileName {
                let ubiquityURL = DocumentsDirectory.iCloudDocumentsURL!.
appendingPathComponent(file)
                let localURL = DocumentsDirectory.localDocumentsURL!.
appendingPathComponent(file)

                if fileManager.fileExists(atPath: localURL.path) {
                    do {
```

```
                        try fileManager.removeItem(at: localURL)
                    } catch let error as NSError {
                        NSLog("Failed to remove file to local dir : \(error.
localizedDescription)")
                    }
                } else {
                    //NSLog("Not Exists: \(localURL.path!)")
                }
                do {
                    try fileManager.copyItem(at: ubiquityURL, to: localURL)
                } catch let error as NSError {
                    NSLog("Failed to copy file to local dir : \(error.
localizedDescription)")
                }
            }
        }
    }
}
```

iOS는 보안상 앱 내에 있는 Document 폴더에만 파일을 등록, 수정, 삭제할 수 있습니다. 그에 따라 디바이스마다 다른 도큐먼트 디렉터리를 알아내는 코드가 필요하게 됩니다.

참고

iCloud를 사용하기 위해서는 Xcode에서 설정을 해야 합니다.

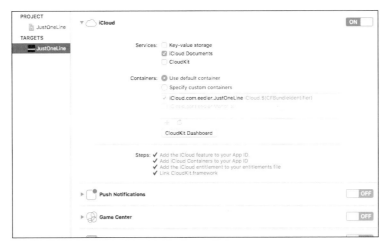

[그림 75] iCloud 설정

프로젝트 설정의 Capabilities에서 iCloud 설정을 On으로 변경해야 합니다. 또한 icloud를 사용하기 위해 애플 개발자 프로그램에 등록되어 있어야 합니다.

iCloud 관련 기능은 크게 세 가지입니다.

Key-value storage: 클라우드에 적은 양의 데이터를 키-값 형태로 저장할 때 사용합니다. e-book 앱 같은 경우 보던 페이지를 저장해놨다가 다른 기기에서 앱을 실행했을 때 보던 페이지를 이어서 제공하는 것이 가능합니다.

iCloud Documents: 데이터 파일을 iCloud에 저장합니다. 저장된 파일은 동일한 계정의 다른 기기에서도 전송받아 사용할 수 있습니다.

CloudKit: iCloud 서버에 접근해서 DB 같은 구조화된 데이터를 저장하고 관리할 수 있게 하며, 동일한 앱을 사용하는 사용자가 공유할 수 있는 데이터 공간을 제공합니다.

각자의 서비스는 용도가 다르며, 그에 맞는 형태대로 사용하면 됩니다.

6.25 UserDefaults 사용법

환경설정 값들을 저장할 때는 UserDefaults 클래스를 사용합니다. 해당 클래스는 키-값 형태로 저장을 합니다. 사용법은 다음과 같습니다.

```
ConfigController.swift
```
```
class ConfigController {
    let defaults = UserDefaults.standard  // UserDefaults 객체 인스턴스를 생성합니다.
    var sort:Int = 0;  // 설정된 값을 저장해 둘 변수입니다.
    func getConfig() {  // 설정 값을 가져오기 위한 메소드를 선언합니다.
      if self.defaults.object(forKey: "sort") != nil { sort 라는 이름의 Key가 있다면
        // self.sort = self.defaults.integer(forKey: "sort") " sort " Key값에 저장되어
        있는 값을 integer로 가져와서 sort 변수에 대입합니다.
        }
    }
    func setConfig() {  // 설정 값을 저장하기 위한 메소드를 선언합니다.
      // self.defaults.set(self.sort, forKey: "sort") sort라는 Key 값에 self.sort 값
      을 저장합니다.
      }
  }
```

전체적인 UserDefaults 클래스의 구현은 이 과정이 전부입니다. 인스턴스를 만들고, 입력되어 있는 값을 읽어오거나, 새로운 값을 입력하는 것입니다. 아래는 값을 읽어 올 때 사용했던 구문입니다.

```
self.sort = self.defaults.integer(forKey: "sort")
```

정수형으로 값을 가져올 경우 integer() 메소드를 사용합니다. 자주 사용하는 구문으로는 True, False를 읽어오는 self.defaults.bool(forKey: "key-name"), 문자열을 가져오는 self.defaults.string(forKey: "key-name") 등이 있습니다. 그 밖에 array, data, dictionary, double, float 등도 있습니다. 아래는 싱글톤 패턴으로 구현되어 있는 ConfigController 클래스 내용입니다.

```
configController.swift
```
```
import UIKit

class ConfigController {
    static let sharedInstance = ConfigController()
    let defaults = UserDefaults.standard
    let config = Config.sharedInstance

    fileprivate init() {
        if self.defaults.object(forKey: "sort") != nil {
            self.config.sort = self.defaults.integer(forKey: "sort")
        }
```

```
if let value = self.defaults.string(forKey: "dateFormat") {
    self.config.dateFormat = value
}

if self.defaults.object(forKey: "fontSizeMin") != nil {
    self.config.fontSizeMin = self.defaults.integer(forKey: "fontSizeMin")
}

if self.defaults.object(forKey: "fontSizeMax") != nil {
    self.config.fontSizeMax = self.defaults.integer(forKey: "fontSizeMax")
}

if self.defaults.object(forKey: "textAlignLeft") != nil {
    self.config.textAlignLeft = self.defaults.bool(forKey: "textAlignLeft")
}

if self.defaults.object(forKey: "textAlignCenter") != nil {
    self.config.textAlignCenter = self.defaults.bool(forKey: "textAlignCenter")
}

if self.defaults.object(forKey: "textAlignRight") != nil {
    self.config.textAlignRight = self.defaults.bool(forKey: "textAlignRight")
}

if self.defaults.object(forKey: "backgroundContentClear") != nil {
    self.config.backgroundContentClear = self.defaults.bool
                                (forKey: "backgroundContentClear")
}

if self.defaults.object(forKey: "backgroundContentBlack") != nil {
    self.config.backgroundContentBlack = self.defaults.bool
                                (forKey: "backgroundContentBlack")
}

if self.defaults.object(forKey: "filterColorClear") != nil {
    self.config.filterColorClear = self.defaults.bool(forKey: "filterColorClear")
}

if self.defaults.object(forKey: "filterColorRed") != nil {
    self.config.filterColorRed = self.defaults.bool(forKey: "filterColorRed")
}

if self.defaults.object(forKey: "filterColorOrange") != nil {
    self.config.filterColorOrange = self.defaults.bool(forKey: "filterColorOrange")
```

```
        }

        if self.defaults.object(forKey: "filterColorYellow") != nil {
            self.config.filterColorYellow = self.defaults.bool(forKey: "filterColorYellow")
        }

        if self.defaults.object(forKey: "filterColorGreen") != nil {
            self.config.filterColorGreen = self.defaults.bool(forKey: "filterColorGreen")
        }

        if self.defaults.object(forKey: "filterColorBlue") != nil {
            self.config.filterColorBlue = self.defaults.bool(forKey: "filterColorBlue")
        }

        if self.defaults.object(forKey: "filterColorIndigo") != nil {
            self.config.filterColorIndigo = self.defaults.bool(forKey: "filterColorIndigo")
        }

        if self.defaults.object(forKey: "filterColorViolet") != nil {
            self.config.filterColorViolet = self.defaults.bool(forKey: "filterColorViolet")
        }

        if self.defaults.object(forKey: "filterColorWhite") != nil {
            self.config.filterColorWhite = self.defaults.bool(forKey: "filterColorWhite")
        }

        if self.defaults.object(forKey: "filterColorBlack") != nil {
            self.config.filterColorBlack = self.defaults.bool(forKey: "filterColorBlack")
        }

        if self.defaults.object(forKey: "showMonorial") != nil {
            self.config.showMonorial = self.defaults.bool(forKey: "showMonorial")
        }
    }

    func updateConfig() {
        self.defaults.set(self.config.sort, forKey: "sort")
        self.defaults.set(self.config.dateFormat, forKey: "dateFormat")

        self.defaults.set(self.config.fontSizeMin, forKey: "fontSizeMin")
        self.defaults.set(self.config.fontSizeMax, forKey: "fontSizeMax")

        self.defaults.set(self.config.textAlignLeft, forKey: "textAlignLeft")
        self.defaults.set(self.config.textAlignCenter, forKey: "textAlignCenter")
```

```swift
        self.defaults.set(self.config.textAlignRight, forKey: "textAlignRight")

        self.defaults.set(self.config.backgroundContentClear,
                          forKey: "backgroundContentClear")
        self.defaults.set(self.config.backgroundContentBlack,
                          forKey:"backgroundContentBlack")

        self.defaults.set(self.config.filterColorClear, forKey: "filterColorClear")
        self.defaults.set(self.config.filterColorRed, forKey: "filterColorRed")
        self.defaults.set(self.config.filterColorOrange, forKey: "filterColorOrange")
        self.defaults.set(self.config.filterColorYellow, forKey: "filterColorYellow")
        self.defaults.set(self.config.filterColorGreen, forKey: "filterColorGreen")
        self.defaults.set(self.config.filterColorBlue, forKey: "filterColorBlue")
        self.defaults.set(self.config.filterColorIndigo, forKey: "filterColorIndigo")
        self.defaults.set(self.config.filterColorViolet, forKey: "filterColorViolet")
        self.defaults.set(self.config.filterColorWhite, forKey: "filterColorWhite")
        self.defaults.set(self.config.filterColorBlack, forKey: "filterColorBlack")
        self.defaults.set(self.config.showMonorial, forKey: "showMonorial")
    }

    func setActiveBtnInShow(_ bool: Bool) {
        self.config.activeBtnInShow = bool
    }

    func getDateTimeFormat(_ dateTime: Date) → String {
        let formatter = DateFormatter()
        formatter.dateFormat = self.config.dateFormat + " HH:mm"
        return "\(formatter.string(from: dateTime))"
    }

    func getDateFormat(_ dateTime: Date ) → String {
        let formatter = DateFormatter()
        formatter.dateFormat = self.config.dateFormat
        return "\(formatter.string(from: dateTime))"
    }

    func getTimeFormat(_ dateTime: Date ) → String {
        let formatter = DateFormatter()
        formatter.dateFormat = "HH:mm"
        return "\(formatter.string(from: dateTime))"
    }
}
```

UserDefaults 클래스의 자세한 사항은 https://developer.apple.com/reference/foundation/userdefaults에서 확인 가능합니다.

6.26 현지화 작업

하나의 앱에서 디바이스의 언어 설정에 따라 앱의 내용을 제공하는 것을 현지화라고 합니다. 일반적으로 영어를 기본 언어로 앱이 제작되는 경우가 많습니다. 영어를 기본으로 제작하며, 자국어를 추가하는 형태가 많습니다. 기본 언어 이외에 현지화 작업을 통해 언어를 추가하면 앱이 설치된 디바이스의 환경에 따라 언어가 표시됩니다. 기본 언어는 앱의 바탕이 되는 언어입니다. 특별히 현지화 작업이 되어 있지 않은 언어의 디바이스라면 기본 언어로 표시하게 됩니다. 그래서 영어를 기본 언어로 설정하고, 한국어를 현지화 작업을 통해 추가했다면 한국어를 사용하는 디바이스에서는 한국어로, 그 밖에 다른 언어로 설정된 디바이스에서는 기본 언어인 영어로 표시됩니다. 현지화 작업이 되어 있지 않은 언어는 기본 언어로 표시되는 것입니다.

[그림 76] 현지화 영어, 한국어

현지화 작업의 순서를 알아봅니다.

첫 번째는 사용 언어를 추가하는 것입니다.

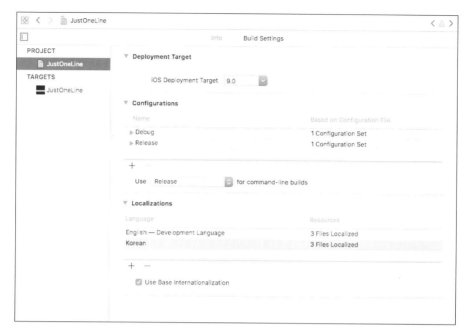

[그림 77] 언어 추가

프로젝트 네비게이터에서 프로젝트명을 클릭합니다. 편집기 창에서 Project를 선택합니다. 항목 중 Localizations의 + 기호를 클릭합니다. 팝업 메뉴에서 Korean을 클릭합니다. 이것으로 언어 추가가 완료되었습니다.

[그림 78] 현지화 언어 작성

이제 언어별로 구체적인 내용을 작성할 차례입니다. Main.storyboard 파일을 찾아봅니다. 아까와는 다르게 앞에 ▶ 표시가 있습니다. 하위 목록이 있다는 의미입니다. 클릭을 하면 목록이 펼쳐집니다. Main.storyboard (Base), Main.strings (Korean) 두 개의 파일이 추가로 표시됩니다.

Main.storyboard (Base) 파일은 기본 언어일 때의 스토리보드를 가리킵니다. Main.storyboard를 클릭하면 Main.storyboard (Base)에서 수정하는 것과 같은 효과입니다. Main.strings (Korean)은 스토리보드의 내용이 한국어를 사용하는 디바이스에서 표시

될 내용입니다. 기본 내용은 Base의 내용이 입력되어 있으며, 수정할 내용은 아래와
같습니다. 오브젝트 ID는 환경에 따라 다릅니다.

6.26 환지화 작업

```
Main.strings (Korean)

/* Class = "UIButton"; normalTitle = "Config"; ObjectID = "0Ye-8e-iz0"; */
"0Ye-8e-iz0.normalTitle" = "환경설정";

/* Class = "UILabel"; text = "FilterColor"; ObjectID = "3wx-Pz-da5"; */
"3wx-Pz-da5.text" = "필터 색상";

/* Class = "UIButton"; normalTitle = "Write a Review"; ObjectID = "AK3-e2-zcf"; */
"AK3-e2-zcf.normalTitle" = "리뷰쓰기";

/* Class = "UILabel"; text = "ContentsBackground"; ObjectID = "C6i-bY-j3T"; */
"C6i-bY-j3T.text" = "글자 배경";

/* Class = "UILabel"; text = "TextAlign"; ObjectID = "HlK-bB-Y37"; */
"HlK-bB-Y37.text" = "글자 정렬";

/* Class = "UILabel"; text = "iCloud Backup"; ObjectID = "NxL-yX-KcF"; */
"NxL-yX-KcF.text" = "iCloud 백업";

/* Class = "UIButton"; normalTitle = "About Eedler"; ObjectID = "PxQ-Kc-Td4"; */
"PxQ-Kc-Td4.normalTitle" = "eedler는";

/* Class = "UIButton"; normalTitle = "Facebook Eedler"; ObjectID = "R7R-n7-3Wi"; */
"R7R-n7-3Wi.normalTitle" = "eedler 페이스북";

/* Class = "UILabel"; text = "Sort"; ObjectID = "Smb-3m-2ae"; */
"Smb-3m-2ae.text" = "정렬";

/* Class = "UIButton"; normalTitle = "Backup"; ObjectID = "V2I-hd-AsR"; */
"V2I-hd-AsR.normalTitle" = "백업";

/* Class = "UILabel"; text = "DateFormat"; ObjectID = "a46-as-4t7"; */
"a46-as-4t7.text" = "날짜 형식";

/* Class = "UIButton"; normalTitle = "Restore"; ObjectID = "gWw-Bg-9fo"; */
"gWw-Bg-9fo.normalTitle" = "복원";
```

여러 줄의 내용이 펼쳐지지만 대부분 비슷한 형식입니다.

```
/* Class = "UIButton"; normalTitle = "Config"; ObjectID = "0Ye-8e-iz0"; */
"0Ye-8e-iz0.normalTitle" = "환경설정";
```

/* */안의 내용은 오브젝트의 속성과 ID를 나타냅니다.

"0Ye-8e-iz0.normalTitle" = "환경설정"; 코드는 디바이스가 한국어 환경일 경우 0Ye-8e-iz0라는 ID를 가진 오브젝트의 normalTitle은 "환경설정"이라고 표시됩니다. 원하는 글자를 작성하면 해당 언어 환경에서는 입력한 글자로 표시됩니다. 각 오브젝트는 저마다의 고유한 오브젝트 ID를 가지고 있습니다. 앱 안에서 오브젝트 ID를 이용해 각 객체를 구분합니다. 오브젝트 ID는 아이덴티티 인스펙터(The Identity Inspector)에서 확인 가능합니다.

[그림 79] 아이덴티티 인스펙터 오브젝트 ID 확인

주의해야 할 사항은 "아이디.속성" = "값"; 이라는 형태를 지켜야 한다는 것입니다. 스위프트는 행 마지막의 세미콜론(;) 여부를 자동으로 인식하여 실행하지만, strings 파일은 세미콜론(;)까지 작성해야 합니다. strings 파일은 내용이 잘못됐을 경우 빌드 시 오류가 나지 않고, 실행은 됩니다. 다만 현지화된 언어로 표시되지 않습니다. 오류가 나오지 않는다고 해도 현지화 언어가 잘 표현되는지 확인하시기 바랍니다. 자주 사용하는 속성으로 버튼(UIButton)은 normalTitle, 레이블(UILabel)은 text입니다.

다음은 스토리보드의 글자가 아닌 앱 운영 중의 현지화 작업을 알아보겠습니다. 앱은 다양한 이벤트에 의해 진행됩니다. 또한 이벤트의 결과에 따라 다른 글자를 표시합니다. 스토리보드의 내용뿐만이 아닌, 메시지 표시 등 다양한 상황에서 현지화 작업이 필요합니다. 우선 현지화 작업을 위한 파일을 추가합니다.

[그림 80] Localizable.strings 파일 추가

프로젝트 폴더에서 마우스 우클릭 후 New File...을 클릭합니다. Choose a template for your new file:에서 Resource 항목의 Strings File을 선택하고 Next를 클릭합니다. 파일 위치는 프로젝트 폴더를 선택합니다. 파일명은 Localizable.strings입니다. Create 를 클릭합니다. 프로젝트 네비게이터에서 Localizable.strings 파일이 생성된 것을 확인합니다. 이제 Localizable.strings 파일을 선택한 후 인스펙터 영역에서 파일 인스펙터 (The File Inspector)를 선택합니다.

[그림 81] Localize 버튼 클릭

하단의 Localize... 버튼을 클릭합니다.

[그림 82] Localize 확인

Base를 선택 후 Localize를 클릭하면 파일이 현지화됩니다. Main.storyboard와 마찬가지로 Localizable.strings 파일 앞에는 ▶ 표시가 있습니다. 이를 클릭하면 언어별로 파일이 갈라진 것을 확인할 수 있습니다.

[그림 83] 언어별 Strings 파일

파일의 내용을 확인해보면 아직 아무것도 없음을 알 수 있습니다. 이제부터 언어별로 사용할 키워드를 이곳에 정의하면 됩니다.

우선 Localizable.strings(Base) 파일을 클릭하고 아래와 같이 작성합니다. 작성 방식은 Main.strings(Korean)와 같습니다.

```
"OK" = "OK";
```

다음으로 Localizable.strings(Korean) 파일을 클릭하고 아래와 같이 작성합니다. 작성 방식은 Main.strings(Korean)와 같습니다.

```
"OK" = "확인";
```

strings 파일의 역할은 왼쪽("OK")의 키워드를 프로그램에서 찾으면 오른쪽("OK" 또는 "확인")을 표시하는 것입니다. 이에 대한 사용법도 알아보겠습니다.

ViewController.swift로 이동 후 viewDidLoad() 메소드에 아래와 같이 작성합니다.

```
Print(NSLocalizedString("OK", comment: "이곳은 설명글을 작성하는 곳입니다."))
// 한글일 경우
// Print 확인
// 다른 언어일 경우
// Print OK
```

NSLocalizedString() 메소드는 첫 번째 파라미터 key를 입력받아 이를 Base, korean 등의 해당 언어에 맞게 Localizable.strings 파일에서 찾아와 내용을 반환합니다.

위의 구문을 실행하게 되면 한국어 환경에서는 '확인'이라고 표시하며, 한국어가 아닌 다른 모든 언어 환경에서는 'OK'라고 표시합니다.

이제 원하는 다양한 키워드를 Localizable.strings에 추가하고 필요할 때마다 NSLocalizedString() 메소드를 이용해 키(Key)별로 다양한 언어별 문구를 사용할 수 있습니다.

6.27 현지화 테스트

현지화 작업을 했다면 시뮬레이터에서 작동되는 모습을 확인해야 합니다. 시스템의 언어를 그대로 실행하게 되어 있는 iOS 시뮬레이터의 특성상 대부분은 실행 시 영

어를 기반으로 실행됩니다. 다음처럼 설정할 경우 시뮬레이터에서 앱의 실행 환경을
설정할 수 있습니다.

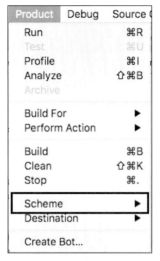

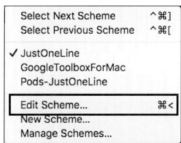

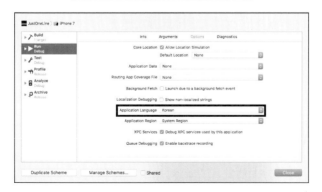

[그림 84] 언어 설정 화면

설정 시 디바이스의 언어와 앱의 실행 언어를 설정할 수 있습니다. 이제 실행할 때마

다 해당 언어로 실행되는 시뮬레이터를 확인할 수 있습니다.

디바이스에서 실행 시 해당 디바이스의 언어를 변경해야 하는 불편함이 있습니다.

[그림 85] 디바이스 언어 설정

설정 ▶ 일반 ▶ 언어 및 지역 ▶ iPhone 언어 ▶ 언어 선택 ▶ 완료

설정 후 일정 시간 경과 후 디바이스의 언어가 변경됩니다. 언어 변경 후 현지화를 지원하는 앱을 실행할 경우 선택한 언어로 보이게 됩니다.

일반적인 테스트는 디바이스에서 진행하겠지만 현지화 작업을 위한 언어가 제대로 반영되는지는 시뮬레이터에서 간단히 확인하는 것도 용이합니다.

6.28 ViewController 전체 코드

ViewController.swift는 이 앱의 근간을 이루는 파일입니다. 기본적인 앱의 흐름은 모두 ViewController를 통하도록 되어 있습니다. 아래는 ViewController.swift의 전체 코드입니다. 또한 본문 설명에는 없는 상단 시계의 표시와 설정에 따라 자동으로 스크롤이 움직이는 기능도 구현되어 있습니다.

```swift
import UIKit
class ViewController: UIViewController, UITableViewDelegate, UITableViewDataSource {

    @IBOutlet var btnSearch: UIButton!
    @IBOutlet var btnMenu: UIButton!
    @IBOutlet var btnClock: UIButton!
    @IBOutlet var btnWrite: UIButton!
    @IBOutlet var tblView: UITableView!
    @IBOutlet var lblIntro: UILabel!

    var timer = Timer()
    let configController = ConfigController.sharedInstance
    let lineController = LineController.sharedInstance

    override func viewDidLoad() {
        super.viewDidLoad()
        // Do any additional setup after loading the view, typically from a nib.

        self.setInit()
        self.refreshData()
        if self.configController.config.sort == 1 {
            self.moveScroll(.bottom)
        }
        /*
        for lineContainer in self.lineController.lineContainers {
            print("\(lineContainer.line.content) / \(lineContainer.line.subContent) /
                \(lineContainer.line.createdAt)")
        }*/
    }

    override func didReceiveMemoryWarning() {
        super.didReceiveMemoryWarning()
        // Dispose of any resources that can be recreated.
    }

    override func viewDidAppear(_ animated: Bool) {
        super.viewDidAppear(animated)
        self.timer.invalidate()
        self.timer = Timer.scheduledTimer(timeInterval: 1, target: self,
                                    selector: #selector(ViewController.setClock),
                                    userInfo: nil, repeats: true)
    }
```

```
override func viewDidDisappear(_ animated: Bool) {
    super.viewDidDisappear(animated)
    self.timer.invalidate()
}

func setInit() {
    self.btnMenu.setTitle("\u{f0c9}", for: UICtrlState())
    self.btnSearch.setTitle("\u{f002}", for: UICtrlState())
    self.btnWrite.setTitle("\u{f14b}", for: UICtrlState())

    self.setClock()
    self.tblView.tableFooterView = UIView(frame:CGRect.zero)
}

func refreshData() {
    self.tblView.reloadData()
    if self.lineController.lineContainers.count > 0 {
        self.lblIntro.isHidden = true
    } else {
        self.lblIntro.isHidden = false
    }
}

func setClock() {
    let date = Date()
    let formatter = DateFormatter()
    formatter.dateFormat = "HH:mm"
    let nowTime = formatter.string(from: date)
    self.btnClock.setTitle(nowTime, for: UICtrlState())
}

func moveScroll(_ direction: Direction) {
    if direction == Direction.top {
        self.tblView.setContentOffset(CGPoint.zero, animated: true)
    }

    if direction == Direction.bottom {
        let tblHeight = self.tblView.contentSize.height -
                        self.tblView.bounds.size.height
        if tblHeight > 0 {
            let bottomPoint: CGPoint = CGPoint(x: 0, y: tblHeight)
            self.tblView.setContentOffset(bottomPoint, animated: true)
        }
    }
```

```
}

func tableView(_ tableView: UITableView, numberOfRowsInSection section: Int) → Int {
    //return self.lines.count
    return 1
}

func numberOfSections(in tableView: UITableView) → Int {
    return self.lineController.lineContainers.count
}

func tableView(_ tableView: UITableView, heightForHeaderInSection section: Int) →
                CGFloat {
    return 10.0
}

func tableView(_ tableView: UITableView, viewForHeaderInSection section: Int) →
                UIView? {
    let headerView = UIView()
    headerView.backgroundColor = UIColor.clear
    return headerView
}

func tableView(_ tableView: UITableView, cellForRowAt indexPath: IndexPath) →
                UITableViewCell {
    let row = self.lineController.lineContainers[(indexPath as NSIndexPath).section]
    let cell = tableView.dequeueReusableCell(withIdentifier: "ListCell") as! LineCell

    cell.layer.borderWidth = 1.0
    cell.layer.borderColor = UIColor.clear.cgColor
    cell.layer.cornerRadius = 3.0
    cell.backgroundColor = UIColor.clear

    cell.lblContent.text? = row.line.content
    cell.imgView.image = row.imgBg
    cell.lblCreatedAt.text? = self.configController.getDateTimeFormat
                            (row.line.createdAt)

    return cell
}

func tableView(_ tableView: UITableView, didSelectRowAt indexPath: IndexPath) {
    let row = self.lineController.lineContainers[(indexPath as NSIndexPath).section]
    self.openShow(row.idx)
```

```swift
    }

    func openShow(_ idx: Int) {
        if let uvc = self.storyboard?.instantiateViewController
                    (withIdentifier: "PVCShow") as? PVCShow {
            uvc.modalTransitionStyle = UIModalTransitionStyle.crossDissolve
            uvc.modalPresentationStyle = .overCurrentContext
            uvc.idx = idx
            self.present(uvc, animated: true, completion: nil)
        }
    }


    @IBAction func clickBtnClock(_ sender: UIButton) {
        self.moveScroll(.top)
    }


    @IBAction func openSearch(_ sender: UIButton) {
        if let uvc = self.storyboard?.instantiateViewController
                    (withIdentifier: "VCSearch") as? VCSearch {
            uvc.modalTransitionStyle = UIModalTransitionStyle.coverVertical
            uvc.modalPresentationStyle = .overCurrentContext
            self.present(uvc, animated: true, completion: nil)
        }
    }


    @IBAction func openMenu(_ sender: UIButton) {
        if let uvc = self.storyboard?.instantiateViewController
                (withIdentifier: "VCMenu")as? VCMenu {
            uvc.modalPresentationStyle = .overCurrentContext
            self.view.superview?.insertSubview(uvc.view, aboveSubview: self.view)
            uvc.view.transform = CGAffineTransform
                                (translationX: -self.view.frame.size.width, y: 0)
            UIView.animate(
                withDuration: 0.25,
                delay: 0.0,
                options: UIViewAnimationOptions(),
                animations: {
                    uvc.view.transform = CGAffineTransform(translationX: 0, y: 0)
                },
                completion: { finished in
                    self.present(uvc, animated: false, completion: nil)
                }
            )
    }
```

```
    }

    @IBAction func openWrite(_ sender: UIButton) {
        if let uvc = self.storyboard?.instantiateViewController
                    (withIdentifier: "VCWrite") as? VCWrite {
            uvc.modalTransitionStyle = UIModalTransitionStyle.crossDissolve
            uvc.modalPresentationStyle = .overCurrentContext
            self.present(uvc, animated: true, completion: nil)
        }
    }

    @IBAction func clickBtnScrollDown(_ sender: UIButton) {
        self.moveScroll(.bottom)
    }
}
```

6.29 앱 아이콘 등록

아이콘을 등록하는 과정을 알아보겠습니다. 앱의 아이콘 등록은 PNG 파일로 준비된
이미지 파일을 드래그 앤 드롭으로 추가하면 됩니다. 우선 프로젝트 네비게이터에서
Assets.xcassets를 클릭합니다. 아래 그림은 Xcode에서 JustOneLine 프로젝트의 아이콘
등록 화면입니다.

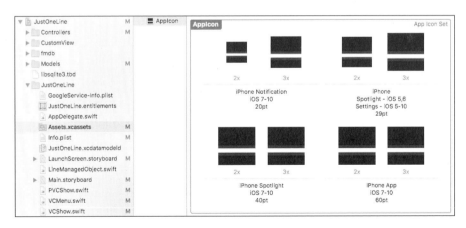

[그림 86] 앱 아이콘 등록

초반에 언급했듯이 iOS는 다양한 디바이스와 다양한 상황 등에서 아이콘을 표시합
니다. 홈 화면뿐만이 아닌 알림, 스팟라이트, 설정 화면 등에서도 각각 다른 크기의

아이콘이 표시됩니다. 이런 경우들을 대비해서 다양한 사이즈의 아이콘을 준비해야 합니다. 가장 중요한 것은 1024×1024 크기의 png 파일을 준비하는 것입니다. 이 파일은 추후 앱스토어에 업로드하여 사용자에게 표시됩니다. 그림에서 보는 것과 같이 20pt 2x, 3x 등으로 표시되어 있습니다. 20pt 2x의 파일은 20×2 사이즈의 가로, 세로 파일, 40x40의 정사각형 아이콘 파일을 등록해주면 됩니다. 같은 형태로 29pt 3x 파일은 29×3의 사이즈, 87×87 사이즈의 그림 파일을 추가해주면 됩니다. 현재의 프로젝트는 아이폰만을 대상으로 하고 있지만, 아이패드를 함께 지원할 경우 아이패드를 위한 아이콘 사이즈가 추가적으로 필요합니다. 아이콘을 추가한 후 실행할 경우 시뮬레이터에서도 앱 아이콘이 추가된 것을 확인할 수 있습니다.

[그림 87] 홈 화면 앱 아이콘

알아두기

사용자와의 소통 채널 준비

제작자와 사용자 간 소통 채널은 중요합니다. 늘 사용자의 목소리에 귀를 기울여야 점진적으로 좋은 제품으로 개선할 수 있기 때문입니다. 사용자와의 소통 채널이라고 하면 가장 먼저 홈페이지가 떠오릅니다. 홈페이지를 통해 제품 소개, 요구 사항 접수, 각종 이벤트를 진행하는 경우가 많습니다. 홈페이지를 운영할지는 운영진의 선택 사항입니다. 예전엔 제품 출시는 홈페이지 출시와 동일시될 만큼 기업과 제품 그리고 홈페이지가 하나로 여겨졌습니다. 그러나 최근에는 이러한 인식이 많이 바뀌는 추세입니다. 앱 생태계에서 소규모의 팀이 다양한 서비스를 빠르게 출시하고 있으며, 이러한 단계에서 제품의 질에 영향을 미치지 않는 요소는 과감하게 생략하는 경우도 많습니다. 홈페이지는 그 중간 영역에 있습니다. 유려한 홈페이지의 존재는 제품 신뢰도를 높이고 고객과의 소통 채널로써의 역할이 있지만, 앱 그 자체에는 영향을 미치지 않습니다. 이러한 생각으로 고객과의 소통은 페이스북, 트위터 등의 SNS 채널을 이용하고, 자신들의 이야기는 블로그 포스팅을 통해 소통하며 정식 홈페이지는 과감하게 생략하는 팀들도 많이 있습니다. 홈페이지의 유지 관리보다는 조금의 자원이라도 있다면 차라리 제품에 집중하겠다는 뜻으로 보입니다. 안정되고 좋은 품질을 제공하는 서비스들 덕분에 최근에는 홈페이지가 없는 기업도 상당히 많습니다. 소규모의 팀은 자원이 한정적이므로 홈페이지 운영 시 다양한 사항을 고려해야 합니다. 소규모의 팀이 홈페이지 운영을 원할 경우 가능한 몇 가지의 선택지를 소개합니다.

아래에는 작은 규모의 팀이 고객과의 소통 채널을 위해 사용할 만한 서비스 목록입니다. 직접 홈페이지를 제작하지 않는 소규모의 팀이라면 아래 언급된 서비스들을 조합해서 활용하는 것도 좋은 대안이라 생각합니다.

워드프레스(https://wordpress.org/)

블로그, 웹사이트 등을 손쉽게 생성할 수 있는 콘텐츠 관리 시스템(CMS)입니다. 웹사이트 등을 제작하기 위해서는 디자인을 하고, 게시판 등 각종 기능을 추가해야 합니다. 워드프레스를 이용하면 몇 가지 설정만으로 회사 소개 홈페이지 형태의 웹사이트를 얻을 수 있습니다. 다양한 테마를 이용해 형태를 입맛에 맞게 구성할 수 있으며, 많은 수의 플러그인은 특별한 코딩 없이 홈페이지의 기능을 더욱 풍부하게 만듭니다. 최근 모바일 사용 환경에 맞춰 많은 테마들이 웹 표준을 준수하며, 모바일에서도 적절한 형태로 콘텐츠를 표시합니다. 비슷한 서비스로는 익스프레스엔진XE(http://www.xpressengine.com), 그누보드(http://sir.co.kr/) 등이 있습니다.

윅스(https://wix.com/)

마우스의 드래그 앤 드롭만으로 홈페이지를 구성할 수 있는 무료 홈페이지 서비스입니다. 다양한 템플릿 중 자신이 원하는 형태의 템플릿을 선택하면 홈페이지가 바로 생성됩니다. 템플릿의 형태가 직종 및 분야별로 구분되어 있는 것도 특징 중 하나입니다. 자원이 한정적인 소규모 팀이 사용하기에도 좋습니다.

페이스북 페이지(https://www.facebook.com/)

설명이 필요 없는 사회관계망서비스(SNS) 페이스북입니다. 제품이나 기업의 경우 페이지(https://www.facebook.com/pages/)를 이용해 사용자와 소통합니다. 페이지는 브랜드, 또는 단체 이름으로 사람들과 소통하는 서비스입니다. 이미 많은 가입자를 보유한 SNS이기에 회원 가입 절차 없이 간단한 클릭만으로 제품 또는 단체의 소식을 전달할 수 있어, 많은 제품 및 서비스가 대화 채널로 애용하고 있습니다.

텀블러(https://www.tumblr.com/)

간단한 블로깅과 SNS의 팔로잉 등을 결합한 마이크로블로그 서비스입니다. 사용자는 서비스를 블로그로 이용할 수 있으며, SNS처럼 활용할 수도 있습니다. 제품에 대한 블로깅을 간단한 형태로 올리고 고객에게 공지도 하는 채널로 많이 활용됩니다.

PART 4

앱 출시하기

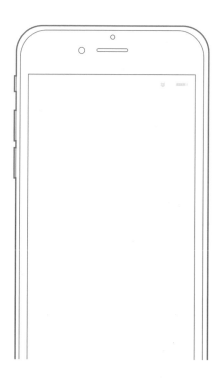

PART 4 앱 출시하기

7 출시하기

7. 출시하기

7.1 애플 심사 기준

애플 심사 기준에는 '짧은 시간에 만든 조악한 앱은 승인하지 않는다'라고 명시되어 있습니다. 다소 모호한 면이 있으나, 애플은 그렇게 하고 있습니다. 내가 보기에 조악하지 않더라도 그들이 보기에 조악하면 리젝트 대상입니다. 리젝트(reject)는 '승인 거절'을 말합니다. 애플은 승인에 대해 다양한 기준을 마련하고 있습니다. 보통은 기준을 위배하지 않으면 승인된다고 생각하면 됩니다. 리젝트될 경우 해당 사유를 제작자에게 보내줍니다. 사유를 해결한 후에 앱을 다시 제출해야 합니다. 리젝트를 당할 경우 심사를 기다리는 시간이 다시 소요되므로 심사 제출 전에 최대한 완성도를 확인 후 제출하시기 바랍니다. 현재 기준으로 심사 대기는 3, 4일 정도 소요되며, 심사가 시작되면 1일 이내로 끝납니다. 승인된 후에 24시간까지 배포되는 시간이 걸릴 수 있습니다. 심사 기준 중 중요한 사항 몇 가지를 살펴봅니다.

1. 버그가 발견되는 앱은 승인하지 않습니다.

2. 불법적 요소가 있는 앱은 승인하지 않습니다.

3. 볼륨 업/다운 등 기본적인 아이폰 스위치 기능을 변경하는 앱은 승인하지 않습니다.

4. 개발사의 설명, 안내와 일치하지 않는 앱은 승인하지 않습니다.

5. 불법적 파일 공유를 하는 앱은 승인하지 않습니다.

6. 거부감이 드는 콘텐츠를 포함한 앱은 승인하지 않습니다.

7. 부정한 방법으로 사용자의 개인 정보 또는 비밀번호를 알아내고자 하는 앱은 승인하지 않습니다.

7.2 아이튠즈 앱 등록

앱스토어에 앱을 출시하기 위해서는 몇 가지 준비가 필요합니다. 아이튠즈 커넥트에 앱을 등록하고 개발된 앱을 등록합니다. 앱에 대한 여러 가지 사항을 결정해야 합니다. 앱스토어에 보여질 이름과 설명 작성, 스크린샷 준비 등이 필요합니다. 우선 아이튠즈 앱 등록부터 살펴보겠습니다. 우선 아이튠즈에 접속합니다. 주소는 https://itunesconnet.apple.com입니다.

[그림 1] 아이튠즈 접속

[그림 2] 나의 앱 클릭

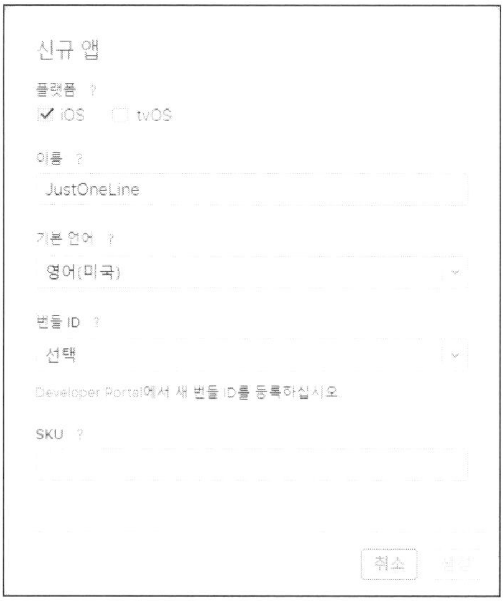

![신규 앱 등록 화면]

[그림 3] 앱 등록 화면

iOS를 선택합니다. 이름은 앱의 이름입니다. 이름은 앱스토어에 보입니다. 기본 언어를 선택합니다. 일반적으로 영어를 선택합니다. 기본 언어란 현지화 작업이 되지 않은 다른 언어로 접근했을 때 보일 언어를 선택하는 것입니다. 영어를 기본으로 한국어 현지화가 작업되어 있다면 한국어 사용자는 한국어로 표시되며, 그 외의 언어 사용자는 영어로 표시됩니다. 번들 ID는 개발시 작성된 앱의 ID입니다. 등록할 앱의 번들 ID를 선택합니다. SKU는 내부적으로 관리될 코드입니다. 앱스토어에는 표시되지 않으며, 관리상의 목적입니다. SKU는 추후 변경이 불가합니다. 생성 버튼을 클릭할 경우 앱이 생성되며, 구체적인 내용 입력을 위한 화면으로 이동합니다.

앱 정보

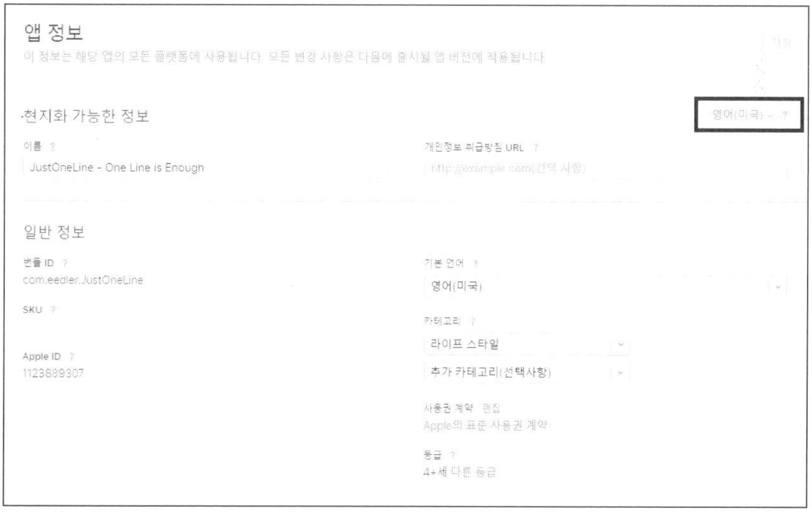

[그림 4] 앱 정보

앱의 다양한 정보를 표시합니다. 이제부터 해당 페이지에서 앱스토어에 표시될 다양한 정보를 입력하게 됩니다. 현지화 가능한 정보의 언어를 추가하게 되면, 언어별로 앱 관련 정보를 등록할 수 있습니다. 현지화하지 않은 정보는 기본 언어에 선택된 언어로 표시됩니다. 1.0 제출 준비 중으로 이동하면 앱의 기타 추가적인 내용을 입력할 수 있습니다.

[그림 5] 앱 스크린샷

JustOneLine is a memo pad you can only write one line.
Wouldn't you think that we are writing something too long?
Deeply moving stories of the life is just one sentence.
We can illustrate our life to one line.
Write your feeling, thinking and common moment!
your written one sentence is displayed with various photos and
styles provided by JustOneLine.
Would you like to point all things to each band?
Life is not same as your thinking.
likewise, JustOneLine too.

- the simple type of list view
- you can check the contents with card type frame
- the various background and word type changing continuously
- you can set the range of changing word type
- support the download on image file
- you can easily share your contents with your sns friends
- searching
- iCloud backup

키워드 ?

diary, emotion, memo, background, oneline, sensitive, sentence, record,
desktop, love, moment, memory, card

지원 URL ?

http://eedler.com

마케팅 URL ?

http://example.com(선택 사항)

[그림 6] 앱 설명

[그림 7] 앱 관련 정보

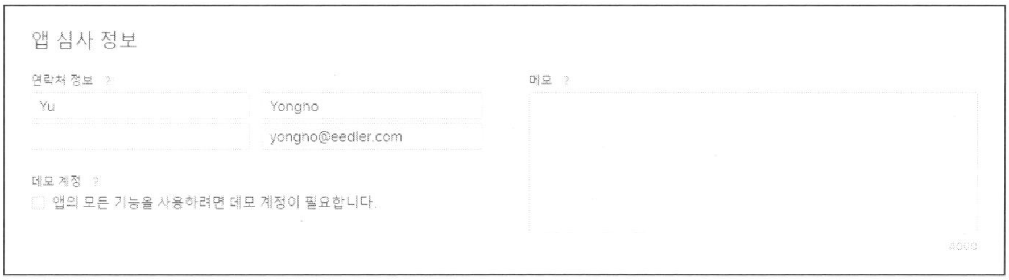

앱 심사 정보

[그림 8] 앱 심사 정보

앱의 스크린샷, 설명, 앱 관련 정보, 아이콘, 심사 관련 정보 등을 등록합니다. 앱의 아이콘은 1024×1024 크기의 PNG 또는 JPG 파일을 등록합니다. 아이콘은 레이어나 둥근 모서리가 있어서는 안 됩니다.

7.3 스크린샷 준비

앱을 등록하기 위해서는 스크린샷이 필요합니다. 대부분의 사용자들은 앱의 스크린샷을 보고 다운로드 여부를 결정하기 때문에, 가장 신경써야 하는 부분 중 하나입니다. 앱스토어는 5.5인치 디바이스 아이폰6 Plus, 아이폰7 Plus 등의 스크린샷 크기 하나만으로 다른 디바이스들의 스크린샷을 적용해서 사용할 수 있습니다. 만약 디바이스 크기별로 화면의 구성이 다른 경우 각 디바이스 크기별로 캡처해서 등록해야 합니다. 스크린샷은 한 디바이스 사이즈당 5개씩 지원하며, 최소 1개 이상의 스크린샷을 제출해야 합니다.

시뮬레이터 캡처하기

완성한 앱을 실행하고 캡처하겠습니다. 시뮬레이터를 iPhone 7 Plus로 선택합니다.
실행 버튼을 클릭합니다. iOS 시뮬레이터상에서의 화면 캡처는 키보드 Cmd+S로 간
단하게 저장이 가능합니다.

[그림 9] 시뮬레이터

앱을 실행시킨 후에 원하는 화면에서 Cmd+S를 누를 경우 바탕화면에 그림 파일로
저장됩니다. 만약 그림 파일의 해상도가 5.5인치 기준의 픽셀을 만족하지 못할 경우
에는 시뮬레이터 메뉴 중 Debug > Graphics Quality Override > Device Default를 선
택합니다. Low Quality로 되어 있다면 그림 파일의 해상도가 실제보다 낮게 캡처되
며 앱스토어에 등록할 수 없습니다.

7.4 스크린샷 꾸미기

최근 앱스토어의 스크린샷들을 보면 상당히 화려합니다. 단순히 앱의 화면을 캡처한 것이 아닌, 배경에 글자를 추가하고 다양한 각도와 구조를 사용한 스크린샷이 많습니다. 다음은 일반적인 형태의 스크린샷 구성입니다.

[그림 10] 스크린샷 꾸미기 예시

중앙에 디바이스의 모습과 스크린샷, 위 또는 아래에 글자가 입력된 형태의 스크린샷이 많습니다. 이러한 이미지들은 포토샵 등의 그래픽 툴을 이용해서 직접 제작해도 되지만 일정 수준 이상의 결과물을 보장받으려면 시간이 필요한 작업입니다. 이러한 불편함을 해소하기 위해 여러 개의 패턴 아래에 저장해놓은 스크린샷을 추가해서 손쉽게 감각적인 스크린샷을 제작해주는 서비스들도 있습니다. 대부분 유료지만 그래픽 툴에 익숙하지 않은 팀이라면 고려할 만합니다. 다양한 서비스가 있으니, 서로 비교하고 만들고자 하는 스크린샷의 형태를 잘 지원하는지 살펴본 후 사용하시면 됩니다.

» 다빈치(https://davinciapps.com/)

[그림 11] 다빈치 홈페이지

» 디앱런치패드(https://theapplaunchpad.com/)

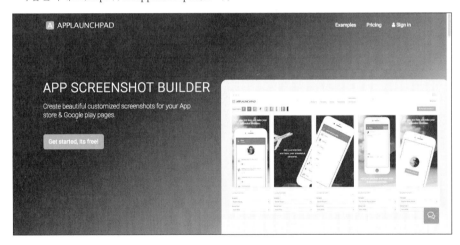

[그림 12] 디앱런치패드 홈페이지

7.5 설명글 작성하기

앱 정보 화면에 접근하면 현지화 가능한 정보 부분에 현지화 언어를 선택하게 됩니다. 현지화 작업을 원할 경우 영어(미국)을 클릭하고 추가하고자 하는 언어의 + 버튼을 클릭합니다. 언어를 선택할 경우 현지화 가능한 정보가 해당 언어에서 보여지는 부분으로 표시되며 저장할 수 있습니다. 일반 정보에서 기본 언어 부분과 카테고리 부분이 선택 가능합니다. 앱의 기본 정보는 추후에도 수정이 가능하나, 반영이 되려면 새로운 버전 업데이트가 있어야 합니다. 좌측의 1.0 제출 준비 중 메뉴를 클릭하면 앱에 관한 상세 설명 입력 및 수정이 가능합니다. 현지화에 대한 언어 선택이 있고, 아래에 스크린샷을 포함한 각종 설명을 넣도록 되어 있습니다. 항목별로 살펴보겠습니다.

[그림 13] 앱 스크린샷

스크린샷: 각 디바이스 해상도로 앱을 위한 설명 이미지를 등록합니다. 최대 다섯 장까지 가능합니다.

설명: 앱스토어에 표시될 앱에 대한 설명글입니다. 앱 출시 후에 수정 가능합니다.

키워드: 앱스토어에서 검색 시 사용될 키워드입니다. 키워드 간에는 쉼표로 구분합니다.

지원 URL: 앱 정보가 있는 URL을 입력합니다.

마케팅 URL: 앱의 마케팅 정보에 관한 URL입니다. 선택 사항입니다.

앱 아이콘: 앱스토어에서 보일 앱의 아이콘은 1024×1024 크기의 png 또는 jpg 파일입니다.

저작권: 앱의 권한을 갖는 개인 또는 법인의 이름으로 앞에 연도가 옵니다. (예: '2008 Acme Inc.')

거래 담당자 연락처 정보: 대한민국 앱스토어에 표시될 거래 담당자 정보입니다.

앱 심사 정보: 앱 심사와 관련된 정보 제공처 및 연락처입니다. 작성된 이메일로 앱 심사와 관련된 메일이 옵니다.

버전 출시: 앱 심사가 완료된 후 출시 시기를 지정합니다.

7.6 현지화 언어 작성하기

앱의 소개 글은 여러 언어를 사용할 수 있습니다. 기본 언어를 바탕으로 특정 언어 사용자들에게는 그에 맞는 스크린샷 또는 언어로 내용을 표시하는 것이 가능합니다. 일반적인 경우 영어를 기본 언어로 선택 후 특정 언어(한국어 등)를 추가하는 형태로 작업됩니다. 버전 정보의 언어 부분을 클릭하면 추가적으로 작성할 언어를 선택할 수 있습니다.

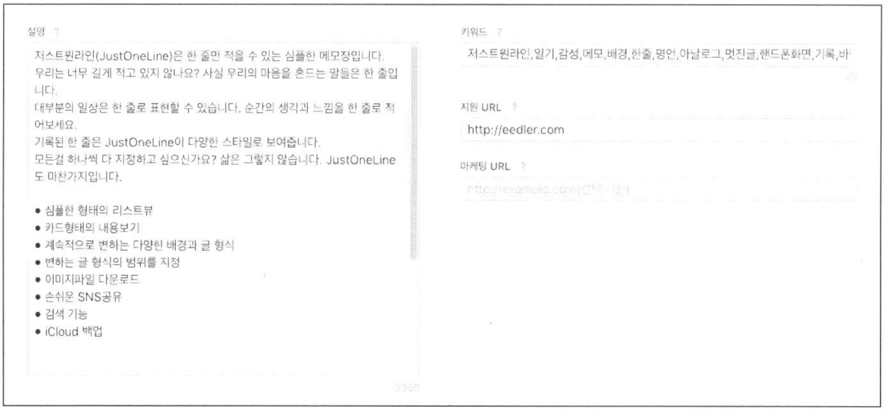

[그림 14] 앱 소개글

앱 정보의 현지화 가능한 정보에서 영어(미국) 버튼을 클릭하면 선택할 수 있는 언어들이 보입니다. 현지화된 언어는 앱의 현지화와 동일하게 현지화된 언어로 된 앱 스토어에서는 현지화 언어로 보이며, 현지화되지 않은 언어의 스토어에서는 기본 언어(주로 영어)로 보이게 됩니다.

현지화된 언어로 작성된 언어가 아닐 경우는 기본 언어로 작성한 설명으로 화면에 표시됩니다. 일반적으로 영어를 기본언어로 작성 후 한글, 일본어, 중국어, 스페인 등 다른 언어들을 추가합니다. 그렇게 하면 현지화된 정보가 아닌 언어로 접근한 사용자들은 기본언어인 영어로 화면에 표시됩니다. 영어로 작문을 하는 일이 어색하다면 다음 번역 서비스의 도움을 받아도 좋습니다.

» 플리토(https://www.flitto.com/)

[그림 15] 플리토 홈페이지

플리토는 집단 지성을 이용한 번역 서비스입니다.

글 작성 후 번역을 요청할 경우 다수의 번역 등록자들이 요청 글을 번역해줍니다.

단락별로 요청 가능하며, 번역 금액 또한 저렴합니다. 포인트 구매 후 번역 요청 글을 등록하면 해당 포인트가 차감됩니다. 물론 모두 전문 번역가는 아니라 번역에 오류가 있을 수 있습니다. 대신 다양한 사람들의 번역을 비교해 가며 확인할 수 있습니다. 또한 전문 번역가를 선택할 수도 있습니다. 일반 다수의 번역에 대비해 저렴하진 않지만, 보장된 번역을 받을 수 있습니다.

» 랭스마켓(https://www.langsmarket.com/)

[그림 16] 랭스마켓 홈페이지

랭스마켓은 번역 요청자와 번역가를 연결해주는 온라인 마켓입니다. 랭스마켓의 특징은 특정 번역가에게 요청하는 형태이며, 단어별로 금액이 책정됩니다. 특정 번역가는 의뢰인이 직접 선택하는데 사용자들이 남긴 리뷰 또는 평점 등을 통해 직접 고르면 됩니다. 신뢰도 있는 번역가를 직접 선택해서 서비스 받는 만큼 결과물을 신뢰할 수 있습니다.

7.7 라이선스 확인하기

앱 출시 전 확인해야 할 사항 중 라이선스에 관련된 사항입니다. 소스코드를 사용하든 사진 이미지를 사용하든, 글꼴을 사용하든 라이선스는 민감한 문제입니다.

소스코드

요즘은 오픈소스 운동이 활발합니다. 그에 따라 개발 시에 쉽게 추가할 수 있는 코드도 많습니다. 주요 오픈소스 패키지 내에는 라이선스에 관련된 정보를 포함하고 있습니다. 주로 최상위 폴더 내에 license 또는 copying 등의 텍스트 파일로 제공됩니다. 오픈소스는 다양한 오픈소스의 조합으로 이루어진 코드도 많기 때문에 앱에 추가하여 배포하는 경우 유의하시기 바랍니다. 라이선스 종류는 BSD, Apache, GPL 2.0, GPL 3.0, MPL 등 다양합니다. 종류마다 복제, 배포, 수정의 권한 여부, 배포 시 라이선스의 내용 첨부 필요 등 항목이 다르므로, 배포 시 사용한 코드의 내용을 확인하시기 바랍니다.

사진 이미지

당연하게도 누구라도 접근 가능한 인터넷상 사진이라 할지라도 함부로 사용, 배포할 수는 없습니다. 반드시 출처를 확인하고 비용을 지불하고 사용해야 합니다. 최근에는 저작권에서 자유로운 사진들을 제공하는 웹사이트들도 존재하므로 그것도 도움이 됩니다. 이러한 사이트들은 CC0 1.0 Universal 아래의 라이선스로 운영됩니다. CC0 1.0의 내용은 https://creativecommons.org/publicdomain/zero/1.0/에서 확인 가능합니다.

폰트

최근에는 폰트도 다양한 저작권 형태로 배포되고 있습니다. SIL Open Font License (OFL) 등 무료로 사용할 수 있는 폰트의 라이선스도 존재합니다. 또한 각 기업에서 폰트 자체를 유료로 판매하지 않는 한 수정, 재배포가 가능한 폰트들도 많습니다. 폰트 역시 배포 전 라이선스를 명확히 확인 후 그에 맞는 조치를 취하시길 바랍니다.

7.8 프로젝트 파일 아카이브하기

프로젝트 파일 아카이브란 아이튠즈 커넥트에 작업된 앱을 등록하는 과정입니다. 아이튠즈 커넥트에 등록된 앱과 Xcode에서 작성된 앱의 버전이 일치해야 합니다.

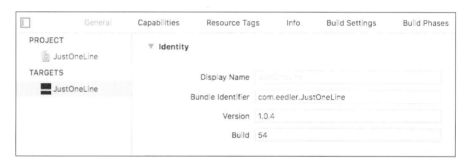

[그림 17] Target

Xcode 프로젝트 네비게이터에서 프로젝트 이름을 클릭하고 Targets에서 앱을 클릭합니다. General 탭에서 Version과 Build란이 있습니다. Version 값을 아이튠즈 커넥트 앱의 버전과 일치하도록 변경합니다.

[그림 18] 아이튠즈 커넥트 버전

[그림 19] 디바이스 Generic iOS Device 선택 화면

이번엔 빌드를 위한 과정입니다. 디바이스 설정에서 디바이스를 Generic iOS Device 로 선택합니다. Xcode의 메뉴 중 Product > Archive를 클릭합니다. 디바이스 설정이 Generic iOS Device로 되어 있지 않으면 Archive 메뉴는 활성화되지 않습니다.

[그림 20] Organizer 실행 화면

빌딩이 완료되면 자동으로 Organizer가 실행됩니다. Organizer에서 방금 빌딩한 버전을 선택 후 오른쪽 패널의 Upload to App Store...를 클릭합니다. Team을 선택하는 창이 나오고 팀을 선택하게 되면 Upload가 시작됩니다. 창이 보이지 않는다면 메뉴 중 Window > Organizer를 클릭하면 창이 표시됩니다.

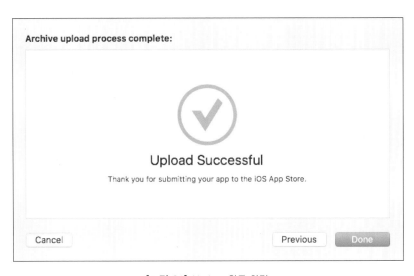

[그림 21] Update 완료 화면

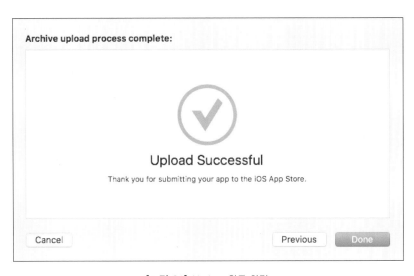

Upoad가 완료되면 Successful 안내 메시지가 나오고 Done 클릭 시 창이 종료됩니다.

Upload가 완료되더라도 아이튠즈 커넥트에 바로 표시되진 않습니다. Upload가 완료된 후 해당 파일을 아이튠즈 커텍트에서 선택 가능하게 되면 애플에서 이메일을 발신하므로, 메일이 오면 아이튠즈 커넥트의 나의 앱 메뉴에서 제출 준비 중인 버전에서 빌드 부분의 + 버튼을 클릭해서, 아카이빙된 버전을 선택하면 됩니다.

7.9 제출하기

앱에 관한 모든 정보가 정상적으로 입력되면 '심사를 위해 제출' 버튼을 클릭합니다.

[그림 22] 수출 규정 화면

수출 규정과 광고 식별자에 대한 설정을 해줍니다. 수출 규정은 암호화 규정에 관한 내용이며, 광고 식별자는 구글의 Admob 등의 광고 플랫폼을 추가했을 경우 설정해줍니다. 현재는 어떠한 것도 해당되지 않으므로, 상단의 제출 버튼을 클릭하면 심사 대기 상태로 설정됩니다. 제출되면 Apple에서 'Your app(iOS) status is Waiting For Review'라는 심사 대기 중임을 알리는 제목의 메일이 도착합니다. 이제는 기다려야 합니다. 심사가 시작되면 'Your app(iOS) status is In Review'라는 메일을 받게 됩니다. 심사가 끝날 경우 심사 결과가 다시 메일로 도착합니다. 앱의 심사 결과는 둘 중 하나입니다. 통과 또는 거절입니다. 심사가 통과될 경우 'The status for your app,

AppName, is now Ready for Sale'이라는 메일이 도착하며, 앱의 버전 정보 입력 시 설정했던 버전 출시일자 설정에 따라 앱의 공개가 이루어집니다.

7.10 심사 승인 또는 거절

심사가 시작되면 제출 시 작성했던 이메일로 심사 시작을 알리는 이메일이 발송됩니다. 그리고 앱 심사가 승인되면 제출시 선택했던 날짜에 앱스토어에 앱이 공개됩니다. 승인이 완료되고 바로 배포가 진행된다고 해도 모든 앱스토어에 완전히 등록되려면 최대 24시간까지 걸릴 수 있습니다.

[그림 23] 앱스토어

심사가 한 번에 승인되면 좋겠지만, 그렇지 않은 경우도 있습니다. 심사에서 거절 당할 경우 관련 내용이 이메일로 전송됩니다. 거절 사유와 테스트를 진행했던 환경, 추가적으로 프로그램 오류라면 크래시에 대한 리포트가 함께 도착합니다. 내용은 아이튠즈 커넥트에서도 확인이 가능합니다.

대응하기

코드상의 문제로 앱이 멈추거나 강제로 종료되는 경우의 대응책은 관련 버그를 수정하는 것입니다. 버그 수정 후 앱을 새로운 버전으로 변경합니다. 같은 버전으로는 다시 아카이빙할 수 없습니다. 아이튠즈 커넥트에서 해당 버전을 일치시킵니다. 새로운 버전을 Xcode에서 아카이빙한 후 심사를 위한 제출을 다시 진행합니다. 프로그램 충돌 문제가 아닌 정책적인 부분에 문제가 있다면 해당 부분을 수정해서 다시 제출해야 합니다. 간혹 심사상의 오류로 거절 당하는 경우가 있습니다. 예를 들어 비소모성 인앱 결제는 반드시 결제 복원 기능을 함께 지원하도록 되어 있습니다. 때때로 결제 복원을 위한 버튼이 어디 있는지 위치를 찾기 어려울 경우, 심사를 거절 당할 수 있습니다. 그럴 때는 기능을 잘 보이도록 다시 디자인하는 방법도 있겠지만, 이의 신청을 통해 해당 기능이 이미 있으며, 해당 위치는 어디라고 명시하면 재심사가 이루어집니다.

부록 – 다음 가야 할 길

A. 소개하지 않은 스위프트

스위프트의 세계는 거대합니다. 본 도서에서는 스위프트의 극히 일부 기능만을 소개했으며, 앱을 만들기 위해 필요한 최소한의 내용만을 살펴봤습니다. 프로그래밍 영역에서 기본적인 내용이더라도 예제 프로젝트를 진행함에 있어 문제가 없다면 설명을 과감히 생략했습니다. 스위프트 언어의 사용법을 잘 알게 되면 예제 프로젝트에서 여기저기 흩어져 있던 코드를 하나의 단위로 통합할 수도 있습니다. 프로그래밍 언어에 대해 많은 내용을 알게 될수록 코드는 더 쉽고 단순해집니다. 이 책은 되도록 쉬운 설명을 위해 몇 줄로 작성할 수 있는 코드도 한 줄식 나열해서 한 페이지로 작성한 경우도 있습니다. 학습의 부담이 된다고 판단한 구조나 코드는 과감히 생략했으며, 그에 따라 실무적인 패턴에선 벗어난 구조도 있습니다. 앞으로 추가적으로 학습해야 할 스위프트 언어 관련 내용을 알아보겠습니다.

1. 컬렉션 타입(Collection Type)

Tuple: 튜플은 여러 개의 값을 하나로 묶어 주는 기능입니다. 함수를 만들다보면 return을 하나의 값만 반환하는 것이 불편할 때가 있습니다. 이럴 때 튜플은 간단하면서 강력한 해법을 제공합니다.

```
let myTuple = (1, 2.02, "안녕하세요")
print(myTuple.2)  // 안녕하세요
```

Set: 집합은 여러 요소들 간의 순서 없이, 중복이 없는 값들의 저장에 사용됩니다. 집합의 경우 배열과 같이 insert 등의 메소드를 이용해 요소를 추가할 수 있지만 같은 값이 있을 경우에는 추가되지 않습니다.

```
var animals:Set = ["원숭이","코끼리","호랑이"]
animals.insert("고양이")
if animals.contains("코끼리") {
    print("코끼리 있음.")
}
```

Dictionary: 딕셔너리는 키와 값으로 구성된 자료형입니다. Set와 같이 순서 없이 키를 가지고 값을 사용할 수 있습니다. 이름과 같이 말 그대로 사전을 떠올리면 됩니다. 우리가 사전에서 뜻을 알길 원하는 단어를 입력하면 답으로 뜻을 알려주는 것과 비슷합니다.

```
let animals:Dictionary<String, String> = ["monkey":"원숭이", "elephant":"코끼리",
"tiger":"호랑이"]
print(animals["elephant"]) // 코끼리
```

2. 구조체, 클래스

Struct: 구조체는 변수나 상수, 함수 여러 개를 하나로 만든 묶음 단위라고 할 수 있습니다. 클래스와 함께 iOS 프레임 워크의 근간을 이루는 핵심 개념입니다. 클래스와 비슷하게 속성과 메소드로 구성되어 있습니다.

```
Struct Position {
    var x: Int
    var y: Int
}

var myPosition: Position = Position(x: 132, y: 37)
print("\(myPosition.x), \(myPosition.y)")
```

Class: 클래스의 추가적인 속성을 알아봅니다.

Computed Property: 연산 속성은 클래스에서 속성값을 저장해서 유지하는 형태가 아닌 다른 속성의 값을 이용해서 동작합니다. get은 다른 속성값을 계산해서 반환하고, set은 입력되는 값을 가지고 계산 후 다른 속성에 대입합니다. 아래는 간단한 연산 속성의 get만 구현하였습니다.

```
class Rect {
  var length: Int
  var width : Int
  var area : Int {
    get {
        return self.length * self.width
    }
  }
}

var r = Rect()
```

```
r.length = 10
r.width = 20
print(r.area)  // 200
```

그 외에 willset, didset부터 소멸자, static, 서브스크립트까지 클래스의 내용은 그 하나만으로 책 한두 권은 훌쩍 넘깁니다. 모든 것을 알아야 앱은 출시할 수 있는 것은 아니지만, 중급으로 가기 위한 과정이니 꼭 찾아서 학습하길 추천합니다.

3. 함수

스위프트의 함수는 가장 중요한 특징 중 하나라고 할 수 있습니다. 함수를 함수 안에 포함시킬 수도 있고, 함수의 반환값이 함수가 될 수도 있습니다. 함수의 매개변수로 전달될 수도 있습니다. 다른 언어에도 있는 특성인데 일회성의 함수도 만들어서 전달할 수 있습니다. 스위프트에서는 이를 클로저(closure)라고 부릅니다. 함수형 프로그래밍은 최근 관심이 커져가고 있습니다. 추후 자세히 학습할 것을 추천합니다.

```
func calc(no1: Int, no2: Int, oper:(Int, Int)→ Int ) → Int {
        return oper(no1, no2)
}

print(self.calc(no1: 1, no2: 2, oper: { (n1: Int, n2: Int) → Int in
    return n1 + n2
})) // 3

print(self.calc(no1: 1, no2: 2, oper: { (n1: Int, n2: Int) → Int in
    return n1 * n2
})) // 2
```

4. 예외 처리

예외 처리는 프로그램이 운영되는 도중 예상치 못한 에러를 처리하기 위해 존재합니다. 예외 처리를 위해서는 Error 프로토콜을 구현하는 열거형으로 에러 목록을 생성해서 사용합니다.

```
enum stockError: Error {
    case NotStock
    case StockOver
}

class Stock {
```

```
    var stock: Int = 0
    func outputStock(qty: Int) throws → Bool {
        guard self.stock - qty >= 0 else {
            self.stock = 0
            throw stockError.NotStock
        }
        return true
    }
}

var myStock = Stock()

do {
  try myStock.outputStock(150)
} catch {
  print("예상치 못한 오류가 발생하였습니다.")
}
```

말도 안 될 정도로 짧게 스위프트위 추가적인 개념들을 살펴봤습니다. 위에서 언급한 개념들은 다른 도서에서는 하나의 챕터를 두고 설명하는 개념들도 있습니다. 그만큼 기본이 되고, 중요하기 때문입니다. 앞으로 진행할 새로운 앱 제작을 위해 스위프트 관련 자료를 꼭 찾아보길 바랍니다. 공식사이트 https://swift.org/, 애플 홈페이지 https://developer.apple.com/swift/, https://developer.apple.com/library/content/documentation/Swift/Conceptual/Swift_Programming_Language/의 내용을 참고해도 좋으며 시중에 있는 스위프트 관련 도서를 참고해도 좋습니다.

5. 디자인 패턴

우리가 고민하는 많은 문제들은 이미 많은 사람들이 고민했던 문제입니다. 그에 따라 특정 상황에서는 어떠한 구조가 효과적인지 정리해놓은 내용들을 사람들이 공유하게 되었습니다. 다음은 알아두면 유익할 디자인 패턴들입니다.

```
옵저버 패턴(Observer Pattern)
팩토리 패턴(Factory Pattern)
데코레이터 패턴(Decorator Pattern)
싱글톤 패턴(Singleton Pattern)
파사드 패턴(Facade Pattern)
이터레이터 패턴(Iterator Pattern)
델리게이트 패턴(Delegate Pattern)
```

이 외에도 많은 디자인 패턴들이 있습니다. 많은 사람들이 만들어내고, 많은 사람들이 공개하고 있습니다. iOS 앱을 개발할 때 다양한 API를 사용하려면 이러한 디자인 패턴들을 익혀 두는 것이 편리합니다. API의 사용법 자체가 다양한 디자인 패턴들을 바탕으로 구조화되어 있기 때문입니다. 앞에서 우리는 테이블뷰의 사용을 위해 델리게이트 패턴을 이미 사용했습니다. 하나의 값을 공유하기 위해서 싱글톤 패턴도 이미 사용해봤습니다. 앞으로도 계속적으로 더 다양한 형태의 앱을 구현하기 위해서는 디자인 패턴을 꼭 한 번 알아두시길 추천합니다.

B. 각종 콘트롤러 소개

iOS가 지원하는 기능 및 오브젝트, 콘트롤러들은 상당히 많습니다. 아래는 평상시에 알아두면 유익한 기능 및 지원 객체들입니다.

투데이 익스텐션
웹킷
맵킷
인앱 결제
3D 터치
터치 ID 인증
소셜 통합

이러한 기능들을 하나씩 모두 학습할 필요는 없습니다. 그러나 앞으로 자신이 만들고자 하는 앱의 특성에 따라 필요한 기술들을 확인해두는 것은 중요합니다. iOS가 발전함에 따라 3D 터치, 터치 ID의 하드웨어적인 기술들도 함께 발전하고 있습니다. 기존에는 없던 새로운 형태의 사용자 경험도 생기고 있습니다. 최신의 기술을 넣었다고 해서 무조건 좋은 앱이라고 할 수는 없지만, 앱을 제작함에 있어서 사용자 경험을 더 원활하게 하기 위해서는 이러한 변화들을 평소에도 주시해야 하며, 적당한 기술을 적절히 배치하는 것은 매우 중요합니다.

C. 소스 관리 시스템

시작 단계에서 빠지기 쉬운 부분이 소스 버전 관리입니다. 버전 관리란 프로젝트 진행시 코드의 변화 단계를 다양한 버전으로 관리하는 것을 말합니다. 앱의 버전 1.0과 2.0은 같은 앱이지만 코드의 내용은 다릅니다. 이러한 버전 간 차이가 나는 내용을 보관하며, 이력을 추적할 수 있게 도와주며, 작업자에 대한 내역까지 관리할 수 있는 시스템입니다. 버전 관리, 소스 관리, 소스코드 관리 등 다양한 명칭으로 불리고 있지만, 가장 중요한 개념은 이러한 기능을 사용해서 코드를 버전 별로 관리하는 것입니다. 이러한 시스템의 장점은 특정 시점으로 쉽게 코드를 복원할 수 있으며, 여러 명이 함께 작업할 경우 작업자를 추적하기 쉽고, 작업자별로 작업한 내용을 전체 팀원이 쉽게 동기화할 수 있단 점입니다. 여러 팀원 간의 작업을 쉽게 동기화하므로, 규모가 있는 작업을 할 경우 훨씬 안전하게 진행 가능합니다. 버전 관리는 협업만을 위한 기능이라고 생각할 수도 있지만, 혼자서 작업할 경우에도 기존 코드를 유지하며 새로운 코드를 시도해보는 등 다양한 장점이 있습니다. 혼자서 프로젝트를 진행하는 경우에도 버전 관리를 이용할 것을 추천합니다.

버전 관리 시스템으로는 Git과 SVN 등이 대표적입니다. 어떠한 서비스가 좋다기보다는 자신에게 맞는 시스템을 선택해서 사용하면 됩니다. 최근에는 버전 관리 시스템을 위한 호스팅 서비스들도 많습니다. 여러 서비스들이 소규모 작업자들에게 무료로 서비스를 제공합니다. 대표적인 git 호스팅 서비스는 깃허브(https://github.com/), 비트버킷(https://bitbucket.org/) 등이 있습니다. 코드의 공개 여부, 작업자 인원 관리 등 유무료 서비스의 차이가 존재하므로, 팀에게 맞는 서비스를 찾아 이용하길 바랍니다.

[그림 20] 깃허브 홈페이지

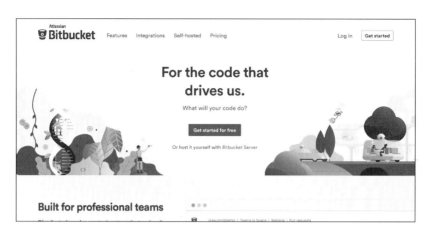

[그림 21] 비트버킷 홈페이지

D. 앱 사용자 데이터 분석

앱이 사용되는 환경은 살아 있는 생명체와 비슷합니다. 성장과 쇠퇴를 반복합니다. 그렇기에 사용자의 패턴과 사용 방식, 분포, 성향 등을 분석하는 것은 매우 중요합니다. 이러한 분석 및 통계를 도와주는 서비스들이 존재합니다. 통계분석툴은 앱 사용자들의 위치, 연령대, 성별, 성향들을 종합하며 이러한 분석을 토대로 다음 행보를 결정하는 데 도움을 줍니다. 최근의 도구들은 단순히 통계를 제공해주는 것만이 아닌 버그에 대한 알림 및 리포트 등도 제공합니다. 구글 파이어베이스(Firebase)는 하나의 플랫폼 아래 광고, 분석, 인증, 데이터베이스, 버그 리포트, 푸시 서비스, 환경설정에 관한 부분까지 제공하는 통합 플랫폼으로 발전하고 있습니다. 사용자 데이터 분석, 버그 리포트 등을 제공하는 서비스들은 다양하게 존재하며, 팀의 특성 및 취향에 따라 다른 선택을 할 수 있습니다. 이러한 서비스 중 하나를 선정하여 자신의 앱에 적용하면 사용자의 패턴을 보고 운영 방향을 결정하는 데 기초 자료로 삼을 수 있습니다. 대표 서비스로 파이어베이스(https://firebase.google.com/), 유저해빗(https://userhabit.io/), 패브릭(https://get.fabric.io/) 등이 있습니다. 팀에게 맞는 서비스를 찾아 이용하길 바랍니다.

[그림 22] 파이어베이스 홈페이지

[그림 23] 유저해빗 홈페이지

[그림 24] 패브릭 홈페이지

찾아보기

한글

로마자

알짜배기 예제로 배우는 iOS 프로그래밍

앱 기획부터 출시까지 with 스위프트

초판 1쇄 발행	2017년 11월 30일
지은이	유용호
펴낸이	김범준
기획/책임편집	서현
교정교열	정재은
편집디자인	이민영
표지디자인	김민정
발행처	비제이퍼블릭
출판신고	2009년 5월 1일 제300-2009-38호
주소	경기도 고양시 덕양구 통일로 140 삼송테크노밸리 B동 229호
주문/문의	02-739-0739 **팩스** 02-6442-0739
홈페이지	http://bjpublic.co.kr **이메일** bjpublic@bjpublic.co.kr
가격	24,000원
ISBN	979-11-86697-42-9